DIE SCHÖNSTEN
WANDERWEGE
EUROPAS

DIE SCHÖNSTEN WANDERWEGE EUROPAS

GABY FALK UND
HANS-JOACHIM SCHNEIDER (HRSG.)

p

Queen Street House
4 Queen Street
Bath BA1 1HE, UK

Producing: Lektorat und Herstellung Hans-Joachim Schneider, Inga Menkhoff
Lektorat: Inga Menkhoff, Ina Cappallo
Layout: Hans-Joachim Schneider
Korrektur: Rieke Brendel, Myriam Wolf
Autoren: Sabine Bade, Gaby Falk, Jutta Gay, Margarete Graf, Inga Menkhoff, Niko Plaas, Ansgar Schiffer, Hans-Joachim Schneider, Hans-Günter Semsek

ISBN 10: 1-40547-883-7
ISBN 13: 978-1-40547-883-0

Printed in China

Die schönsten Wanderwege Europas

Die neue Lust am Wandern

Als ich in den 1990er-Jahren regelmäßig meinen Sommerurlaub in den Schweizer Bergen verbrachte, wunderte ich mich, wie viele junge Menschen dort mit Rucksack und Wanderschuhen unterwegs waren. Ich selber hatte gerade die Berge und das Wandern für mich entdeckt. Aus Deutschland kannte ich – eigentlich mehr vom Hörensagen denn aus eigener Anschauung – Wandern nur als Vereinssport, betrieben von älteren Herrschaften in Kniebundhosen, mit Spazierstock und nicht selten mit einem Dackel an der Leine. In der Schweiz aber bildeten diejenigen, die ich unterwegs traf, einen bunten Querschnitt durch alle Alters- und Bevölkerungsgruppen.

Mittlerweile hat sich auch bei uns das Bild geändert. Wandern ist geradzu ‚in'. Deutsche Wanderregionen melden steigende Besucherzahlen, und das hat nur teilweise damit zu tun, dass ein Wanderurlaub in Deutschland ein vergleichsweise billiger Urlaub ist. Aber Wandern scheint mir keine neue Modeerscheinung, kein neuer Fitnesstrend wie etwa Power-Yoga, Pilates oder Chi Gong zu sein.

Wandern vermag die tieferen Schichten des Menschen anzusprechen. Sicher ist es auch die neue Lust an körperlicher Betätigung, die einen Teil der Faszination des Wanderns ausmacht. Aber der wesentliche Grund scheint mir der: Beim Wandern findet der Mensch wieder zu sich selbst, er findet seinen eigenen Rhythmus, es schenkt ihm tiefe Befriedigung, nicht allein wegen der erbrachten Leistung, sondern weil der Mensch wieder zurückfindet zur Einfachheit, zur Freude an den kleinen Dingen. Er genießt die Natur, die ruhige Bewegung, ihm schmeckt ein einfaches Brot, ein Apfel reicht und um den Durst zu stillen, genügt ein klares Wasser. Viel mehr braucht es nicht. Und: Je schöner, sprich je ursprünglicher die Natur, in der man sich beim Wandern bewegt, umso größer die Befriedigung.

Denn das eine ist geblieben: die Sehnsucht nach der unberührten Natur, nach der wunderbaren Ruhe abseits der Hektik der Städte, die Sehnsucht nach dem weiten Blick und der tiefen Entspannung, die man in dieser Kombination nur beim Wandern draußen in der Schönheit der Berge, in der Farbenpracht der Heide oder in der verträumten Morgenstimmung eines Hochmoores finden kann, wenn nichts den Menschen treibt.

In diesem Buch kommt jeder auf seine Kosten. Für jeden ist etwas dabei: ausgedehnte Spaziergänge, familienfreundliche Wanderungen, sportliches Trekking, herausfordernde Bergetappen; für jeden Naturliebhaber wie auch für den Outdoorfan gibt es neue Strecken zu entdecken. Wir nehmen Sie mit auf die schönsten Wanderwege des faktisch grenzenlos gewordenen Europas. Aus dem reichhaltigen Angebot europäischer Fernwanderrouten bieten wir Ihnen ebenso Etappen an wie aus dem Schatzkästchen regionaler Wanderwege.

Beschrieben wird auch bei den Fernwanderwegen nicht die komplette Strecke, sondern in der Regel ausgesuchte Teilstücke oder nur die interessanteste Etappe. Auch die längeren Routen sind meist so ausgewählt, dass man sie in einem Urlaub bewältigen kann. Dabei will dieses Buch gar nicht den klassischen Wanderführer ersetzen, sondern es will Lust machen und Appetit anregen. Die opulente Bebilderung soll Ihre Fantasie schon einmal beflügeln, Sie schon einmal mitnehmen auf eine Gedankenreise hinaus in die Schönheit der Natur. Es liegt dann an Ihnen, wann Sie die Wanderstiefel schnüren und sich aufmachen auf eine der hier vorgeschlagenen Routen.

Hans-Joachim Schneider (Hrsg.)

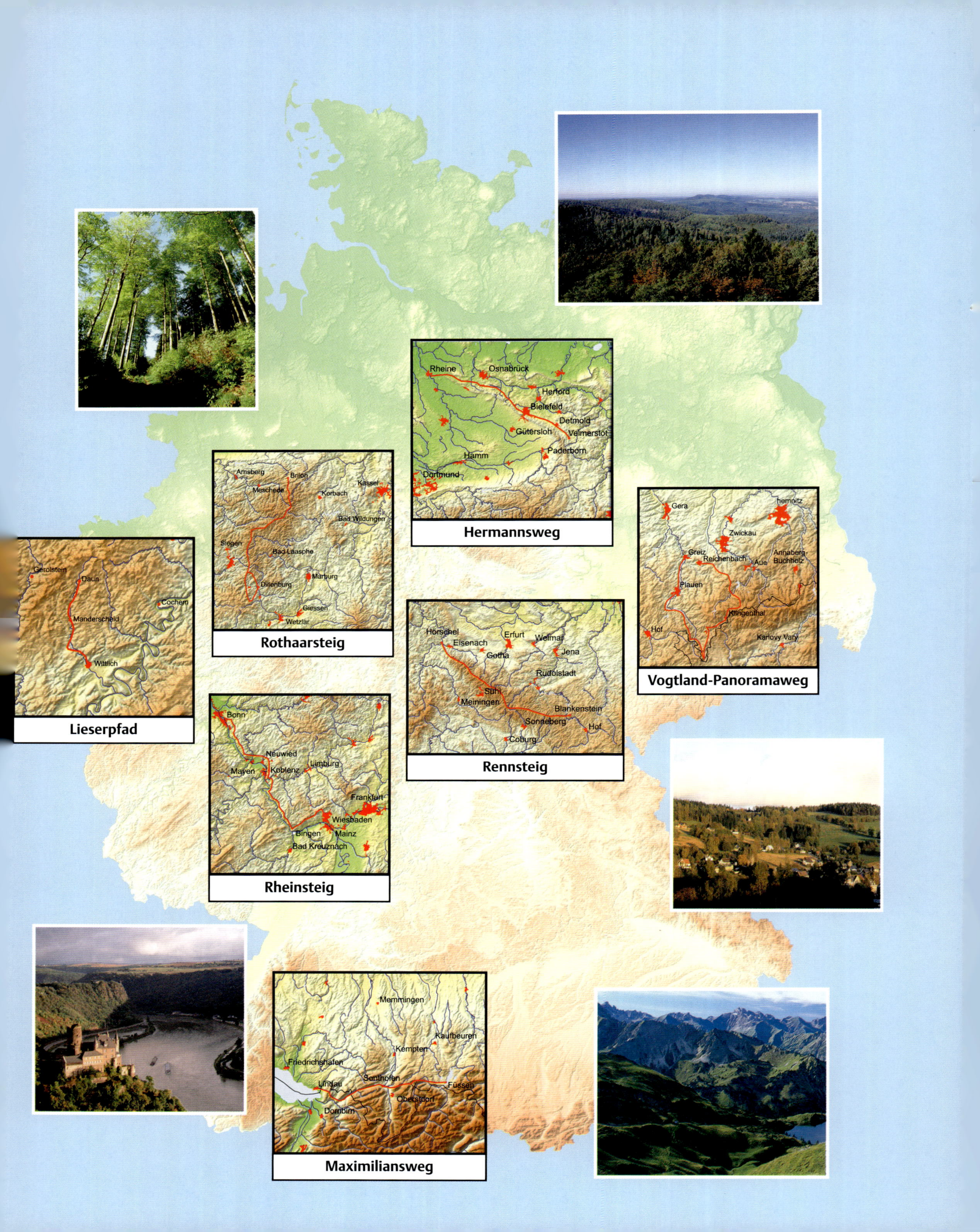

Rheine
Osnabrück
Herford
Bielefeld
Detmold
Gütersloh
Valmerstot
Paderborn
Hamm
Dortmund
Hermannsweg
Arnsberg
Brilon
Meschede
Korbach
Kassel
Bad Wildungen
Siegen
Bad Laasphe
Marburg
Dillenburg
Giessen
Wetzlar
Rothaarsteig
Gera
Zwickau
Greiz
Reichenbach
Aue
Annaberg-Buchholz
Plauen
Klingenthal
Hof
Karlovy Vary
Vogtland-Panoramaweg
Gerolstein
Daun
Cochem
Manderscheid
Wittlich
Lieserpfad
Hörschel
Eisenach
Erfurt
Weimar
Gotha
Jena
Rudolstadt
Suhl
Meiningen
Blankenstein
Sonneberg
Hof
Coburg
Rennsteig
Bonn
Neuwied
Mayen
Koblenz
Limburg
Frankfurt
Wiesbaden
Bingen
Mainz
Bad Kreuznach
Rheinsteig
Memmingen
Kaufbeuren
Kempten
Friedrichshafen
Lindau
Sonthofen
Füssen
Oberstdorf
Dornbirn
Maximiliansweg

Deutschland – Wanderland

Von den sanften Dünen der Nord- und Ostseestrände bis zu den schroffen Gipfeln der Alpen, von der idyllischen Oberlausitzer Heide- und Teichlandschaft bis zur romantischen Eifel-Ardennen-Region zieht sich das Wanderland Deutschland. Dazwischen liegen geheimnisvolle Naturdenkmäler und mittelalterliche Burgruinen, gewaltige Brücken und plätschernde Quellen, Felsen, die in Liedern besungen werden, und verschwiegene Täler, deren einzigartige Naturschönheiten kaum entdeckt sind.

Durch diese einmalige landschaftliche Vielfalt führt ein dichtes Netz gut ausgebauter und markierter Wanderwege – kein Wunder, dass insgesamt 34 Millionen Deutsche auf ihnen Ruhe und Erholung vom Alltag suchen.

In kaum einem Land Europas wird so gerne gewandert wie in Deutschland. Das hat Tradition, war doch bei Handwerksgesellen die dreijährige Walz seit dem Mittelalter Voraussetzung dafür, Meister zu werden. Heute ist die Wanderschaft freiwillig, und dennoch trifft man vermehrt wieder auf wandernde Gesellen in traditioneller Zunftkleidung und mit dem Charlottenburger, dem typischen Reisebündel, über der Schulter. Die meisten unserer vielen Wanderlieder, die uns noch heute auf unseren Wegen begleiten, sind daher auch Lieder der Handwerksgesellen und Zünfte, mündlich von Generation zu Generation überliefert.

Wer aber in heutigen Zeit durch Deutschland wandert – selbst wenn er Handwerksgeselle ist –, hat es weitaus komfortabler, als die mittelalterlichen Zünfte erlaubt hätten: 190 000 Kilometer Wanderwege werden von den örtlichen Gebirgs- und Wandervereinen gepflegt. Genaue Markierungen schützen vor dem Verlaufen, detaillierte Wanderkarten tun ihr Übriges. Hotels, Pensionen und Berghütten sorgen für die nötige Erholung nach einem beschwerlichen Wandertag, organisierte Touren ermöglichen auch Unerfahrenen unbeschwerte Tage. So lässt sich Deutschland in aller Ruhe und in seinem ganzen Reichtum erleben.

Wo Deutschland am romantischsten ist

Der Rheinsteig von Bonn nach Wiesbaden

Der Rheinsteig ist mittlerweile kein Geheimtipp mehr, sondern in die Riege der deutschen Premiumwege aufgenommen worden. Auf einer Länge von 320 Kilometern windet er sich durch die Wälder, Weinberge und Täler des Rheintals zwischen der ehemaligen Bundeshauptstadt Bonn und Wiesbaden.

Allgegenwärtig begleitet dabei den Wanderer der abwechslungsreiche Strom, der unten im Tal ruhig und bedächtig seine Bahn zieht. Der Steig selber führt entlang der Berghänge auf oberem Höhenniveau und kann seine sportliche Note nicht verleugnen. Das Entdecken und Beschreiten von erdbelassenen Wegen entlang der Abbruchkanten und das Überwinden einiger Höhenmeter kann Bestandteil der Wanderung werden. Dies ist vielleicht ein Grund, warum in der letzten Zeit auch jüngere Leute diesen, in einigen Abschnitten durchaus anspruchsvollen, „Trail" für sich entdeckt haben.

Das Symbol der Rheinromantik: Burg Rheinstein

Im Gegensatz zu dem älteren Rheinhöhenweg oder dem Rhein-Burgen-Wanderweg wurde bei der Planung und Umsetzung des Rheinsteigs vor allem auf das ursprüngliche Erleben der Natur Wert gelegt. Trotzdem wird man an einigen Stellen die gleichen Pfade nutzen, aber auch wieder neue Wege beschreiten, die einen fort von bebauten Gebieten bringen und somit das Eintauchen in die alten Wälder entlang der Weinberge ermöglichen. Neben diesen landschaftlichen Reizen bietet der Rheinsteig aber für den Wanderer auch pittoreske Orte wie St. Goarshausen, mittelalterliche Burgen und Schlösser wie die Festung Ehrenbreitstein und nicht zu vergessen kulinarische Attraktionen, die sich vor allem in den berühmten deutschen Weinen niederschlagen, deren Anbaugebiete entlang der Rheinschiene zu finden sind.

Dabei entdeckt der Wanderer die wildromantischen Landschaften des Mittelrheins, die immer wieder den Blick auf Burgruinen und Festungen lenken, die in den Tagen der Ritter erbaut wurden, um durch das Eintreiben von Wegezöllen am schwunghaften Handel in der Region teilzuhaben.

Ab Rüdesheim betreten wir dann den Rheingau, der durch seine weichen und romantischen Hänge einen Kontrast zu den steilen Schluchten und Kanten des Mittelrheins bildet. Auch das Klima ändert sich in der Region, die mit ungefähr 1 600 Sonnenstunden im Jahr und geringen Niederschlägen nicht nur das Herz des Wanderers, sondern auch des Winzers und Weinliebhabers höher schlagen lässt.

St. Goar

Egal ob man nun in Wiesbaden oder in Bonn mit der Tour beginnt, der Rheinsteig wird auf Grund seiner Vielfalt im kulturellen und landschaftlichen Bereich einen bleibenden Eindruck hinterlassen.

Wer die urbane Umgebung von Bonn nicht erwandern möchte, sucht sich für den Einstieg in den Rheinsteig eines der historischen Städtchen wie z. B. Rhöndorf aus. Mit der Bahn oder auch mit dem Schiff leicht zu erreichen, findet man sofort nach dem Ortsausgang den Pfad hinauf zu den vulkanischen Hügeln und Zinnen des Siebengebirges. Nach gleichmäßigem Anstieg auf 455 Meter hinauf zur Löwenburg, die nur noch als Ruine erhalten ist, eröffnet sich neben dem Panorama auf das Rheintal auch eine makellose Aussicht auf die insgesamt fast 40 Erhebungen des Mittelgebirges. Weiter flussaufwärts in Richtung des wohl bekanntesten und auch meist frequentierten Berges der Region – dem Drachenfels – schmiegen sich die steilen Hänge des Weinanbaugebietes an den Flusslauf. Der Wechsel von Licht und Schatten und die abwechslungsreiche Wegführung erlauben es, die versteckte Vielfalt dieser geologisch betrachtet eigentlich kargen Gegend neu zu entdecken und zu erleben. Dem weiteren Verlauf der Route folgend, begibt sich der Wanderer auf eine Zeitreise, die Erinnerungen wachruft an jene Tage, in denen die Berge und Böden der Rheinregion nicht nur als Weinanbaufläche geschätzt waren: Verbunden mit ungeheuren Mühen versuchten Arbeiter, den Bergen Bodenschätze in Form

Das Deutsche Eck – eingetaucht in das sanfte Licht der Abenddämmerung

von Erzen zu entlocken. Zudem verarbeiteten Köhler in ihren Meilern Holz zum „schwarzen Gold“ des einfachen Mannes.

Die Zeugnisse dieser einst so bedeutenden Produktion verblassen zunehmend, denn die Natur hat sich ihren verlorenen Raum mittlerweile zurückgeholt und die Narben überwuchern lassen. Vielmehr öffnet sich in Richtung Linz die Landschaft etwas, auch lösen Basaltsteine die Auswürfe der Vulkane des Siebengebirges ab.

Immer wieder bereiten Aussichtspunkte auf dem weiteren Weg atemberaubende Ausblicke auf das Rheintal und verwunschene Orte wie Unkel, die sich von hier oben betrachtet in ihrer mehr als tausendjährigen Geschichte nur rudimentär verändert zu haben scheinen. Nach diesem Genuss für Augen und Seele geht es weiter in Richtung Linz auf gut begehbaren Forstwegen, die zugleich Wissenswertes über die regionale Flora und Fauna vermitteln, denn der Rheinsteig ist ebenso Waldlehrpfad wie

Burg Katz, St. Goarshausen

Kloster Eberbach – bekannt geworden durch den internatio- nal erfolgreichen Film »Der Name der Rose« – beherbergt in seinen Räumen historische Instrumente zur Weinproduktion.

Wanderweg. Im Osten umgeben von der Linzer Höhe kann man auf dem Weg bergab zum Aussichtspunkt Erpler Ley einen Blick auf die Brücke von Remagen erhaschen, die ein Synonym und Mahnmal für den Vormarsch der Amerikaner im Zweiten Weltkrieg darstellt. Hier kann sich der erschöpfte Wanderer mit den lokalen kulinarischen Köstlichkeiten des Mittelrheins stärken und das herrliche Panorama genießen.

Der letzte Abschnitt der 3- bis 4-tägigen Tour verläuft zuerst noch einmal etwas aufwärts vorbei an der Burg Ockenfels. Nach einem letzten kurzen Anstieg und der abschließenden Bergab-Passage erreicht man dann erschöpft, aber glücklich den Zielort Linz.

Wer es vorzieht, den lieblicheren Teil des Rheinsteigs zu erwandern, findet im Rheingau seine Erfüllung. Hier windet sich der Rhein als imposanter breiter Strom durch die Talebene und lässt die engen Schluchten des Mittelrheins vergessen. Hier entfernt man sich auch ein stückweit vom Fluss und durchstreift die vielen dunklen Nadelwälder des Rheingaus, um von Zeit zu Zeit dann doch wieder das Panorama der nun sanfteren Berghänge zu genießen.

Das Zisterzienserkloster Eberbach als Zentrum der frühen deutschen Weinproduktion lädt nicht nur auf Grund dieses Prädikats zum Beginn einer Wanderung flussaufwärts am Rande des Untertaunus ein. Die Ausläufer des Mittelgebirges bescheren zwar wieder einige kurze Anstiege, schaffen es aber nicht, den Wanderer ernsthaft außer Atem zu bringen. Vielmehr kommt man flotten Schrittes voran und kann es sich erlauben, in den zahlreichen historischen Ausflugslokalen und Klöstern des Rheingaus zu rasten. Hier wird man für die Strapazen des Tages mit den altbewährten Erzeugnissen der Mönche und denen der doch eher kommerziellen Nachfahren belohnt. In den Schankwirtschaften werden die Spezialitäten z. B. des Guts Vollrads verköstigt, welches zu den bedeutendsten Weingütern der Republik zählt.

Auf der Höhe von Geisenheim führt der Weg nun entlang der allgegenwärtigen Riesling-Rebstöcke in Richtung Rüdesheim. In Schlagweite liegt das Kloster Marienthal, ein Ort der Wallfahrt, der nicht nur den Wallfahrer und Pilger zu einer Einkehr auffordert. Wer zum Kontrast etwas von der touristischen Seite des Rheinsteigs und seiner Ortschaften und kleinen Städte sehen möchte, macht einen Abstecher in den Ortskern von Rüdesheim in die Drosselgasse, dem Zentrum der Weinseligkeit.

Andere zieht es aber schnell wieder auf die markierten Wege und Pfade des Steiges, um die letzte Etappe in Angriff zu nehmen, die entlang von Rheinauen und farbenfrohen Feldern und Wiesen in Richtung Assmannshausen drängt. Hier möchte man nach vollbrachtem Tagwerk das Haupt in die wohligen Kissen einer der vielen guten Unterkünfte am Rheinsteig legen und die zahlreichen Eindrücke der Wanderung Revue passieren lassen: Der Rheinsteig in seinem Kontrast und seiner Vielfalt hat ein Naturerlebnis beschert, welches Lust auf mehr macht und Entdeckungsfreude und Neugier für weitere Exkursionen weckt.

Viele Etappen des Rheinsteigs führen durch die Weinanbaugebiete des Rheins, wie hier am Drachenfels im Siebengebirge.

Das Wichtigste auf einen Blick

Die Tour: Perfekt ausgeschilderter Wanderweg von Bonn nach Wiesbaden. Der Rheinsteig zeigt sich abwechslungsreich im Hinblick auf seine Geländeformen und Schwierigkeitsgrade, ermöglicht entspanntes Spazieren, aber auch Passagen zum „strammen", sportlichen Wandern.

Länge: ca. 320 km

Dauer: 20 Tage (bei angenehmem Tempo), mit Etappen meist zwischen 10–20 km

Wegmarkierungen: Der Rheinsteig gehört zu einem der bestmarkierten Wanderwege überhaupt. Blau-weiße Schilder mit geschwungenem „R" weisen den Weg.

Ausrüstung: keine besondere

Versorgungsmöglichkeiten: große Auswahl an Gaststätten, „Straußenwirtschaften", Lokalen

Unterbringungsmöglichkeiten: Hotels jeglicher Preisklasse, Privat-Pensionen, Jugendherbergen

Kontakte: Bonn Information, Tel.: +49 (0)228-775000, www.bonn.de
Tourist-Information Wiesbaden, Tel.: +49 (0)611-1729930, www.hessen-tourismus.de/Regionen/Wiesbaden.htm

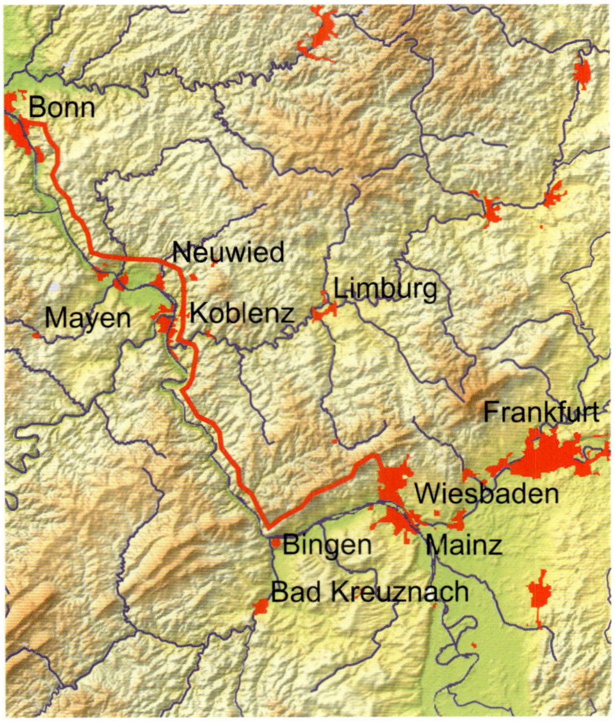

Die heimliche Königin

Auf dem Lieserpfad von Daun nach Wittlich

Der Lieserpfad gilt allgemein als die schönste Streckenwanderung der Eifel. Als Hauptwanderweg 3 des Eifelvereins beginnt die Tour in Daun und führt letztlich bis in den Moselort Lieser. Empfohlen sei hier der ‚Klassiker' von Daun bis Wittlich, der von jedermann in zwei Tagesetappen bewältigt werden kann.

Der erste Teil verläuft fast immer in Sichtweite der Lieser, meist stehen breite Waldwege zur Verfügung, ab und an geht es über schmale Pfade. Steigungen gibt es in diesem ersten Teil kaum, sodass auch ‚Mittelbegabte' in Sachen Kondition keine Probleme bekommen. Unterwegs gibt es immer wieder Stellen, an denen das Verweilen lohnt. Zuvorderst zu nennen wären die Üdersdorfer Mühle, die Infostelle zu den Blei- und Zinkerz-Gängen oder das Eckfelder Maar. Der zweite Teil gilt als fast alpine Vulkaneifel-Erfahrung. Und tatsächlich gibt es Abschnitte, auf denen enge Trampelpfade die steilen Hänge des Liesertals emporklettern, als wollten sie beweisen, dass es in dieser Gegend auch äußerst knackig zugehen kann. Hier ist tatsächlich einige Trittsicherheit und Aufmerksamkeit gefordert, auch die Kondition spielt keine unwesentliche Rolle. Der Lohn, den man erntet, ist überragend und mehr als verdient: Lange Passagen mit nichts als ganz großer Natur, romantischen Mühlen und einer Vulkaneifel, wie sie ursprünglicher kaum sein kann. Verwunschene Wege führen über längst erkaltete Lavaströme – schnell, ganz schnell hat diese Tour, die manche als „schönste Streckenwanderung der Welt" (Manuel Andrack in „Du musst wandern") bezeichnen, den Wanderer für sich eingenommen.

Gut ausgeschildert ist der Lieserpfad allemal, ist er doch Teil des Hauptwanderweges 3 des Eifelvereins.

Die Tour durch die abenteuerliche Vulkaneifel beginnt in Daun. Die erste Tagesetappe soll über 17 Kilometer gehen. Von Daun aus folgt man dem schwarzen Dreieck, das dem Wanderer über beide Etappen hinweg immer wieder den Weg weisen wird. Zunächst geht es entlang der drei Maare südlich von Daun. Als Maare werden Vulkankrater bezeichnet, die mit Wasser gefüllt sind – durch ihre runden Formen wirken sie auf den Betrachter wie gigantische Münzen inmitten der grünen Eifel-Hügel. Man sollte verweilen, den Blick auf das Gemünder Maar genießen, bevor es weitergeht zum Weinfelder Maar. Durch lauschigen Baumbestand hindurch erreicht man schließlich das Schalkenmehrener Maar – die eindrücklichen Bilder dieser drei Wasserflächen mit ihren bewachsenen Flanken wird man so schnell nicht aus dem Kopf kriegen. Die Gegend wird zunehmend waldiger, an Trittscheid und Tettscheid vorbei gelangt man schlussendlich ins beschauliche Brockscheid.

Hier hat man die seltene Gelegenheit, live beim Guss eines metallenen Kunst- und Gebrauchobjekts dabei zu sein: Seit nunmehr fünf Generationen gibt es die Brockscheider Tradition des Glockengießens. Der Zapfen des Flammofens wird vom Meister selbst aufgeschlagen, um das flüssige Metall, 1 100 Grad heiß, in die Lehmform fließen zu lassen. Und natürlich befindet sich diese Form, wie durch einen großen deutschen Dichter für die Nachwelt notiert, „fest gemauert in der Erde". Heute sind Brockscheider Glocken echte Exportschlager, ihre Schläge erklingen überall in den Domen und Kirchen der Welt.

Am Hützbachtal vorbei geht es weiter bis nach Eckfeld. Bis hierher haben Auen und Mischwälder das Auge und das Herz des Naturfreundes begeistert. Das letzte Wegstück bis Manderscheid aber hält noch weitere Naturleckerbissen bereit. Die Wege werden teils enger und steiler, das Tal scheint immer verwunschener. Immer wieder ergeben sich zwischen den Bäumen hindurch grandiose Ausblicke, immer wieder erspäht das Auge ein-

Ober- und Niederburg in Manderscheid liegen dicht beieinander, ja sie scheinen sich gegenseitig zu bewachen.

Bäuerlich geprägt ist die Gegend um Manderscheid.

drücklich-atmosphärische Naturbilder – ein wunderschöner Wanderweg bis hin zur Burgenstadt. Hier nutzt man zunächst einige herrliche Aussichtspunkte auf die Oberburg Manderscheids. Sowohl Ober- als auch Niederburg warten mit hochinteressanten Geschichten und Einblicken auf, bevor es in den historischen Kurort geht.

Manderscheid ist ein verwinkeltes, rustikales Städtchen mit höchstem Erholungsfaktor. Das haben auch längst die Kurgäste bemerkt, die in Kurpark, Lokalen und Einkaufsstraßen zu finden sind. Dennoch, das Städtchen hat sich ein gutes Auge für Tradition und Geschichte bewahrt. Das wird einerseits im gemütlichen Stadtbild, andererseits bei den Möglichkeiten kultureller Begegnung spürbar. Im Maarmuseum Manderscheid kann das Entstehen der Vulkane nacherlebt werden, und auch das Steinmuseum und das Heimatmuseum bieten allerlei Wissenswertes. Auch für Feinschmecker und Genießer ist in Manderscheid bestens gesorgt, gerade Eifeler Spezialitäten finden sich hier in Hülle, Fülle und höchster Qualität.

Entsprechend fällt der Abschied am nächsten Morgen nicht leicht. Dennoch macht man sich letztlich voller Energie auf den Weg – der heutige Streckenabschnitt von 21 Kilometern Länge verspricht erneut wundervolle Landschaftseindrücke – und gilt einigen Wanderern als der noch attraktivere Teil der Gesamtstrecke. Ob das wohl möglich ist?

Schon nach kurzer Zeit und einem schönen Blick auf Ober- und Niederburg erreicht man den Wald. Jetzt wird es gemütlich, der Pfad führt entlang begrünten, moosbetupften Felsen, über intime Stege und durch rauschenden

Mischwald. So schlängelt sich der Weg im engen Tal an den Abhängen entlang, man kann nur staunen über die vielen unterschiedlichen Felsformen. Wie einen alten Gefährten grüßt man die Lieser, die immer wieder in Reichweite munter dahinfließt, springt und plätschert. Über die Schutzhütten Robertskanzel und Weifelsjunk wellt sich der Pfad auf und ab, Wald und Felsen vermitteln eine wohlige Einsamkeit, die einfach nur gut tut und tiefe Ruhe schenkt. Bald öffnet sich das Tal etwas, man verlässt den Wald und erreicht über sandigen Untergrund eine Holzbrücke über die Lieser. Im Anschluss wird es anstrengend, der Weg führt wieder nach oben – dafür bieten sich zwischendurch herrliche Blicke hinunter ins Tal und auf den Fluss.

Am ‚Mausloch' entlang geht es erneut hinunter zur Lieser, über die Karl-Kaufmann-Brücke quert man das Flüsschen. So geht es weiter, an kleinen Bächen entlang, immer mal wieder Richtung Fluss, dann mal wieder weg davon, über freiere Flächen, durch Wald und über Wiesen – eine enorm abwechslungsreiche Strecke, die man mit jedem Schritt mehr zu schätzen weiß. Kurz vor dem Etappenziel passiert man drei Mühlen, zwei davon bieten erquickende Biergärten direkt am Fluss. Das Wandererherz ist gespalten: Einerseits freut es sich über die Erfrischung, andererseits ist es nach so viel Ruhe erschrocken über die gerade an Wochenenden lauten und lachenden Menschenansammlungen.

Sehenswert in Wittlich sind vor allem das alte Rathaus, das Kloster, die Kirchen und das Kreismuseum. Wer darüber hinaus aufmerksam durch Wittlich streift, wird viele interessante Häuser und Anknüpfungspunkte zu Tradition und Geschichte finden. Hier herrscht mildes Klima, was Wein- und Tabakanbau begünstigt. Kein Wunder, dass Genuss und Annehmlichkeit atmosphärisch durchaus dominieren. Und dafür bietet Wittlich mit seinen Gässchen und beschaulichen Schenken geradezu ideales Terrain. So kommt es nicht von ungefähr, dass auch beim Volksfest des Jahres, der Säubrennerkirmes, Essen und Trinken ganz und gar im Mittelpunkt stehen.

Das Wichtigste auf einen Blick

Die Tour: einfache Tour mit enorm abwechslungsreicher Strecke, entlang unzähliger vulkanischer Sauerbrunnen, über steile Pfade, über Engstellen des Flusses, durch den Wald, hinauf an Hängen und über kleine Brücken

Länge: 39 km

Dauer: 2 Tagesetappen

Wegmarkierungen: Die Route ist durchweg exzellent markiert.

Ausrüstung: Wichtig ist vor allem festes Schuhwerk.

Versorgungsmöglichkeiten: entlang der Route in kleinen Städtchen und Gemeinden

Unterbringungsmöglichkeiten: Bei der hier vorgeschlagenen Etappenaufteilung bieten sich vor allem Pensionen und Hotels in Manderscheid an.

Kontakte: Tourist-Information Manderscheid, Kurfürstenstr. 15, D-54531 Manderscheid, Tel.: +49 (0)6572-932663, Fax: +49 (0)6572-933521, manderscheid@eifel.info
www.manderscheid.de
www.wittlich.de
www.lieserpfad.de

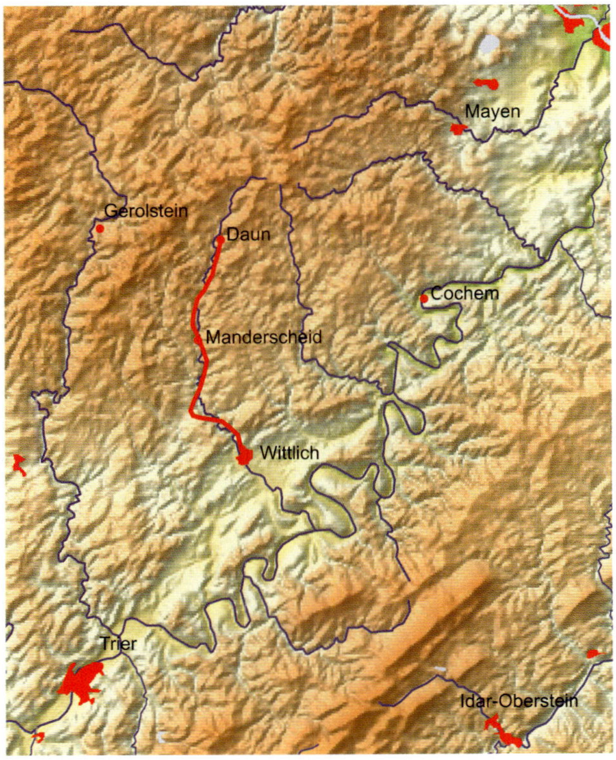

Deutschlands Traditionsweg

Der Rennsteig

Der Thüringer Wald hat eine lange Geschichte als Wanderrevier – hier wurde das Wandern sozusagen erfunden. Als im 19. Jahrhundert die Bürgerkinder „aus grauer Städte Mauern" hinausdrängten, war der grüne Bergriegel im Herzen Deutschlands eine der ersten Adressen: Romantisches Waldesdunkel, liebliche Lichtungen im dichten Grün, verschwiegene Wege und Pfade lockten – und locken bis heute – Naturbegeisterte in den Thüringer Wald.

Die steigende Popularität des Thüringer Waldes lag zudem in der Tatsache begründet, dass man zu Beginn des 19. Jahrhunderts einen alten Kammweg wiederentdeckte, der bereits im 14. Jahrhundert beschrieben und von Händlern, Reisenden und Soldaten benutzt worden war. Diesen Weg zu erwandern, eine tagelange Tour mit Übernachtung in einfachen Hütten und Lagern, mit gemeinsamem Picknick unter den Bäumen – das war für Wandervögel und Gleichgesinnte ein Abenteuer, von dem man an langen Winterabenden den Daheimgebliebenen mit Stolz erzählen konnte.

Prägnanter Wegweiser: Das weiße „R" – „Mareile" genannt – führt den Wanderer sicher durch den Thüringer Wald.

Hinzu kam, dass sich gerade hier historische Zeugnisse zuhauf fanden – für den neu erwachten Nationalstolz ein besonderes Erlebnis. Denn der Rennsteig führt durch eine Region, die über Jahrhunderte wie kaum eine andere in kleine und kleinste Fürstentümer zersplittert war. Diese durchschnitt der Rennsteig, wenn er nicht selbst die Grenze bildete. Sichtbares Zeugnis legten die unzähligen barocken Grenzsteine ab, die im 19. Jahrhundert, als die nationale Einheit Deutschlands endlich vollbracht war, ein Freiluftmuseum deutscher Kleinstaaterei bildeten.

Die klassische Rennsteigwanderung beginnt in Hörschel im Tal der Werra und führt in 6, 7 oder 8 Tagen ins 168 Kilometer entfernte Blankenstein im Tal der Saale – wobei man die Tour genauso gut umgekehrt machen kann. Die Wege sind gut – manchmal zu gut – ausgebaut; es gibt in regelmäßigen Abständen Unterstände, Rastplätze, sogar die leckeren Thüringer Bratwürste kann man unterwegs bekommen. Einkehr- und Übernachtungsmöglichkeiten sind genügend vorhanden, auf Gleichgesinnte trifft man überall: Wer die Einsamkeit sucht, ist hier nicht am rechten Ort.

Auf manchen Streckenabschnitten verlangt der Rennsteig dem Wanderer Kondition und stramme Waden ab – wie hier beim Aufstieg nahe Spechtsbrunn.

In Hörschel ist der Beginn des Rennsteigs leicht zu finden. Hier steht ein Schild mit einem großen „R", das erste einer langen Reihe. „Mareile" nennen die alten Rennsteighasen dieses „R", wenngleich sich wohl kaum einer mehr an die schöne Försterstochter erinnert, nach der es benannt ist. Traditionsbewusste lesen am Ufer der Werra noch einen Stein auf, den sie am Ende der Wanderung der Saale anvertrauen. So erreicht der Stein dereinst die Nordsee nicht über den ihm zugedachten Weg über die Elbe, sondern rutscht durch Main und Rhein nach Holland.

Durch schönen Wald geht es hinauf zum Kamm des Thüringer Waldes, etwa 300 Meter Höhenunterschied. Langweilig wird es nicht werden, denn die unzähligen Gedenksteine am Weg geben allerlei Stoff zum Nachdenken. Gleich zu Beginn wird an Julius von Plänckner erinnert, der 1829 als erster den bis dahin vergessenen Rennsteig von Anfang bis Ende erwandert hat – in nur fünf Tagen! Seine Reisebeschreibung beförderte den Wandertourismus im Thüringer Wald kolossal. Von der Kuppe des Großen Eichelbergs ergibt sich zum ersten Mal ein Blick übers Land – und auf die Wartburg, die prächtig herübergrüßt. Auch jüngere Geschichte ist am Rennsteig noch präsent: Nach der Schutzhütte Flüchtiger Hirsch erinnern zwei Pfosten an den Beginn des Sperrgebiets, das die innerdeutsche Grenze markierte. Zu DDR-Zeiten war der Rennsteig also nicht in voller Länge begehbar.

Das älteste Monument am Rennsteig ist das Steinkreuz Wilde Sau, das 1483 gesetzt wurde. Das Namen gebende Tier ist am Schaft des Kreuzes noch zu erkennen, offensichtlich war ein Jagdunfall Anlass für dieses schöne historische Zeugnis.

Einem Mittelgebirge wie dem Thüringer Wald fehlen die markanten Felszacken der Alpen, doch der Große Inselsberg ist kaum zu übersehen. Mit 916 Metern erreicht er ja auch eine stolze Höhe – und er ist nicht einmal der höchste Berg des Thüringer Waldes. An seinem Fuß steht das Denkmal für Viktor Scheffel, der den Rennsteig beging und besang und die Dreiherrnsteine so in ganz Deutschland berühmt machte. Ein Dreiherrnstein stand an einer Stelle, an der einst drei Länder aneinandergrenzten – hier etwa Sachsen-Gotha, Sachsen-Meiningen und Kurhessen. Sieben solcher Steine sind heute entlang des Weges noch zu finden.

Auf dem Großen Inselsberg stehen allerlei Gebäude, darunter die ‚Thermosflasche' von 1939 und das Gebäude der Jugendherberge, das einst bei der Wartburg stand und vor fast 100 Jahren zerlegt und hier wieder aufgebaut wurde. Von hier oben sieht man den Kammweg besonders schön und kann sich auf die folgenden Tage einstimmen: Großer Jagdberg, Spießberg, Schmalkalder Loibe – es ist ein stetiges Auf und Ab.

Am dritten Tag steht der höchste Punkt des Rennsteigs auf dem Programm: 973 Meter

Lichtungen und mitunter blühende Rapsfelder bieten dem Wanderer eine willkommene Abwechslung zum dunklen Grün des Thüringer Waldes.

hoch! Plänckners Aussicht heißt der Ort, von dem in der Tat der Blick weit übers Land schweifen kann. Von dort geht es bergab zur Schmücke, der berühmtesten Gastwirtschaft des Rennsteigs, um dessen einstigen Wirt sich manche Geschichte rankt. Nun wird der Kamm deutlich breiter, es haben Dörfer und sogar ein Bahnhof Platz. Kurz vor dem Großen Burgberg wird Bergfest gefeiert: Nun ist das Ziel genauso weit entfernt wie der Startpunkt.

Die Fichtenwälder des Gebirges sind dafür verantwortlich, dass echte Panoramablicke selten sind. Umso willkommener die Rennsteigwarte auf dem Eselsberg, von der aus man wieder einmal die Aussicht genießen kann. Neuhaus am Rennsteig ist auszumachen, der Große Beerberg und auch das gigantische Pumpspeicherwerk Goldisthal.

Der Weg führt immer wieder durch kleine Dörfer, so etwa Limbach, wo einst Porzellan hergestellt wurde, Neuhaus am Rennsteig, den Ort der VEB Mikroelektronik, Spechtsbrunn, dessen Vergangenheit schon an den mit Schiefer verkleideten Fassaden abzulesen ist: Hier wurden einst die Griffel für die Schiefertafeln der ABC-Schützen in ganz Deutschland hergestellt. Von Spechtsbrunn sind es noch zwei Tagesetappen bis zum Ende

Der Große Inselsberg: mit 916 Metern Höhe und seiner Sendeanlage eine markante Erhebung im Thüringer Wald

Rennsteiggarten bei Oberhof

des Rennsteigs. Dabei ist die einstige deutsch-deutsche Grenze zu überschreiten, der Rote Turm zu passieren, ein rot bemalter Baumstamm, eine Reihe schöner Wappensteine auf dem zu Recht so benannten Schönwappenweg zu betrachten, die Grenze nach Bayern zu überschreiten. Die letzten Stunden führen durch die sanft wellige Hügellandschaft hinunter nach Blankenstein im Tal der Saale, wo der Rennsteig endet – oder beginnt!

Ein beliebter Abstecher vom Rennsteig ist die berühmte Wartburg, die über Eisenach thront.

Das Wichtigste auf einen Blick

Die Tour: Fernwanderung über den Kamm des Thüringer Waldes von Blankenstein nach Hörschel. Typische Mittelgebirgswanderung in stetigem Auf und Ab durch grünen Fichten-Mischwald. Ausdauer und eine gute Kondition sollte man mitbringen.

Länge: ca. 170 km, Tagesetappen bei 8-tägiger Tour im Schnitt 17–27 km.

Dauer: Pro Tag geht man im Schnitt sechs Stunden, Pausen nicht eingerechnet.

Wegmarkierungen: Wanderwegweiser, weißes R („Mareile")

Ausrüstung: Trinkflasche, Regen- und Sonnenschutz, Teleskopstöcke

Versorgungsmöglichkeiten: Gasthäuser und Imbissbuden gibt es unterwegs reichlich.

Unterbringungsmöglichkeiten: Gasthöfe und Hotels sind unterwegs und auch in Rennsteignähe vorhanden, eine frühzeitige Reservierung ist allerdings unverzichtbar.

Kontakte: viele nützliche Informationen – Anfahrt, Unterkunft, Gaststätten – unter www.rennsteigverein.de

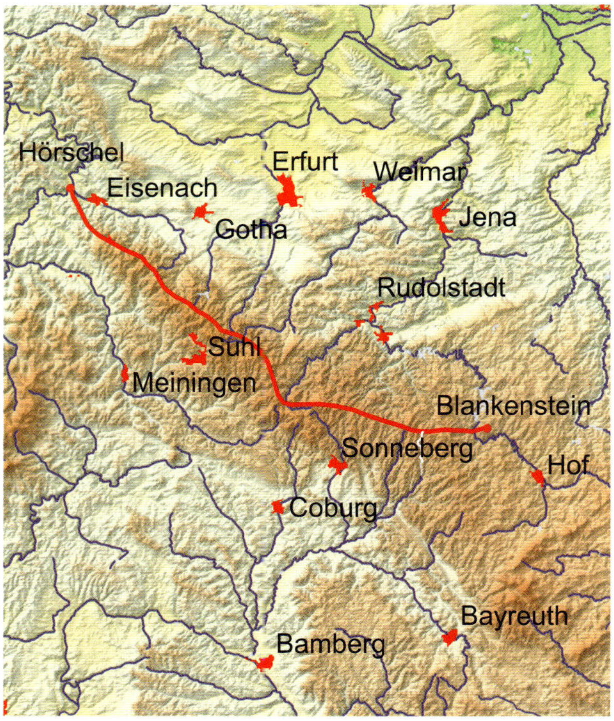

DEUTSCHLANDS SCHÖNSTE WANDERREGION

Der Vogtland-Panoramaweg

Das Vogtland setzt sich zusammen aus Teilen von Tschechien, Bayern, Sachsen und Thüringen. Seinen Namen erhielt es durch diejenigen, denen einst das Gebiet vom böhmischen König übergeben und unterstellt wurde: die Vögte von Weida, Gera und Plauen. Landschaftlich bietet das Vogtland enorme Abwechslung. Felder, Wiesen, Wälder und hügelige Landschaft steigern sich im Süden zum Mittelgebirge.

Hier, im Oberen Vogtland, sind Schneehübel (974 Meter), Aschberg (936 Meter) und Schneckenstein (883 Meter) in Höhe und Ausprägung die wohl bekanntesten Berge. Der Norden des Vogtlands ist geprägt durch Flüsse und deren Täler. Weiße Elster, Zwickauer Mulde, Göltzsch und Saale gehören zu diesen charakteristischen Wasserarmen, die die Landschaft glitzernd durchfassen und der Ebene ihren Stempel aufdrücken. Geologisch zählt das Vogtland zu den vulkanisch aktivsten Regionen in ganz Mitteleuropa. Bezeugt wird dies durch Schwarmbeben, heiße Quellen und Gasaustritte – Vogtland, Abenteuer pur für Naturliebhaber und Wanderfreunde.

Das Vogtland ist Wanderland – bedarf es noch weiterer Beweise?

Die Wanderung beginnt im thüringischen Städtchen Greiz. Hier fließen die zwei prägenden Flüsse des Vogtlandes zusammen, die Göltzsch und die Elster. In steilen Serpentinen zieht sich der Weg auf die Hochfläche bis zum Kriebelstein. Von dort ergiebt sich ein grandioser Blick nach unten auf das geruhsame Elsterberg mit seiner historischen, wuchtigen Burgruine. Weiter flussaufwärts an der Elster und schon befindet man sich mitten im Naturschutzgebiet Steinicht. Bizarre Felsen stehen Spalier – und der Wanderer taucht ein in ein Stück Natur voller Geheimnisse. Bereichert durch viele neue Eindrücke und Bilder zieht es einen weiter, dem ersten Etappenziel entgegen: Ein Schlenker wird gelaufen und dann ist die historische Ortschaft Jocketa erreicht.

Zu Beginn der nächsten Tagesroute überschreitet man die Elstertalbrücke – die ‚kleine Schwester' der berühmten Göltzschtalbrücke, und steigt hinab in die Talaue. Hier umfängt einen die Vogtländische Schweiz mit ihren wispernden Flüsschen, die Geschichten von Feen und Waldgeistern zu erzählen scheinen. Durch das verträumte Nymphental geht es weiter in Richtung Plauen, der ‚Hauptstadt' der Vogtländer. Die historische Altstadt ist im Nu erreicht und es bleibt ausreichend Zeit, sich im Stadtteil Zwoschwitz ein Quartier zu suchen.

Voller Tatendrang und gestärkt durch ein gutes Frühstück wird am nächsten Morgen die 30-Kilometer-Strecke in Angriff genommen, die zunächst südwestlich ins sagenumwobene Burgsteingebiet führt. Eine verträumte, ursprüngliche Landschaft mit seltenen Pflanzen,

Tieren und pittoresken Dörfern erwartet den Wanderer und leitet ihn bis in die Nähe der Talsperre Pirk, wo ein Szenenwechsel stattfindet, denn mittelalterlicher Bergbau hat hier seine markanten Spuren hinterlassen. Über Schönbrunn geht es weiter nach Oelsnitz, das Etappenziel eines langen Wandertages. Hier bleibt ein wenig Zeit, den beanspruchten Füßen ein wenig Erholung zu gönnen.

Der nächste Tag ist wie gemacht für die Bäderregion Vogtland. 20 Kilometer geht es heute Richtung Bad Elster. Im Tetterbachtal überquert man ein tanzendes Bächlein und erreicht am Ende bestens gelaunt das Erholungseldorado. Kurpark, Quellengebäude, Gondelteich, Rosengarten und ein Naturlehrpfad verheißen Entspannung und Erholung pur.

18 Kilometer stehen am nächsten Tag auf dem Programm, das nächste Bäderjuwel glitzert dem Wanderer entgegen. Am Gondelteich entlang folgt der Weg im weiteren Verlauf abschnittsweise dem altehrwürdigen Vogtlandweg, überquert eine Bahnlinie und passiert das ehemalige Grenzwirtshaus Schimmel. Von hier aus erreicht man entlang der Bahntrasse am Ende das Kur-Kleinod Bad Brambach – und wieder ergibt sich eine gute Gelegenheit, Seele und Körper zu verwöhnen. Ganz nebenbei findet sich mit der Wettinquelle die stärkste radonhaltige Trinkquelle der Welt vor Ort.

Die Wanderroute des nächsten Tages verläuft als große Schleife von Brambach durch den südlichsten Zipfel des Vogtlandes bis an die tschechische Grenze. Auf dem Kapellenberg

Das Vogtland ist Bäderland – hier das Albertbad im Kurort Bad Elster.

Klingenthal – ein idyllisches Etappenziel des Vogtlandweges.

(757 Meter) genießt man traumhafte Ausblicke ins Egerland und Fichtelgebirge, eine Teichlandschaft bei Schönberg schmeichelt sich in die Seele. Zurück im mittlerweile vertrauten Bad Brambach wird man eine Weile brauchen, um wieder ins Jetzt zu gelangen.

15 Kilometer Weg und mitten ins Herz der Musik – ein viel versprechender Plan, der am nächsten Tag in die Tat umgesetzt wird. Der anstehende Wegabschnitt von Landwüst und seinem Wirtsberg (664 Meter) Richtung Markneukirchen bietet Panorama-Genuss der allerfeinsten Sorte. Und in Markneukirchen dann scheint alles im Zeichen der Musik zu stehen. Das feine und kunstvolle Handwerk des Musikinstrumentebaus wird hier seit Generationen gepflegt und ausgeübt. Gewissermaßen unter den Schwingen der Musikgötter findet der Tag im Ortsteil Breitenfeld seinen Ausklang.

Der neue Tag sieht Erlbach als Ziel vor – eine Strecke von 20 Kilometern muss bis dahin bewältigt werden. Vorbei am Waldbad Breitenfeld über den Bergrücken passiert man den Hirschmühlenteich und wandert weiter talaufwärts. Eubabrunn überrascht mit einem Freilichtmuseum, einem malerischen Bauernhof und einem lehrreichen Kultur- und Begegnungszentrum im Riedelhof. Und die Erlbacher Brauereigaststätte bietet eine schöne Gelegenheit, die Eindrücke des Tages in geselliger Runde Revue passieren zu lassen.

Gute Kondition und stramme Waden sind am nächsten Tag gefragt, denn 27 Kilometer und eine nicht geringe Anzahl an Höhenmetern gilt es zu überwinden. Zunächst über den Bergrücken des Hohen Brand (805 Meter) führt der Weg weiter über den Herrenberg bei Zwota in das kleine Örtchen Kottenheide. Von hier sind die steil aufsteigenden Wellen von Klingenthal, der Musik- und Wintersportstadt im oberen Vogtland, auszumachen.

Nicht minder ‚alpin' fällt die kommende Tagestour aus, denn der Gipfel des 936 Meter

Würzige, frische Waldluft beflügelt den Wanderer auf seinem Weg.

hohen Aschberg will erklommen werden. Der streckenweise recht anstrengende Anstieg wird mit einem umwerfenden Panoramablick belohnt. Von der fast höchsten Stelle des gesamten Vogtlandes kreist der Blick stolz über die anmutige Landschaft: Täler, tsche-

Wer einmal auf dem Weg seinen Rhythmus gefunden hat, der hat auch Zeit für die Schönheiten am Rande des Weges.

Verträumtes Vogtland: Beinahe fühlt man sich in eine andere Zeit versetzt.

chische Wälder, Höhen und Gewässer voller Seelenjubel wollen bestaunt und fotografiert werden – so viele Eindrücke, die am Abend in aller Ruhe am Zielort Vogelsgrün verarbeitet werden können.

Die Route des vorletzten Tages führt den Wanderer entlang den goldenen Höhen des Ostvogtlandes auf den Kuhberg und damit zugleich in den Bereich des Erzgebirges. Weiter über das kleine Bierdorf Wernesgrün leitet nun ein wunderschöner naturbelassener Steig hinunter ins Göltzschtal, und nach insgesamt 26 Kilometern ist Lengenfeld erreicht.

Der letzte Tag der 12-tägigen Vogtland-Wanderung ist angebrochen. 22 Kilometer trennen den Wanderer nur noch von seinem Gesamtziel. Dazwischen liegen die Schanzenbaude bei Rodewisch und der Perlaser Turm, der mit seiner Aussichtsplattform eine fantastische Gelegenheit zu einem abschließenden Rundum-Blick bietet.

Und schon bald strahlen sie von weitem und ziehen den Wanderer magisch in ihren Bann: die mächtigen Bogen der Göltzschtalbrücke. 26 Millionen Ziegel ineinandergekeilt zu einem gigantischen Bauwerk bilden die größte Ziegelsteinbrücke der Welt. Ein monumentaler Bau von 78 Metern Höhe und 574 Metern Länge, vor dem der Wanderer lange und ehrfürchtig verweilen möchte – ein ehrwürdiger Abschluss einer beeindruckenden Wanderung.

Landschaften, Orte und Bauten der vergangenen zwölf Tage vereinen sich zu einem unvergesslichen Gesamtbild und hinterlassen einen einfach nur glücklichen Wanderer.

Das Wichtigste auf einen Blick

Die Tour: leichte 12-Tages-Wanderung durch verzauberte Flusstäler, über bunte Wiesen und stille Lichtungen, vorbei an historischen Quellen, Bädern, Brücken und Städtchen

Länge: ca. 220 km

Dauer: 12 Tage

Wegmarkierungen: gut sichtbare Strichmarkierungen in Blau, Rot, Grün und Gelb, Symbol des Panorama-Weges („VPW") in Rot an allen wichtigen Stellen

Ausrüstung: keine besondere

Versorgungsmöglichkeiten: in den Dörfern entlang der Strecke

Unterbringungsmöglichkeiten: Hotels/Pensionen in den Orten unterwegs

Kontakte: Tourismusverband Vogtland e. V., Friedrich-Ebert-Str. 21a, D-08209 Auerbach, Tel.: +49 (0)3744-188860, Fax: +49 (0)3744-1888659, info@vogtlandtourist.de, www.vogtlandtourist.de

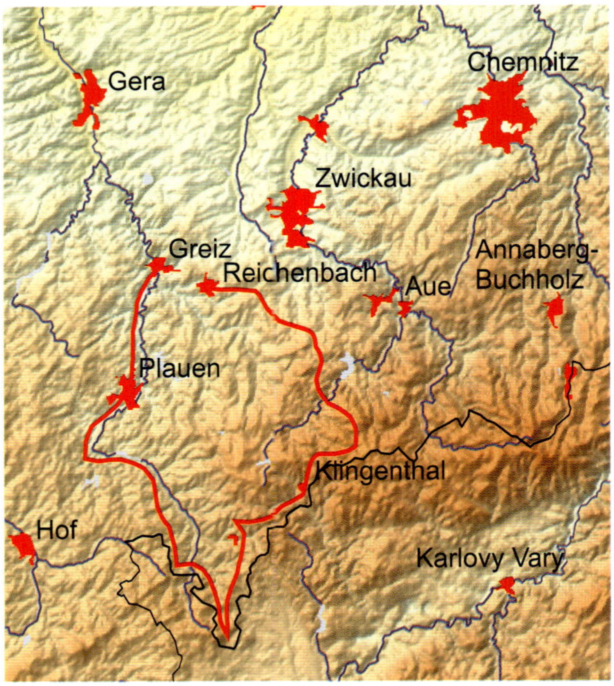

Ein historischer Geniestreich und ein Wunderwerk der Ingenieurkunst: 26 Millionen Ziegel wurden für die Göltzschtalbrücke verbaut.

Vitales Land

Auf dem Maximilianweg durchs Allgäu

Es war einmal ein König, den anno 1858 eine unerfüllte Sehnsucht bewegte. Der bayerische Souverän Max II. wollte auf ‚seine' Berge und machte sich auf den Weg quer durch die bayerischen Alpen. Das tat er selbstredend nicht auf sich allein gestellt: Seine gesamte Gefolgschaft reiste mit, inklusive inspirierter Maler und Dichter, die das Geschehen für die Nachwelt festhielten.

Was fast wie ein adretter Kurz- und Verlustierausflug klingt, sind anspruchsvolle 359 Kilometer vom Bodensee zum Königssee, über kantige Gipfel, Alpinlandschaften und mit grandiosen Ausblicken. Für diesen Marsch wären zu Fuß wohl über 20 Tage nötig – gut, wer da seinen Urlaub etwas länger planen kann ...

Die folgende Wandertour allerdings ist auch bei kürzeren Ferienzeiten machbar. Sie führt über den Allgäuer Abschnitt zwischen Lindau und Halblech, also vom Bodensee bis zum Lech. Dort sind es die vielfältigen Landschaften von West-, Ober- und Ostallgäu, die den Wanderer ganz und gar einnehmen. Ob Felsen, Wiesen, Weideland, Brücken, Stege, Seen, Dörfer oder Bäche – man taucht ein in ein Terrain, das immer wieder durch seine Postkartenpanoramen besticht.

Allgäu, das ist lebendige tief verwurzelte Tradition, die sich auch in der Gestaltung der Hausfassaden – wie hier in Pfronten – niederschlägt.

Direkt am Hauptbahnhof von Lindau beginnt der Wanderweg und führt sodann auf den Uferweg am Bodensee. Vorbei am Seehafen über die Seebrücke und entlang der Buchten von Lindau und Bregenz genießt man hier das schon fast mediterrane Flair dieser lieblichen Gegend. Saftige, grüne Wiesen lösen das Landschaftsbild ab und begleiten einen bis zur Mole von Bregenz. Hier geht es links hinauf zur Altreutekapelle und weiter aufwärts auf den Pfänder, von wo aus sich das umliegende Land in seiner ganzen Schönheit darbietet. Wer sich dort oben der Tierwelt widmen möchte, kann dies in Wildpark und Adlerwarte ausgiebig tun.

Weiter führt der Marsch nach Norden, zunächst hinunter zum Käsewanderweg, dann die Jungholzer Höhe auf die Trögerhöhe. Wie auf einem märchenhaften Teppich gleitet man nach oben und verstummt ehrfürchtig angesichts des Traumblicks auf den Bregenzer Wald. Weiter durch Wälder und über Wiesen führt der Weg auf etwa 1 000 Meter Höhe und über Eichenberg in das kleine Bergdorf Möggers. Doch noch ist das Tagesziel nicht erreicht: Also heißt es, dem Höhenweg in Richtung Oberschwenden zu folgen, wo sich die Felsschanze bereits in der Ferne zeigt. Nach insgesamt etwa 6 Stunden Wanderzeit wird in Scheidegg glücklich und ermattet Quartier bezogen.

Der nächste Tag beschert mit dem Aussichtspunkt Roderbühl einen dieser Panora-

Dieser Anblick lohnt (fast) jede Mühe.

men, die für Städter unbezahlbar sind und die einen bleibenden Eindruck hinterlassen. Über die Rieder Höhe führt die Strecke weiter nach Böserscheidegg, Bux, Kapfreute und Bremenried. 300 Meter folgt man der Staatsstraße Richtung Osten, um dann an der Wendelinskapelle nach rechts abzubiegen. Über einen Wiesenweg und entlang des Hausbachs geht es weiter in das Zentrum des kleinen Dorfes Hausbach und vorbei an der Kirche hinauf in die beschauliche Hausbachklamm. Einige Male wird die Seite des Bachufers gewechselt, bevor man die Klamm an einem idyllischen Grillplatz verlässt. Richtung Oberreute und entlang der ehemaligen Burg Längene durchschreitet man bald darauf Oberreute in Richtung Martinshöhe: Hier umfängt einen der überwältigende Ausblick auf die Schweizer Berge. Nicht zum ersten Mal bietet sich die Gelegenheit, den Fotoapparat zu zücken und ein Panorama festzuhalten, das jedem Postkarten- und Puzzlemotiv gerecht wird. Kaum möchte man sich losreißen von dieser Naturkulisse, doch ein weiteres Highlight lockt in Gestalt der Eibeles Wasserfälle. Ihr Perlen und Rauschen begleitet einen bis zur Weißach, an deren Nordufer es hinüber nach Steinebach geht. Vor dem Etappenziel des heutigen Tages – dem Staufner Haus – wird es noch einmal sportlich, denn der Weg führt hinauf zum Hochgrat über die Untere und Obere Lauch-Alpe.

Etwa 8 Stunden nimmt die nächste Wanderetappe ein. Ausreichend Proviant sollte am Morgen im Rucksack verstaut werden, denn eine Versorgungsmöglichkeit besteht erst wieder am Etappenziel. Die Bergkette, die man auf Graten entlang den Markierungen von E 4 und Maximiliansweg begeht, gehört zur Nagelfluhkette. Insgesamt ist der Kamm fast 20 Kilometer lang. Eine Strecke der imponierenden Art: im

Westen der Bodensee, die Schweizer Alpen, die Vorarlberger und die Lechtaler Gipfel sowie der Hauptkamm der Allgäuer Alpen, im Südosten sogar ein Blinzeln der Zugspitze. Zunächst führt der Weg in die Brunnenauscharte (1 624 Meter), danach geht es im stetigen Auf und Ab durch zerklüftete Felslandschaft: erst hinauf zum Rindalphorn (1 821 Meter), dann erfolgt der kühne Abstieg in einer Rinne 50 Meter darunter. Über die Gündlesscharte wird sodann der Gündleskopf (1 748 Meter) erreicht. Doch noch immer nicht ist für Füße und Waden Erholung in Sicht, denn der Buralpkopf mit seinen 1 772 Metern Höhe wartet darauf, erklommen zu werden. Belohnt wird dieser Anstieg mit einem spektakulären Panoramablick, der den Wanderer so weit beflügelt, dass er scheinbar mühelos über die Sedererwände zum Sedererstuiben und weiter nach Gunzesried gelangt. Dort stehen öffentliche Verkehrsmittel zur Verfügung, die den Wanderer nach Sonthofen – der „Alpenstadt des Jahres 2005" – bringen, wo eine anspruchsvolle und erlebnisreiche Tagesetappe ihr Ende findet.

Die Anstrengungen des vorangegangenen Tages finden dahingehend Berücksichtigung, dass die heutige Tour lediglich 5 Stunden in Anspruch nehmen wird. Sie führt den Wanderer vorbei an den Ruinen der im 14. Jahrhundert erbauten Burg Fluhenstein und weiter nach Walten, Unterried und Breiten. Steil geht es nun nach oben, man streift durch frisches Weideland und schattigen Wald und lässt dabei das Gipfelkreuz vom Tiefenbacher Eck (1 570 Meter) ebenso hinter sich wie die Karl-Hüller-Hütte. Weiter geht es auf dem Weg zur Hirschalpe, der steil hinauf zum Steinpass-Sattel führt und zugleich mehrere Aufstiegsmöglichkeiten zum Spieser bietet. Über Wiesen und Weideland erreicht man schließlich die Schlucht des Weißenbachs, passiert die Bergstation des kleinen Spieserlifts und gelangt bald an eine Bundesstraße, an deren Seite man das idyllische Dorf Unterjoch anstrebt, wo man – gefesselt vom Blick auf die Wälder, Wiesen und markanten Berggipfel – Quartier bezieht.

Der Steinbergweg führt den Wanderer am Morgen des nächsten Tages von der Kirche

Naturverbundenheit und Familienfreundlichkeit zeichnen das Allgäu aus.

Foto oben: Würzige, frische Waldluft lässt einen tief und frei durchatmen.

Foto unten: Allgäuer Käse – ein Qualitätsprodukt, das weit über die Grenzen bekannt ist.

bergauf zum Ortsende und weiter zum Weißenbach. Dieser wird ebenso überschritten wie bald darauf die österreichische Grenze. Bevor es in großen Serpentinenschwüngen hinunter ins Vilstal geht, wird die Gaststätte Rehbach erreicht, die mit ihrem Biergarten zu einer Rast verlockt – ein Kleinod inmitten einer prächtigen Naturkulisse! Am linken Ufer der Vils steigt der Weg nun allmählich in das Alpgebiet auf, führt vorbei am Gasthaus Vilstalsäge weiter durch den Wald und über Alpflächen bis nach Pfronten-Ried und erneut am Ufer der Vils bis zur Ruine Falkenstein. 1280 erbaut und im 17. Jahrhundert niedergebrannt, plante König Ludwig II. von Bayern den Wiederaufbau und die gleichzeitige Ausgestaltung zu einem prächtigen Burgschloss im Stile Neuschwansteins. Diese kühnen Pläne des „Märchenkönigs" erscheinen beim Anblick der kärglichen Überreste geradezu verwegen.

Vom Wegdreieck Zirmgratweg führt ein Pfad weiter ostwärts steil nach oben, Wald umgibt den Wanderer bis hoch auf den Grat. Ein lang gestreckter Höhenzug schließt sich an und im Süden erstrahlen bereits die Tannheimer Berge und die Füssener Seenplatte. Vom Salobersattel geht es hinunter zur Saloberalp, dann bergab zum Alatsee. Was für ein Glitzern und Gleißen umgibt einen! Doch weiter geht es, vorbei an Obersee und Mittersee, bis man schließlich den Lechfall erreicht, ein Naturschauspiel erster Güte und das letzte

Die Märchenschlösser König Ludwigs II. liegen beide an der Route.

Etappenziel, bevor Füssen samt Kloster und Schloss den Wanderer in seinen Bann zieht. In der berühmten Stadt des Geigenbaus wird zugleich Quartier bezogen.

Nur widerwillig möchte man den letzten Tag der Wanderung antreten, doch der Ausblick auf ein kulturelles Highlight, der „Exportschlager" deutscher Kultur schlechthin, treibt einen voran. Uns so wird die Pöllatschlucht mit eifrigen Schritten angestrebt und mit ihr die berühmte Marienbrücke. Und dann liegt es vor einem: Schloss Neuschwanstein. Die Realität, die vielen Touristen, mit denen man sich diesen exponierten Aussichtspunkt teilt, scheint beim Anblick dieses märchenhaften Schlosses zurückzutreten zugunsten einer fantastischen Zauberwelt. Kaum mag man sich losreißen, doch die Wanderung hat für den Wanderer mehr vorgesehen. Und so geht es entlang markanter Felszacken in gestreckten Bögen durch den Wald zum Tengelberg. Immer wieder gestattet der Weg berauschende Ausblicke auf die umgebende Landschaft.

Vom Branderschrofen über das Tegelberghaus gelangt man weiter zum Niederen Straußbergsattel. Jetzt sind Ausdauer, Trittsicherheit und Schwindelfreiheit gefragt, denn auf einem Gratweg und über Serpentinen geht es steil bergauf zum Sattel zwischen Gabelschrofen und Krähe. Hier muss eine Felsbarriere überwunden werden, die – einer Wehrmauer gleich – den Weg versperrt. Wer es bis hierhin geschafft hat, wird auch den letzten Abschnitt meistern, vorbei am so genannten „Fensterl", einem Durchlass inmitten der steil aufragenden Steinplatten, und der Hochplatte, wo man teils an Seilsicherungen entlangwandert, bis das Gebiet des Wilden Freithofes erreicht wird. Von hier geht es bergab und das Tagesziel wird ins Visier genommen: die Kenzenhütte. Die spektakuläre Wanderung findet nun ihr Ende. Busse bringen die aktiven Gipfelstürmer nach Halblech, und von dortaus geht es problemlos weiter bis Füssen, dem Ausgangspunkt dieses letzten Wandertages.

Das Wichtigste auf einen Blick

Die Tour: Leichte bis mittelschwere 6-Tages-Tour über kühne Kämme, Grate und Gipfel, entlang vergnügter Bäche und malerischer Seen, mit großartigen Ausblicken und durch verträumte Dörfer. Kondition, Schwindelfreiheit und Trittsicherheit werden vorausgesetzt.

Länge: ca. 115 km

Dauer: 6 Tage

Ausrüstung: Wetter-/Sonnenschutz, Personalausweis (die Wanderung verläuft grenzüberschreitend)

Wegmarkierungen: teilweise durch den deutschen Alpenverein markiert, aber nicht durchgängig, deshalb Beschreibungen/Kartenmaterial nutzen

Versorgungsmöglichkeiten: meist unterwegs in Dörfern und Hütten, bei Etappe 4 nur am Ziel

Unterbringungsmöglichkeiten: Pensionen/Berghütten und Hotels an den Etappenzielen

Kontakte: Tourismusverband Allgäu/Bayerisch-Schwaben e. V., Fuggerstraße 9, D-86150 Augsburg, Tel.: +49 (0)821-4504010, Fax: +49 (0)821-45040120, www.allgaeu-bayerisch-schwaben.de, info@tvabs.de

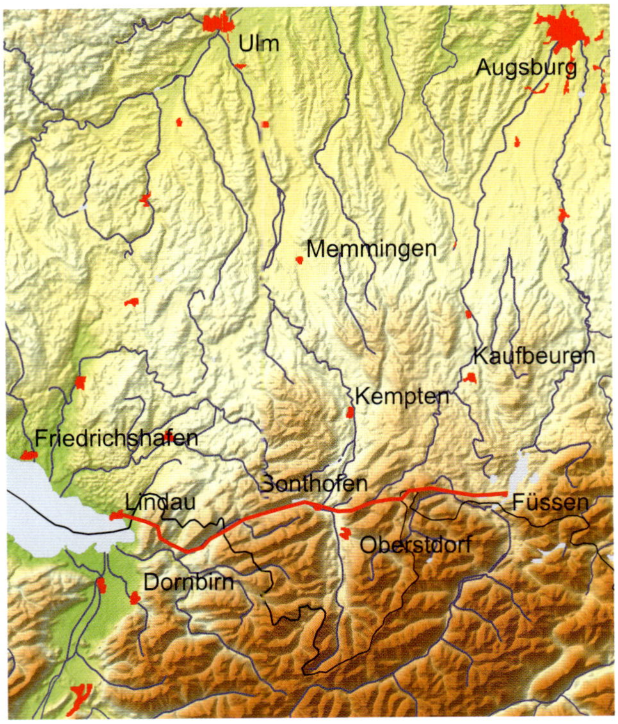

Früh am Morgen, wenn sich in den ersten Sonnenstrahlen die Nebel lichten, wirkt die Bergwelt wie verzaubert.

Wo Geschichte allgegenwärtig ist

Auf dem Hermannsweg von Rheine zum Velmerstot

Der Hermannsweg durchquert den Teutoburger Wald von Rheine zum Velmerstot. Er gilt als einer der attraktivsten und abwechslungsreichsten Wanderwege Deutschlands, den man auch mit durchschnittlicher Kondition ohne Anstrengung erlaufen kann. Benannt wurde er nach Hermann dem Cherusker, der im Jahre 9 n. Chr. drei römische Legionen besiegte. Ihm wurde 1875 ein Denkmal gesetzt.

Der Teutoburger Wald, ein ca. 300 Meter hoher, recht eigenwilliger Mittelgebirgszug, liegt im Nordwesten Deutschlands. Er erstreckt sich von Westen nach Osten. Einige seiner zähen Berge ragen über 400 Meter hoch und erheben sich so aus der umgebenden Ebene. Drei Kämme formen die Erhebung. Aus Osning-Sandstein besteht der mittlere, der Hauptkamm des Teutoburger Waldes; davor und dahinter liegen jeweils ein etwas niedrigerer Kamm aus Kalkstein. Aus dem Sandstein des Hauptkammes haben sich einige äußerst mystisch anmutende, frei stehende Felsformationen (wie etwa die Externsteine) gebildet. Neben landschaftlicher Schönheit bietet der Weg eine Vielzahl geschichtlicher Eindrücke entlang der Strecke, die auch kulturbeflissene Wanderer auf ihre Kosten kommen lassen.

Ehemalige Kasse im Hermannsdenkmal auf der Grotenburg im Teutoburger Wald

Vorgestellt wird die klassische 8-Tages-Tour, um den gesamten Höhenweg abschnittsweise kennenzulernen. Die Etappen sind auch einzeln angehbar, da die Etappenorte alle gut mit PKW, Bahn oder Bus erreichbar sind. Wer den Hermannsweg in all seinen natürlichen Schattierungen und historischen Wurzeln kennenlernen möchte, sollte sich aber das Gesamterlebnis nicht entgehen lassen.

Von Rheine aus startet man besser recht früh; zunächst geht es am Emser Ufer entlang. Fast 20 Kilometer warten auf den Wanderfreund – allerdings ohne wirklich schwere Anstiege. Versteckt zwischen Bäumen liegt die Kapelle St. Konrad im Walde, die innen wie außen einen Blick lohnt. Weiter geht es bis zum Hof Overesch, dort biegt man nach links und erreicht etwas später das Naturschutzgebiet Wilde. Im beschaulichen Bevergern sind es besonders die Fachwerkhäuser, die das Wanderauge erfreuen. Über die Schleusen und entlang des rissigen Sandsteinbruchs ‚erklimmt' man nun den Huckberg (95 Meter) – und genießt für einige Momente die aufgeräumte Aussicht ins Münsterland. In einigen Kurven geht es weiter hinunter; nach Hörstel führt der Weg als nächstes. Hier sollte man sich von der ersten Etappe erholen.

Blick vom Hermannsdenkmal Richtung Bielefeld

Über die Millionenbrücke und den Waldparkplatz heißt es am nächsten Tag zügig die altbekannten Wegmarkierungen wiederzufinden. Man wandert vorbei an einer offenen Kapelle, der fünften Station des Passionswegs. Weiter geht es hoch zur Schönen Aussicht – und tatsächlich: Einige Löcher in der Wolkendecke reichen, um den Blick über Riesenbeck und die Landschaft zu genießen. Weiter geht es auf dem Weg über Birgter Berg und eine Landstraße weiter in den Wald. Die Stille eines Soldatenfriedhofs lässt einen innehalten. Ein ganzes Stück später passiert man die Dörenther Klippen sowie die Kletterspots Dreikaiserstuhl und Königstein. Durch den Luftkurort Brochterbeck hindurch erreicht man kurz darauf die Waldkapelle mit ihrer Inschrift „Hoch preiset meine Seele den Herrn". Schließlich passiert man eine weiträumige Wiese und erreicht das idyllische Etappenziel Tecklenburg und hat schon wieder beachtliche 22 Kilometer geschafft.

Etwas verspätet, aber ausgeruht macht man sich am nächsten Morgen auf den Weg. Durch ein Waldstück geht es aufwärts, ein kurzes Stück über Asphalt, bis es über die Hermannsbrücke erneut in den Wald geht. Kurz vor Leeden wartet ein herrliches Panorama auf den Wanderer – Sonnenstrahlen tauchen alles in hellen Glanz. In Leeden lohnt der Besuch des Zisterzienserinnenklosters, das man sich in aller Ruhe ansehen sollte. Hinter Leeden führt

Perlgras-Buchenwald auf dem Jostberg

der Hermannsweg schließlich durch einen Nadelwald, dann wieder über ein Stück Asphalt. Man passiert zwei Höfe sowie den Unterstand Westfälischer Frieden.

Auf Asphalt geht es auch vorbei an Lengerich und an einem rustikalen, fachwerkgeschmückten Gestüt. Wenn man wieder den Wald erreicht hat, wandert man zwischen verwunschenen Buchen hindurch eine steile Kurvenstrecke hinauf. Sie führt zu einem Aussichtspunkt hinauf: Der Blick über Steinbruch und Landschaft ist wunderschön. Im Wald passiert man schließlich ein verlassenes Forsthaus. Der Kopf hat Zeit, sich Geschichten auszudenken. Weiter geht es vorbei an einem historischen Grenzstein (damals zwischen Hannover und Preußen) und einer Schutzhütte mit Bänken, wo man kurz die Beine hochlegen kann. Schließlich geht es hinunter nach Bad Iburg. Nach 21 Kilometern freut man sich auf eine Unterkunft und eine ausgiebige Mahlzeit.

Ganz ausgeruht passiert man am nächsten Vormittag die Kneipp-Anlage am Freedenbach, einen Wasserlauf, der völlig naturbelassen und unreguliert dahinfließt. Ganz sanft geht es bergauf zum Gipfel des Kleinen Freeden, dann weiter auf dem Höhenweg. Heute gilt es, eine Tagesstrecke von knapp 25 Kilometern zu bewältigen. Durch den Wald hinunter erreicht man bald wieder Asphalt-Terrain, wechselt erneut in den Wald, um schließlich wieder auf Teer zu gehen. Der Hermannsweg ist in all seinen Ausprägungen eben vor allem ein Wechselspiel, das nie langweilig wird. Irgendwann führt der Weg durch einen schattigen Buchenbestand, in dem sich Abenteuerlust regt. Gerade wegen all seiner Geschichten und Legenden belebt diese Tour immer wieder die Fantasie.

Nach einem Umweltbildungszentrum erreicht man über zwei lange Bögen den Anstieg zu Petersbrink und Schollegge. Wer jetzt nicht richtig fit ist, muss doch ein wenig schnaufen, so ganz leicht ist dieser Abschnitt nicht. Entlohnt wird man dafür mit einem fantastischen Ausblick oben am Aussichtsturm. Man wandert über den so genannten Sauplatz vorbei an den Windkraftanlagen und erreicht den Luisenturm. Inzwischen sehnt man sich schon ein wenig nach dem Etappenziel. Und so ist man froh, wenn schließlich nach Acker und Pferdekoppel Borgholzhausen in Sicht kommt.

Wenn am nächsten Morgen noch die Muskeln schmerzen von der langen Vortagesetappe, sollte man es vielleicht mit Morgengymnastik versuchen, um einigermaßen fit die Etappe zu beginnen – eine gute Vorbereitung für die kommenden 22 Kilometer. Vorbei an Weideland geht es hinauf in den Wald zur Burg Ravensburg. Weiter, wieder hinunter und über eine Asphaltstraße hinweg erreicht man ein paar Fischteiche, die man auf einer Wallung überqueren kann. Am Hagedorn-Denkmal kann man gut eine kleine Rast machen. Kurz darauf stößt man auf ein weiteres Denkmal, das an Walther von der Vogelweide erinnert. „Ach, könnt' der Weg mit ihr doch seyn ..." – solche und ähnliche Zeilen liegen hier in der Luft. Standhafte wandern an der Landstraße 778 an einem Biergarten vorbei hinein in den Wald. Einige Kilometer weiter – ein Bild, wie es nur die Natur hervorbringen kann: Rotbuchen ineinander verschlungen wie die Statue eines französischen Bildhauers. An einem Rotwild-Gehege und einem Bauernhaus-Museum vorbei geht man schließlich bergab Richtung Bielefeld. Die Altstadt Bielefelds genießt man am Abend ganz in Ruhe, bevor man zufrieden ins gemachte Bett fällt.

Am nächsten Morgen freut man sich auf eine Kurzstrecke: knappe 15 Kilometer. An der Sparrenburg (die auf jeden Fall einen kleinen Rundgang lohnt) wandert man vorbei und umrundet einen Seerosenteich. Nun geht es in

Berühmtes Denkmal als Etappenziel der Wanderung: das Hermannsdenkmal

einer Kurve leicht nach oben. Ein Stück weiter im Garten des Lokals Allegro zieht ein seltsamer Steinfund die Aufmerksamkeit auf sich – er erinnert irgendwie an einen Besuch von Außerirdischen. Weiter geht es auf den Ebberg (309 Meter) mit seinem Aussichtsturm Eiserner Anton. Über Asphalt und durch Wald führt der Weg nun weiter, bis man erneut auf ein eindrucksvolles Buchen-Unikat stößt. In einem Bogen erreicht man schließlich Oerlinghausen. Es liegt beschaulich eingebettet zwischen Wäldern und Hügeln. Zeit für ein Quartier und zum Entspannen.

Erwartungsvoll beginnt man den nächsten Tag, heute wird es einen echten Höhepunkt geben: Nach einer Tagestour von 15 Kilometern erwartet den Wanderer das Hermannsdenkmal. Zunächst geht es über Teer, man folgt dem Höhenweg und erreicht den Wald. Nach einem Ehrenmal, den Steinen des Oerlinghausener Meditationswegs und dem Löns-

Wohl das bekannteste unter Deutschlands Naturdenkmälern: die Externsteine

Denkmal wandert man über ein freies Areal, auf dem es sich junge Birken bequem gemacht haben, dann geht es weiter durch den Wald. Die Rethlager Quellen wecken die Lebensgeister, das Bächlein springt quirlig zwischen den Felsen. Man geht weiter durch das Naturschutzgebiet und erreicht den Donoper Teich. Kurz danach stößt man auf den Krebsteich – der früher tatsächlich zur Krebszucht genutzt wurde. Nun wird man mit jedem Schritt gespannter, es ist nicht mehr weit. Schließlich ist es vollbracht, der Held, ganz in Kupferblech, ragt in den Himmel. Man steht vor einem der bekanntesten deutschen Ausflugsziele überhaupt. Ein wenig Ergriffenheit ist an dieser Stelle erlaubt. Detmold nimmt den Wanderer freundlich auf.

Auch wenn nun die Schlussetappe ansteht – die letzten rund 18 Kilometer warten noch einmal mit einer Reihe von Highlights auf, so als sollte der Wanderer am Ende noch einmal getröstet werden. Man startet am Denkmal

und wandert bald wieder ein Stück auf Asphalt. Später, am Haus Hangstein, ist ein Abstecher in den Vogelpark Heiligenkirchen zu empfehlen. Nur kurz danach biegt der Weg vor dem Areal der Adlerwarte Berlbeck ab. Auch dort ist ein Besuch (Flugvorführungen etc.) sicher lohnenswert. Weiter wandert man und genießt am Gedenkstein Vogeltaufe einen beeindruckenden Blick ins Tal. Kurz darauf läuft man über eine breite Schneise hinab, Beeren- und Heidegewächse wechseln sich ab mit jungen Birken. Schon grüßen die ersten Häuser von Holzhausen-Externsteine. Nun wird es mit jedem Schritt spannender. Es geht wieder in den Wald, durch eine Birkenallee und über Stufen bergab. Und da ist er: der See mit den berühmten Externsteinen. Fünf Felsbrocken, die in den Himmel wachsen. Legenden und Mythen fallen einem ein, allerspätestens jetzt ist man angekommen und – verzaubert. Der folgende Weg zum Gipfel des Velmerstot wandelt die erlebte Spannung in tiefe Ruhe – der gesamte Hermannsweg war ein Erlebnis außergewöhnlicher Schönheit und Vielfalt.

Das Wichtigste auf einen Blick

Die Tour: leichte Wanderung, mäßige An- und Abstiege über abwechslungsreiche Forstwege, Pfade, Wiesen und Bergkämme sowie durch heitere Nadel-/Laubwälder und geschichtsträchtige Orte

Länge: 157 km

Dauer: 8 Tage mit Tagesetappen jeweils um die 20 km

Wegmarkierungen: gut beschildert mit weißem H auf schwarzem Grund

Ausrüstung: leichter Tagesrucksack, gutes Schuhwerk, zweckmäßige Wanderkleidung, Regenschutz, Sonnenbrille, Trinkflasche, evtl. Teleskopwanderstöcke

Versorgungsmöglichkeiten: Imbisse und Restaurants fast auf der ganzen Strecke in direkter Nähe des Weges

Unterbringungsmöglichkeiten: selten Möglichkeiten direkt am Weg, ab 3 km im Umkreis bzw. in den Etappenzielen aber ausreichend

Kontakte: OstWestfalenLippe Marketing GmbH, Teutoburger Wald Tourismusmarketing, Jahnplatz 5, D-33602 Bielefeld, Tel.: +49 (0)521-9673315, Fax: +49 (0)521-9673319, www.teutoburgerwald.de, www.hermannshoehen.de

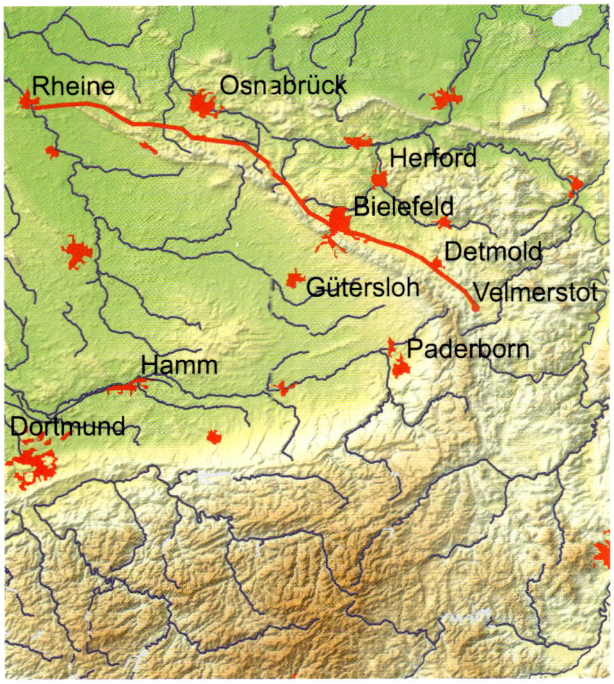

Der Velmerstot ist der höchste Berg des Teutoburger Waldes.

Qualitätsgeprüft

Auf dem Rothaarsteig von Brilon nach Dillenburg

Mittelgebirge in Verbindung mit dichter Waldlandschaft – diese Kombination findet sich in Deutschland selten so beeindruckend und naturnah wie auf dem Rothaarsteig. Der Höhenweg auf dem Grat des Rothaargebirges verbindet Sauerland, Siegen-Wittgenstein sowie Lahn-Dill-Bergland und führt von Brilon nach Dillenburg. Die Bandbreite der Tier- und Pflanzenwelt ist imposant: Rot-, Muffel-, Reh- und Schwarzwild, Greifvögel, weitläufige Buchen- und Fichtenbestände, seltene Heidegewächse, etc. – eine komplette Liste für diese Region wäre enorm lang.

Dabei ist das Netz der Wanderwege, Aussichtspunkte und Erlebnisstationen bestens organisiert und lückenlos, die Wanderer werden auf entsprechenden Beschilderungen über Entfernungen, Richtungen und sonstiges Wissenswertes aufgeklärt. Eine charmante und hilfreiche Besonderheit auf dem Steig sind die sechs Rothaarsteig-Ranger. Sie pflegen die Wege und Einrichtungen, achten auf die Einhaltung der Gesetze zum Schutz der Natur und organisieren Erlebnis-Wanderungen. Wer auch immer auf dem Rothaarsteig unterwegs ist: Die Tipps und Hinweise der Helfer mit den aparten Hüten werden hilfreich sein und Spaß machen.

Die erste Tagesetappe führt einen über lange 24 Kilometer von Brilon nach Willingen. Mitten durch den Wald wandert man über die Möhnequelle zu Borbergs Kirchhof. Fest und unbeirrbar umschlingt den Wanderer der Arm der Geschichte: Ein paar Steinhaufen erzählen von einem Kloster, das hier vor einem Jahrtausend stand, auf der Rasenfläche unter dem Gipfel sollen einst die Opfer der Pest begraben worden sein. Der Borberg selbst gilt als Festungsanlage der Kelten; hierhin zog man sich auf der Flucht vor blutrünstigen Gegnern zurück. Der Blick von hier oben auf das Arnsberger Grün prägt sich nachhaltig ein – was für eine raue und gleichzeitig freundschaftliche Gegend. Weiter geht es nun unter einiger Anstrengung auf den Ginsterkopf – oben wird man durch ein allseitiges Panorama verzaubert. Die anschließend folgenden, unter Naturschutz stehenden Bruchhauser Steine bieten ein eigenes Info-Center. Vier eigensinnige Brocken erzählen von Ritualen, Kult und Wehrhaftigkeit. Jetzt geht es noch über einen alten Richtplatz und man erreicht schließlich Willingen.

Über einen alten Grenzweg begibt man sich am nächsten Tag auf eine konditionfor-

Foto links: Erstklassig markiert ist der Rothaarsteig mit einem liegenden weißen R auf rotem Grund.

Foto rechts: Ein Wahrzeichen des Rothaarsteiges sind die mächtigen Skulpturen aus Holz und Granit.

Worüber freuen sie sich mehr: über die schöne Aussicht oder den ersten bezwungenen ‚Gipfel' – den Ginsterkopf bei Brilon?

dernde 30-Kilometer-Strecke. Der Langenberg, höchster Berg Nordrhein-Westfalens (843 m), erhebt sich über dem Wanderfreund. Hinter dem Burbecker Platz stößt man vor ins Hochheide-Gebiet Neuer Hagen und ist auf der Stelle fasziniert: vereinzelt stehende Birken und Weiden inmitten von Besenheide und Heidelbeer-Pflanzen, dazu grasende Schafe und Ziegen, die für die ‚Pflege' dieser schillernden Fläche sorgen. Weiter geht es hinauf zum Gipfel des Clemensberges mit seinem Steinbruch. Der Fernblick ist erneut fantastisch – am allerschönsten, wenn man bei herrlichem Wetter unterwegs ist. Entlang der Hoppecke-Quelle und über den Medebach-Küstelberg gelangt man zur Ruhrquelle. Von hier aus werden ca. 5 Millionen Menschen mit Trinkwasser versorgt. Diese Zahl beeindruckt auch nüchterne Gemüter. Über Winterberg und den Kahlen Asten geht es schließlich nach Neuastenberg.

Das Etappenziel des nächsten Tages heißt Jagdhaus, man wird ca. 23 Kilometer unterwegs sein. Über einen alten Handelsweg durch Langewiese, entlang Hoheleye und der Friedensquelle erreicht man den Heidenstock. Seinen Namen erhielt er von den heidnischen Sachsen, die auf der Flucht vor den Franken unter anderem hier oben weiter ihre Kulte auslebten. Hier am Heidenstock fanden viele von ihnen den Tod. Der Rothaarsteig wartet nun mit etwas ganz besonderem auf: ein Stück des

Abendstimmung verwandelt den Rothaarsteig in eine Traumlandschaft.

Waldskulpturenwegs – an zwei Stellen bestaunt man die Skulpturen „Kein leichtes Spiel" und „Stein, Zeit, Mensch". Imponierend, diese Mischung aus Granit und Holz. Zwei Erlebnispunkte runden den tiefen Gesamteindruck ab – „Ökosystem Wald" und „Wald und seine Eigentümer" versorgen den Wissensdurstigen mit vielen wichtigen Informationen. Über Heidkopf und durch dichten Wald erreicht man das Etappenziel.

Am nächsten Morgen ist man sicher wieder früh auf den Beinen. Es lohnt sich auf jeden Fall. Man durchwandert dichtes Waldgebiet bis zur Sombornquelle. Beschwingt vom Plätschern und Rieseln passiert man den Margaretenstein und gelangt zum Rhein-Weser-Turm. Die 24 Meter nach oben lohnen sich auf jeden Fall, der Blick von der Panoramaplattform über das Sauerland ist entzückend. Das Naturschutzgebiet Schwarzbachtal nimmt den Wanderer in seine Obhut, vorher kann man noch einmal seine Kenntnisse am Erlebnispunkt „Schule des Waldes" auffrischen. Leuchtend bunt grüßt die Heinsberger Heide, man

Am Wegrand – die Heinsberger Heide: Schöner kann ein Wanderweg nicht sein.

erobert den Dreiherrenstein, einst Teil einer umkämpften Grenzlinie und Zeuge grausamer Kämpfe um Holz und Vieh. Die im 12. Jahrhundert errichtete Ginsburg am Rande des Weges erzählt ähnliche Geschichten, während die Ginsburger Heide selbst den Naturliebhaber mit ihren seltenen Tier- und Pflanzenarten erfreut. Nach insgesamt 28 Kilometern erreicht man das Streckenziel Lützel.

Durch robuste Waldlandschaft – darunter auch ein Eichenwald – geht es am nächsten Tag vorbei an den drei wichtigsten Siegerländer Quellen Eder, Sieg und Lahn. Kleinere Wasserstrudel unterhalten den Wanderer zwischendurch mit ihrer erfrischenden Melodie, sodass man kaum eine Anstrengung wahrnimmt. Entlang der Örtchen Benfe und Großenbach erreicht man über die Eisenstraße die Haincher Höhe – die Hügelregion von Lahn und Dill bietet hier ein weitläufiges Bild, das auch nach den zurückgelegten 29 Kilometern immer noch beschwingen kann.

Die letzte Etappe nach Dillenburg steht auf dem Plan – noch einmal wollen 30 Kilometer

Der Weg der Sinne: Bei solchen Bildern wird die Bedeutung des Namens klar.

Im Westerwald stößt der Wanderer des Rothaarsteig auf den so genannten „Ketzerstein", eine Ansammlung von Basaltblöcken, die aufgrund ihres hohen Eisenanteils eine Irritation von Kompassnadeln verursachen.

bewältigt sein. Nach der Dillquelle erwartet den Neugierigen auf der Tiefenrother Höhe der längste Eisenbahnstollen von Nordrhein-Westfalen. Am Erlebnispunkt „Haubergspfad" kommen die Wissensdurstigen auf ihre Kosten, im Anschluss geht es über Kalteiche, Forsthaus Steinbach, Manderbach und den Galgenberg nach Dillenburg. Auf gestreckten Waldpfaden und Wirtschaftswegen gelangt man hinunter auf 230 Meter Höhe, wo einen das historische Dillenburger Fachwerk mit seinem urigen Charme empfängt.

Das Wichtigste auf einen Blick

Die Tour: konditionell mittelschwere Wanderung durch dichte Mittelgebirgswälder und großartige Heidelandschaften mit zahlreichen Aussichtspunkten

Länge: 160 km

Dauer: 6 Tage

Wegmarkierungen: gut sichtbare, durchgängige Wegmarkierung mit weißem, liegendem „R" auf rotem Grund. Die Zu- und Abgangswege sind mit schwarzen „R"-Markierungen auf gelbem Grund gekennzeichnet.

Ausrüstung: leichter Tagesrucksack, gutes Schuhwerk, zweckmäßige Wanderkleidung, Regenschutz, Sonnenbrille, Trinkflasche, evtl. Teleskopwanderstöcke

Versorgungsmöglichkeiten: in diversen Dörfern entlang der Strecke sowie an den Etappenzielen

Unterbringungsmöglichkeiten: Hotels und Pensionen an den Etappenzielen

Kontakte: Rothaarsteigverein e. V., Postfach 2205, D-57382 Schmallenberg, Tel.: +49 (0)1805-154555, Fax: +49 (0)1805-154565, www.rothaarsteig.de, info@rothaarsteig.de

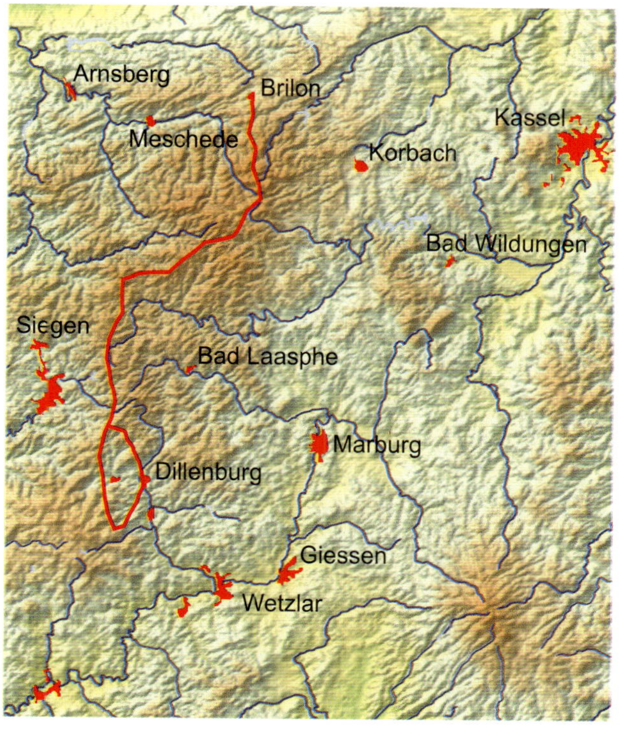

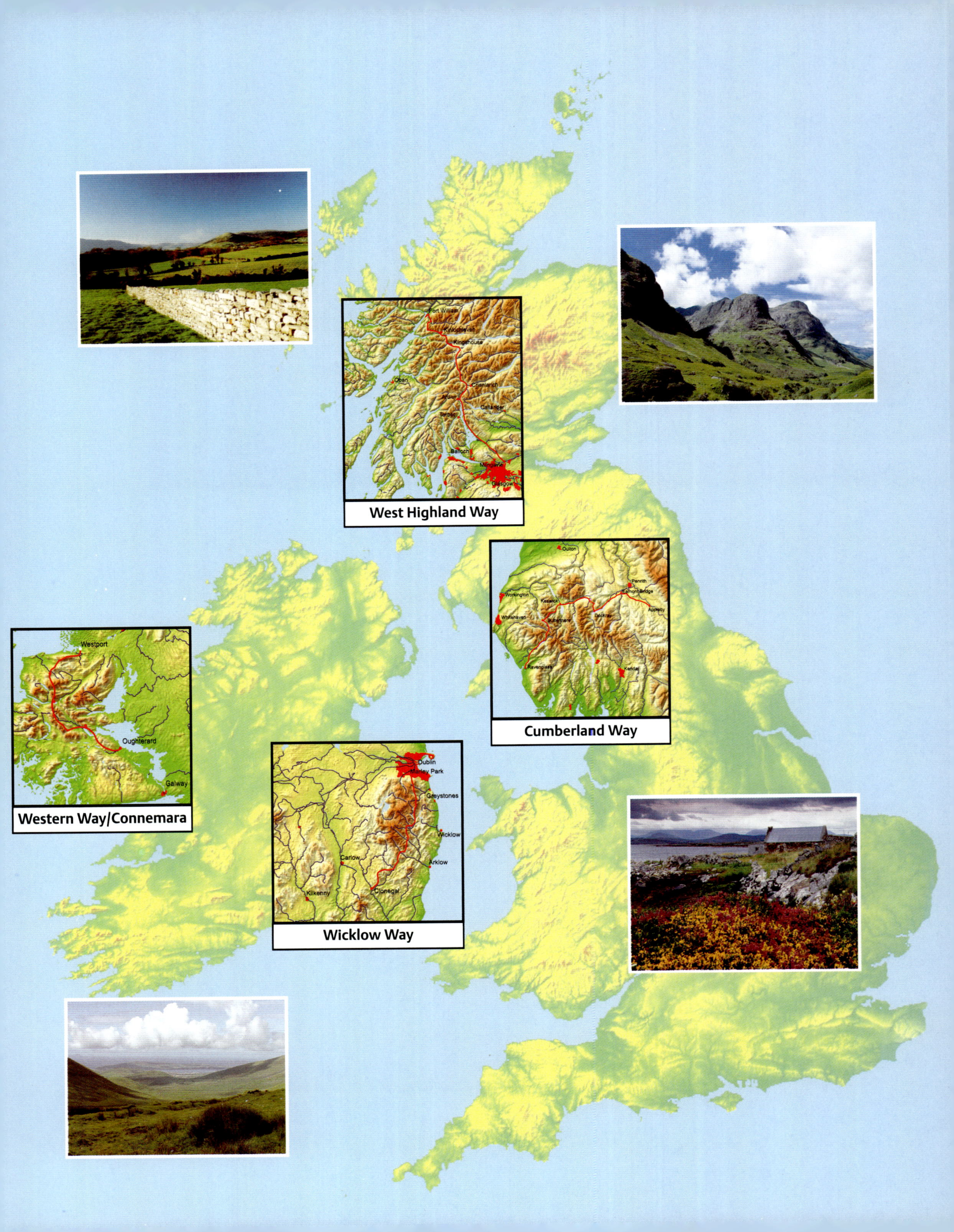
West Highland Way
Fort William
Oban
Glasgow
Cumberland Way
Penrith
Workington
Keswick
Whitehaven
Appleby
Kendal
Western Way/Connemara
Westport
Oughterard
Galway
Wicklow Way
Dublin
Marley Park
Greystones
Wicklow
Arklow
Carlow
Kilkenny
Clonegal

Irlands grüne Seele & Grossbritanniens schönste Seite

Großbritannien ist ein ideales Wandergebiet. Mit seinen drei Ländern – England, Schottland und Wales – bietet es jedem Wanderer einzigartige Wege durch traumhafte Landschaften. Im Süden Englands verläuft entlang der Küste Großbritanniens längster Fernwanderweg, der South West Coast Path, über 982 Kilometer immer am Meer entlang. Mal hoch über dem Wasser entlang von Klippen, mal direkt am Strand, umrundet der Wanderer den gesamten Südwesten des Inselreiches. Auch das Dartmoor, das Exmoor und der New Forest, in denen allesamt wilde Ponys grasen, sind im Süden attraktive Regionen für ausgedehnte Touren.

Im Nordosten zieht der North York Moors National Park mit seinen Hochlandmooren, dem bewaldeten Hügelland und der rauen Ostküste die Naturliebhaber in den Bann. Und der 2 279 Quadratkilometer große Lake District im Nordwesten, Großbritanniens größter Nationalpark, mit seinen Bergen, Tälern und Seen ist mit Sicherheit die schönste Wanderregion Englands. Im Süden von Wales ziehen die bis zu knapp 900 Metern aufragenden, oft bis in den Frühsommer schneebedeckten Brecon Beacons die Naturfreunde auf die Berge und durch die Täler. Im Norden von Wales beherrschen die Snowdonia Mountains die Landschaft – eine zerklüftete, raue und mit 5 000 Millimeter Niederschlag im Jahr sehr nasse Region. Doch ist der Regen für die Waliser kein Hinderungsgrund, denn eine urwüchsigere Landschaft findet man kaum in Großbritannien.

In Schottland sind es vor allem die Highlands, die Bewohner wie Besucher verzaubern, und hunderttausende von Bergsteigern haben in den letzten Jahrzehnten die Munros gestürmt, all jene Berge Schottlands, die die 3 000-Fuß-Marke (1 000 Meter) übersteigen. 277 sind es – wer sie alle bestiegen hat, der darf sich Munroist nennen.

Auch die Republik Irland bietet Bilderbuchlandschaften, die man nur zu Fuß entdecken kann. Blühende Fuchsienhecken säumen die Wege entlang saftiger Wiesen, und Hochebenen, die atemberaubende Panoramablicke erlauben, wechseln sich ab mit von Heide überwucherten Mooren. Dazwischen laden stille Seeufer und Sandstrände an der zerklüfteten Küste zur Rast ein. Eine Rast wird sicherlich auch der Wanderer einlegen wollen, der am Ende des Western Way den 762 Meter hohen Croagh Patrick erklimmt, den Berg des Nationalheiligen Irlands, Patrick.

Irlands ursprüngliches Herz

Auf dem Western Way durch Connemara

„No tree to hang a man" – dies soll der berüchtigte englische Lord Protector Oliver Cromwell ausgerufen haben, als er sich bei einer seiner Strafexpeditionen in Connemara aufhielt. Bäume finden sich in der Tat nur wenige in dieser rauen Umgebung, deren Vegetation geprägt ist durch die starken Winde und Stürme, die vom Meer her über das Land fegen. Wer dem Connemara Walking Trail folgt, erlebt die ‚grüne Insel' von ihrer schönsten Seite: eine Naturkulisse wie aus dem Bilderbuch, in deren Zentrum sich der Croagh Patrick, Irlands heiliger Berg, erhebt.

Connemara, so heißt die westliche Region des irischen County Galway, die sich zwischen dem Loch Corrib und der Atlantikküste im hohen Nordwesten Irlands erstreckt. In diesen Zipfel verbannten die englischen Besatzer in den vergangenen Jahrhunderten die irischen Bauern, die auf den harten Böden kaum genügend Feldfrüchte für ihren Lebensunterhalt anbauen konnten. Und doch bietet Connemara eine der abwechslungsreichsten Landschaften auf der ‚grünen Insel'. Karge Hochebenen und raue, kahle Gebirgszüge stehen im Kontrast zu grünen Tälern, in denen sich mit Wollgras überzogene Torfmoore und blühende, von windschützenden Hecken eingefasste Wiesen finden. Dunkle, inselbesetzte Seen laden zu Bootsfahrten und Erkundungen ein. Auf manchen dieser Eilande finden sich die Ruinen frühmittelalterlicher Klöster. Tief ins Land schneiden Fjorde ein, und eine zerklüftete, schärengesäumte Küstenlinie bietet schneeweiße Sandstrände mit türkis-blauem Wasser. Zudem ist die Region nur dünn besiedelt, und der Wanderer begegnet, wenn überhaupt, nur seinesgleichen.

Sicher angelegt: ein Fischerboot an Connemaras Küste, über die Wind und Sturm hinwegfegen

Die Gegend wird beherrscht von den Gebirgszügen Maam Turks und den Twelve Bens (oder auch Pins genannt), deren höchster Gipfel, der Benbaum, 737 Meter in den oft wolkigen Himmel ragt. Hier befindet sich auch der 1976 eingerichtete, 2000 Hektar umfassende Connemara National Park, in dem Naturliebhaber ganz auf ihre Kosten kommen. Irische Heide (Daboecia cantabrica), die ansonsten nur im Mittelmeerraum wächst, bedeckt weite Teile der Region. Auf den Moorböden wachsen Fleisch fressende Pflanzen wie der Sonnentau und Fettkrautarten, die Insekten anlocken, einschließen und

dann zersetzen; dem Eiweiß entnehmen die Pflanzen den notwenigen Stickstoff, den es auf den kargen Moorböden kaum gibt. In früheren Zeiten ästen große Rotwildherden in Connemara, und Zuchtprogramme lassen hoffen, dass es bald wieder ausgeprägte Populationen davon geben wird. Überall anzutreffen sind die wilden Connemara-Ponys. Diese Pferde entstanden aus Kreuzungen mit spanischen Tieren, die sich nach dem Schiffbruch der Armada an Land retten konnten. Im Örtchen Clifden findet jedes Jahr im August die von der Connemara Pony Breeders' Association veranstaltete Connemara Pony Show statt, zu der Züchter und Reiter aus ganz Europa pilgern. Auch Ornithologen kommen im Nationalpark auf ihre Kosten – Wiesenpieper, Steinschmätzer, Schwarzkehlchen und Feldlerchen, Wander- und Turmfalken sowie Merline flattern durch die Lüfte. Auf zahllosen Wanderwegen kann man die Naturschönheiten des Parks erkunden.

Connemara ist eines der größten Gaeltacht-Gebiete in Irland. In diesen Regionen der Insel haben sich die alten gälischen Traditionen bis heute erhalten; die Leute sprechen im Alltag und untereinander nur ihre gälische Sprache. Auch Straßen- und Hinweisschilder sind nur in Gälisch vorhanden. An vielen Orten finden für Besucher Sommerkurse statt, in denen man in das fremde Idiom eintauchen kann.

Eine Naturkulisse wie aus dem Bilderbuch: Blütenpracht in der Carna Bay, im Hintergrund sind die kargen Berggipfel in Wolken getaucht.

Foto oben: Farmer in der Nähe der Greatman's Bay

Foto unten: Connemara-Ponys sind in der Region allerorten zu sehen.

Für Wanderer und Abenteurer, die auf der Suche nach Einsamkeit und Natur sind, ist Connemara der richtige Ort. Alle Arten von Touren kann man hier unternehmen: Küstenwanderungen, Bergbesteigungen, Seenumrundungen, und mit dem Western Way steht auch eine mehrtägige Streckenwanderung zur Verfügung. Die 77 Kilometer lange Route verläuft vom Örtchen Oughterard – das auch den Beinamen „Gateway to Connemara" trägt – am Ufer des Loch Corrib entlang, folgt dann einem ehemaligen Pilgerpfad über einen Pass der Maam Turks Mountains und taucht ein in das zauberhafte Inagh-Tal im Joyce Country. Vom winzigen Dorf Lenaun am Killary-Fjord verläuft die Strecke dann durch das benachbarte County Mayo im Schatten von Irlands heiligem Berg, dem 762 Meter hohen Croagh Patrick, zum sympathischen Städtchen Westport. Der Wanderer wird über genügend Kondition verfügen, um den Gipfel des Croagh Patrick zu erklimmen. Das soll vor ihm schon der Nationalheilige Irlands, der heilige Patrick, im Jahr 440 getan haben. Er verbrachte unter ständigen Versuchungen des Teufels eine 40-tägige Fastenzeit auf dem Gipfel. Ganz nebenbei, so berichtet die Legende, rief er dabei alle Schlangen der Insel zu sich und befahl ihnen, sich von der Bergspitze in die Tiefe zu stürzen – und so ist Irland bis heute frei von diesem Gewürm.

Jedes Jahr, am letzten Sonntag im Juli, wallfahren Abertausende von Pilgern zu Irlands heiligem Berg, besteigen seinen Gipfel und hören dort oben die Messe.

Die Maam Turks Mountains

Das Wichtigste auf einen Blick

Die Tour: Der Western Way beginnt im Örtchen Oughterard am Ufer des Loch Corrib und endet in der Stadt Westport. Er führt entlang des Ufers vom Loch Corrib und taucht dann in die Maam Turk Mountains ein, die auf alten Pilgerrouten durchquert werden, und verläuft dann am Fuße des Croagh Patrick, Irlands heiligem Berg.

Länge: 77 km

Dauer: 3 bis 4 Ganztagestouren

Wegmarkierungen: Holzschilder weisen den Weg. Auf eine Wanderkarte sollte dennoch nicht verzichtet werden.

Ausrüstung: Mit warmer wind- und wasserabweisender Kleidung sollte man sich auf mitunter schnelle Wetterumschwünge einrichten.

Versorgungsmöglichkeiten: In den Dörfern findet man genügend Pubs sowie kleine Restaurants, die mittags und abends auch Mahlzeiten servieren.

Unterbringungsmöglichkeiten: Am Streckenverlauf befinden sich Jugendherbergen, Hostels, Campingplätze und Bed-&-Breakfast-Unterkünfte.

Hinweise: Wegen der vielen Funklöcher in den Maam Turk Mountains besteht dort nur eingeschränkter Mobilfunk-Empfang. Bergwacht, Polizei, Rettungsdienste etc. sind alle unter der zentralen Notfallnummer 999 zu erreichen.

Kontakte: Tourist Information Westport, Tel.: +353 (0)98-25711, www.irelandwest.ie, westport@irelandwest.ie

Im Garten Irlands

Auf dem Wicklow Way durch die Wicklow Mountains

Die Region in den Wicklow Mountains – nur einen Steinwurf südlich von Dublin gelegen – wird wegen ihrer lieblichen, teilweise sanft hügeligen Landschaft auf der ‚grünen Insel' auch der Garten Irlands genannt. Die Bergkette, die größte zusammenhängende Gebirgslandschaft Irlands, zählt mit ihren Hügeln und Bergen, den Wäldern und Seen sowie den vielen Wasserfällen zu den beliebtesten Naherholungszielen der Hauptstadtbewohner, die an klaren Tagen die höchsten Bergspitzen sehen können.

Im Zentrum ragt der 925 Meter hohe Lugnaquilla auf, der vierthöchste Berg Irlands, 20 weitere Gipfel in den Wicklow Mountains erreichen Höhen von über 610 Meter. In früheren Zeiten wurde hier nach Gold geschürft, und den irischen Freiheitskämpfern diente das unübersichtliche Gelände jahrhundertelang als Versteck vor den verhassten Engländern. Die bauten daraufhin im 18. Jahrhundert eine erste Straße durch die Region, um das Land besser kontrollieren zu können. Der Wicklow Way, Irlands erster Langstreckenwanderweg, folgt heute noch weitgehend dem Verlauf dieser Trasse.

Der Pfad beginnt im Marlay Park des Dubliner Vororts Rathfarnham, verläuft dann in südliche Richtung quer durch die Wicklow Mountains und endet nach 132 Kilometern im Örtchen Clonegal, das nur eine Straße hat. Die empfohlenen Tagestouren sind zwischen 12 und 22 Kilometer lang und erfordern einen Zeitaufwand zwischen vier und sieben Stunden; wenn sich der Wanderer an diese Vorgaben

Foto links: Blick auf den berühmten Rundturm der Kosteranlage von Glendalough. Hierhin flohen in vergangenen Jahrhunderten die Mönche bei Angriffen durch Wikinger.

Foto rechts: Keltenkreuz

hält, kann er die gesamte Strecke in sieben Tagen zurücklegen.

Der Wicklow Way führt zuerst durch städtisches Parkland. Nachdem das Stadtgebiet verlassen worden ist, steigt der Pfad langsam an, führt an den Hängen des 536 Meter hohen Fairy Castle entlang und trifft dann auf die Glencullen Road. Wer möchte, kann hier einen 2 Kilometer langen Schlenker zum John Fox's Pub machen; Irlands bekannteste und höchstgelegene Kneipe bietet nicht nur Speis und Trank, sondern auch regelmäßig Live-Musik an.

Weiter in Richtung Süden passiert man den Glencullen River und steigt dann am 555 Meter hohen Prince William's Seat auf, bis der Weg in Serpentinen abwärts zum Knockree Hostel verläuft, das nach 21 Kilometern erreicht ist.

Der Wanderer durchmisst das Tal des River Glencree, hinter dem es nun stetig aufwärts geht, und hat dabei fantastische Ausblicke auf den Powerscourt-Wasserfall. Mit ein wenig Glück bekommt man hier auch Rotwild zu sehen. Nachdem der River Dargle passiert worden ist, folgt ein anstrengender 650

„St Kevin's Kitchen" – die gut erhaltene Kapelle aus dem 11. Jahrhundert ist ebenfalls in Glendalough zu besichtigen.

Höhenmeter überwindender Anstieg an den östlichen Hängen des 775 Meter hohen Djouce. Danach geht es weiter zum White Hill, bis der Weg abwärts zum Ballinastoe-Wald verläuft und nach 39 Kilometern den Weiler Roundwood erreicht.

Der folgende, nur 12 Kilometer lange Abschnitt führt an der nordöstlichen Schulter des Paddock Hill entlang und bringt den Wanderer nach Laragh und von dort in das Tal von Glendalough (gälisch: Gleann da Locha = Tal der zwei Seen). Mit diesem Etappenziel wird zugleich eine der Hauptattraktionen des Wicklow Ways erreicht, befinden sich hier doch die gut erhaltenen Ruinen der einst so bedeutenden Klosterstadt Glendalough.

Die Natur hält ihren Winterschlaf: Im Hintergrund ist der Rundturm von Glendalough zu sehen.

Gegen Ende des 6. Jahrhunderts kam der heilige Kevin mit einer Anzahl getreuer Brüder ins einsam gelegene Tal und errichtete hier eine Mönchseinsiedelei. Schon bald strömten die Gläubigen scharenweise nach Glendalough, denn Kevins Gelehrsamkeit, Weisheit und Frömmigkeit sowie sein asketischer Lebenswandel hatten ihn in Irland zu einem bekannten Mann gemacht. Als Abt der Einsiedelei sorgte er für geordnetes Leben unter den Mönchen, widmete sich der theologischen Lehre sowie der Armen- und Krankenpflege. Als Kevin 618 (anderen Quellen zufolge 632) zu seinem Schöpfer gerufen wurde, tat dies der Popularität der geistlichen Stätte keinen Abbruch. Bis zum 12. Jahrhundert war aus der

einstigen kleinen Siedlung eine Klosterstadt mit sieben Kirchen und 3 000 Bewohnern geworden. „Glendalough voller Herrlichkeiten ist das Rom des Westens", so hieß es damals.

Doch die Mönche mussten auch schwere Heimsuchungen über sich ergehen lassen, mehrfach überfielen die räuberischen Wikinger die Klosterstadt und versetzten die Mönche in Angst und Schrecken. Davon zeugt heute noch der hohe Rundturm, in den sich die Brüder bei Angriffen flüchteten. 1398, nach einem Großbrand, verlor die City of the seven Churches ihre Bedeutung. Nie jedoch hat Glendalough seine Anziehung für Pilger verloren: Es blieb über die Jahrhunderte ein Wallfahrtsziel, und neben inbrünstig gesprochenen Gebeten kam auch mit gleicher Anteilnahme das Vergnügen nicht zu kurz. Die Pilger gossen fassweise Whisky in sich hinein und prügelten dann – vor allem, wenn es sich um verfeindete Geschlechter handelte – mit ihren Knüppeln aufeinander ein. Wie es heißt, war dieser hübsche Brauch im 19. Jahrhundert noch an der Tagesordnung, erst dann schaffte ein couragierter Gemeindepfarrer solche Lästereien an dem heiligen Ort ab. Er schüttete den Whisky in die Seen und warf kurzerhand die gefürchteten Eichenkeulen, die Shillelaghs, ins Feuer. Fortan ging es ruhiger zu!

Heute informiert ein Visitor Centre über die Geschichte des Ortes, und auf dem ausgedehnten Areal mit seinen gut restaurierten Ruinen geben kundige Führer Informationen für die Besucher.

Vom Gipfel des Mullaghmore ist das Classiebawn Castle auszumachen.

Schafe in den Ebenen der Wicklow Mountains

Bei Glendalough passiert man den Glendasan River und wandert talaufwärts zum Poulanas-Wasserfall, dann entlang der Hügelschulter des 657 Meter hohen Mullacor und abwärts in das düstere Glenmalure Valley, das größte Tal, das durch die eiszeitlichen Gletscher in Irland geschaffen wurde. Hier tobte 1588 eine Schlacht zwischen Engländern und Iren. Entgegen dem Rat von kriegserfahrenen Veteranen marschierte ein 3000 Mann starkes englisches Heer unter der Führung des Earl Grey de Wilton in die Wicklow Mountains, um den rebellischen Clan der O'Byrnes auszuräuchern. Doch Fiach MacHugh O'Byrne hatte seine Mannen im Glenmalure gut postiert und 800 der Angreifer bezahlten den Marsch mit ihrem Leben.

Es geht weiter aufwärts an den dicht bewaldeten Hängen der Slieve Maan vorbei, der Pfad senkt sich in das Flusstal des Ow River und führt in den abgelegenen Weiler Moyne. Mit Erreichen eines weiteren Weilers – Mullinacuff – kann der Wanderer auf 100 erwanderte Kilometer zurückblicken. Dieses Ereignis kann man mit einem Pint of Guinness in Tallon's Pubs feiern.

Jetzt sind es noch ca. 5 Kilometer, bis die Aspen Lodge im Dörfchen Kilquiggin erreicht ist, und weitere 19 Kilomter bis zum Zielort Clonegal: Der Wicklow Way führt bis dahin durch den Raheenakit Forest und die Urelands Hills und mündet zum Abschluss einer erlebnisreichen Langstreckenwanderung im breiten Tal des River Derry.

Verlassenes Haus in den Wicklow Mountains

Das Wichtigste auf einen Blick

Die Tour: Der Wicklow Way beginnt im Marlay Park des Dubliner Vorortes Rathfarnham und endet im Örtchen Clonegal. Der Weg verläuft zuerst durch eine Kulturlandschaft und taucht dann ein in die Wicklow Mountains, die über Gipfel, Pässe und Hochmoorebenen durchquert werden.

Länge: 132 km

Dauer: 7 Tage

Wegmarkierungen: Hinweisschilder über den gesamten Verlauf der Strecke

Ausrüstung: keine besondere. Bei der Wahl der Kleidung sollten jedoch plötzliche Wetterumschwünge eingeplant werden.

Versorgungsmöglichkeiten: In den Dörfern findet man genügend Pubs und Restaurants, die mittags und abends auch Mahlzeiten anbieten.

Unterbringungsmöglichkeiten: Jugendherbergen, privat geführte Hostels, Campingplätze, Bed-&-Breakfast-Unterkünfte

Hinweise: Aufgrund von Funklöchern ist nicht immer bei einem Notfall auf das Mobiltelefon Verlass. Bergwacht, Polizei, Rettungsdienste etc. sind alle unter der zentralen Notfallnummer 999 zu erreichen.

Kontakte: Dublin Tourism Centre, Suffolk Street/Ecke St. Andrew's Street, in einer säkularisierten Kirche, IRL-Dublin 2, Tel.: +353 (0)1-6057700

Es kann nur einen geben ...

Der West Highland Way

Mit seinen rauen und zerklüfteten *bens* (Bergen), seinen dunklen *glens* (Tälern) und den unergründlich tiefen *lochs* (Seen) bietet Schottland dem Wanderer eine eindrucksvolle Naturkulisse. Und am besten lässt sich diese bei einer Tour auf dem 152 Kilometer langen West Highland Way erleben, der sich von Milngavie, einem Vorort der Metropole Glasgow, in Richtung Norden bis zum Städtchen Fort William erstreckt.

Die Route verbindet Schottlands größte Stadt mit dem höchsten Berg Großbritanniens, dem Ben Nevis, dessen 1 344 Meter hoch aufragender Gipfel oft in den Wolken steckt. Der Weg verläuft über Pfade, auf denen einst die Hochländer ihre Schafherden in die Lowlands zum Verkauf trieben, führt entlang alter Militärstraßen, dank derer die Engländer die rebellischen schottischen Clans im Zaume halten konnten, und zieht sich auf ehemaligen Kutschtrassen oder stillgelegten Eisenbahnstrecken durch das einsame Hochland im ‚Alaska' Großbritanniens. Auf der Tour trifft der Wanderer wilde Ziegen, die behände über die steinigen Hänge balancieren, erspäht auf Waldlichtungen äsendes Rotwild und hört hoch oben in der Luft den Schrei des majestätisch dahinziehenden Adlers.

Zottelige Bewohner der Highlands

Je nach Kondition benötigt man für die gesamte Strecke acht bis zwölf Tage. Gemessen an der Länge der Tagestouren müssen die Unterkünfte rechtzeitig vorgebucht werden. Entlang der Strecke gibt es neun Jugendherbergen und Hostels, 14 Campingplätze und zahllose Bed-&-Breakfast-Pensionen und Hotels.

Der südliche Teil des West Highland Ways ist auch für gemütliche Spaziergänger und Familien mit Kindern gut geeignet. Der Weg führt am weitgehend unbesiedelten Ostufer des Loch Lomond entlang. Schottlands größter See ist 33 Kilometer lang, misst an seiner breitesten Stelle 8 Kilometer und ist 215 Meter

tief. 33 bewaldete Inseln lockern die Wasserfläche auf und geben dem suchenden Auge Halt. „The Queen of Scottish Lochs“ nennen die Schotten ihren Loch Lomond, und seine „bonny bonny banks“ werden in einem Volkslied besungen. Die Region rund um den See steht als National Scenic Area unter besonderem Schutz. 1858 besuchte Theodor Fontane auf seiner Schottlandreise auch den Loch Lomond und notierte begeistert: „Der Loch Lomond ist eine schöne noble Wasserfläche, und es kommt ihm zu, dass er der König der Seen heißt. Das ist jedoch mehr sein Ehrentitel als sein Name; die eigentliche Bedeutung von Loch Lomond ist ‚der inselreiche See‘. Er ist groß und wasserreich, und die Inseln schwimmen auf ihm wie große Nymphenblätter.“

Für den konditionsbewussten Wanderer ist diese südliche Strecke eher eine Aufwärmübung für die noch zu bewältigenden nördli-

Der West Highland Way trägt seinen Namen zu Recht: Der Weg führt mitten durch die einmalige Landschaft schottischer Highlands.

chen und anstrengenderen Abschnitte. Diese beginnen nach 45 Kilometern, wenn man zwischen dem Ostufer des Loch Lomond und dem 974 Meter hohen Ben Lomond hindurchwandert und damit in die schottischen Highlands eintaucht. Diese Bergwanderetappe verlangt eine gute körperliche Konstitution und eine angemessene Ausrüstung. Die Nähe zum Atlantik bringt nicht nur im Winter rasche Wetterumschwünge mit sich: Selbst im Sommer kann es in höheren Lagen zu Schneefällen und empfindlichen Temperaturstürzen kommen. Hier gilt der schottische Mountain Code: Trage wasser- und winddichte Kleidung und Wanderstiefel; kenne den Umgang mit Karte und Kompass; verfolge die örtliche Wettervorhersage; schätze deine körperlichen Fähigkeiten realistisch ein und plane für das Unvorhergesehene; lass jemanden deine Route wissen; habe einen Erste-Hilfe-Satz, ein Survival Kit, eine Taschenlampe und eine Pfeife dabei.

Wer eine richtige körperliche Herausforderung am West Highland Way sucht, der sollte am gleichnamigen Rennen teilnehmen, das jedes Jahr im Sommer stattfindet. Der Wanderer, Läufer oder Jogger hat maximal 35 Stunden Zeit, um die 152 Kilometer mit insgesamt 3 543 Metern Höhenanstieg zurückzulegen. Der Rekord, im Jahr 2000 aufgestellt, liegt bei 16 Stunden, 26 Minuten und 50 Sekunden.

Entlang der Strecke passiert der Wanderer etliche mehr als 1 000 m hohe Gipfel – Berge, die eine solche Höhe haben, nennt man in Schottland Munros. Der Name geht zurück auf Sir Hugh Munro, der sich im 19. Jahrhundert aufmachte, zu erkunden, wie viele Bergspitzen genau über der 3 000-Fuß-Marke (= 1 000 Meter) lagen. In jenen Tagen schätzte man die Zahl solcher Riesen auf nur 30. Erfahrene Kletterer zweifelten dies an, und so machte sich Sir Hugh, ausgestattet mit einem Höhenmesser, daran, die hohen Gipfel zu erklimmen. 277 schottische Bergspitzen übertreffen seiner Forschung nach nun diese magische Höhe; sie alle sind nach ihrem Ent-

Ein Traum für Gipfelstürmer: der Ben Nevis

Foto oben: Fischen ist ein beliebter Sport – und vor einer solchen Naturkulisse nahe Fort William geradezu einmalig.

Foto unten: Holzschilder weisen den Weg durch die endlosen Weiten der Highlands.

decker benannt. Und der Höchste ist mit 1344 Metern der Ben Nevis, der am Endpunkt des West Highland Way's aufragt.

Ziel der Tour ist das freundliche, 5000 Einwohner zählende Städtchen Fort William, das über eine vollständige touristische Infrastruktur verfügt, seinen Namen einer einstigen Festungsanlage verdankt und am Fuße des Ben Nevis liegt. Mit der Besteigung dieses höchsten Berges Großbritanniens krönt der Wanderer seine 152 Kilometer lange Tour durch die schottischen Highlands. Eine 12 Kilometer lange Stichstraße führt von Fort William hinein ins wildromantische Tal des Nevis. An einem Besucherzentrum kann sich der Gipfelstürmer über sein Objekt informieren, zudem hängt hier täglich ein Wetterbericht aus. Vom Visitor Centre verläuft der erste Pfad den Berg hoch, ein zweiter beginnt einige Kilometer weiter an der Jugendherberge. 6 bis 8 Stunden dauern Auf- und Abstieg, die Strecke ist nicht überaus anspruchsvoll, verlangt jedoch Ausdauer und Durchhaltevermögen.

Das Wichtigste auf einen Blick

Die Tour: Der West Highland Way beginnt in Milngavie, einem Vorort von Glasgow, und endet im Städtchen Fort William. Zuerst einfach zu begehende Wege durch Kulturlandschaft, dann entlang des Ufers vom Loch Lomond, danach hinein in die schottischen Highlands mit teilweise langgestreckten Steigungen.

Länge: 152 km

Dauer: 8 bis 12 Tage

Wegmarkierungen: gut ausgeschildert mit Holzschildern

Ausrüstung: zuverlässiger Wind-, Regen und Kälteschutz

Versorgungsmöglichkeiten: Pubs und Restaurants in den Dörfern

Unterbringungsmöglichkeiten: Jugendherbergen, privat geführte Hostels, Campingplätze, Bed-&-Breakfast-Unterkünfte

Hinweise: Aufgrund der Nähe zum Meer sind Wetterumschwünge häufig, in höheren Lagen kann es auch im Sommer bei extremen klimatischen Veränderungen schneien. Nur ein eingeschränkter Mobilfunk-Empfang.

Kontakte: Glasgow Tourist Information Centre, 11 George Square, GB-Glasgow G2 1DY, Tel.: +44 (0)141-2044400, enquiries@seeglasgow.com
Fort William Tourist Information Centre, Cameron Square, GB-Fort William PH33 6AJ, Tel.: +44 (0)1397-703781

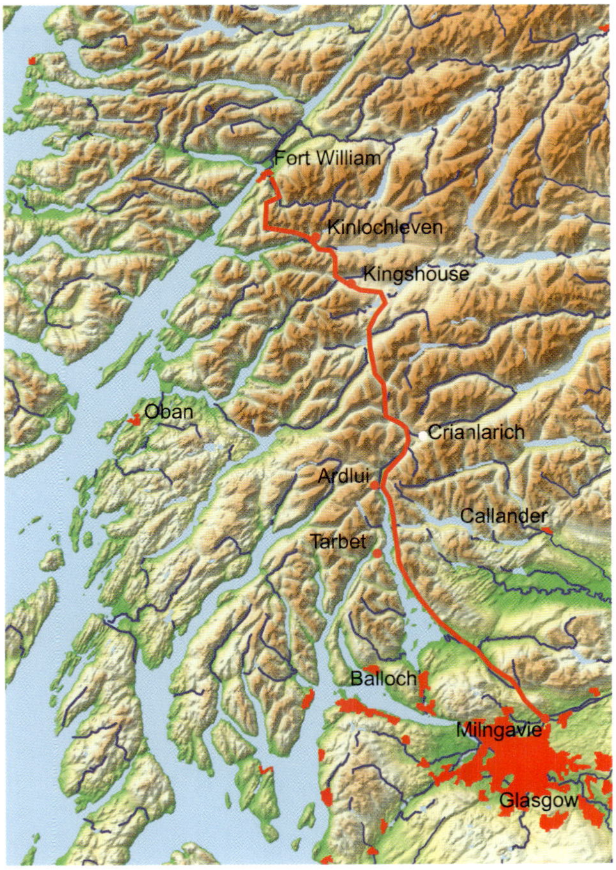

Eines der Etappenziele auf dem West Highland Way ist Tyndrum und seine Umgebung.

Englands liebliche Seite

Auf dem Cumberland Way durch den Lake District

Eine der schönsten Landschaften Englands ist der lieblich-raue Lake District an der Grenze zu Schottland. Die 2292 Quadratkilometer umfassende Region ist seit 1951 Englands ältester und größter Nationalpark. 16 große Seen werden eingerahmt von hohen Bergen, unterbrochen durch tiefe Täler und eine eindrucksvolle Küstenlandschaft.

3 500 Kilometer an Wanderwegen stehen dem Naturfreund zur Verfügung. Englands höchster Gipfel, der 978 Meter hohe Scafell Pike, ragt hier in den Himmel, dicht gefolgt vom 964 Meter messenden Sca Fell, dem Helvellyn (950 Meter) und dem Great Gable, der immerhin noch 899 Meter in die Wolken ragt. Eine Reihe von eindrucksvollen Wasserfällen – so der Sour Milk Gill bei Buttermere, der Taylor Milk Gill am Gipfel von Borrowdale oder der Aira Force nahe Ullswater – rauschen vor allem während der Schneeschmelze die Gebirgshänge hinunter, arktisch-alpine Pflanzen wachsen in geschützten Nischen, und megalithische Steinsetzungen der frühen bronzezeitlichen Siedler sorgen dafür, dass der Wanderer auf seinen Touren immer wieder Überraschungen erlebt.

Bis zu Beginn des 19. Jahrhunderts wäre keiner der Bewohner der Region auf die Idee gekommen, freiwillig auf die Berge zu steigen, doch mit Beginn der Romantik entwickelte sich im Gefühlshaushalt der Menschen ein idyllisierendes Landschaftserlebnis, die romantischen Dichter priesen die raue Schönheit der Gegend, und die Aufmerksamkeit der Leute war geweckt. William Wordsworth, Samuel Taylor Coleridge und Robert Southey waren die drei Dichter – in England weithin bekannt als The Lake Poets –, die sich mit kraftvollen Worten der wunderschönen Region annah-

Foto links: Beobachter einer Schafauktion in Wasdale Head im Lake District

Foto rechts: Schafe schmücken nicht nur die Natur Englands – sie finden sich häufig als ornamentales Motiv auf Spazierstöcken.

Ein kleiner Weg schlängelt sich durch die grüne, üppige Landschaft von Loughrigg Tarn, Lake District.

men. Wordsworth schrieb gar den ersten Reiseführer über den Lake District, „The Guide to the Lakes", der 1835 in die Buchhandlungen kam und natürlich auch heute noch verkauft wird. Coleridge ging ein wenig handfester vor und erwanderte sich systematisch seine Heimat – das machten ihm bald die Viktorianer nach, und in England kam das Wandern in Mode. Jeder Fußbreit Boden, jeder Gipfel, jede Klamm und jedes Seeufer wurde nun erkundet, und wer als Erster vor Ort war, der gab seiner Entdeckung natürlich einen Namen, zumeist einen fantasievollen: Little Lad Crag, Pots of Ashness, Green Crag Gully, Dolly-Wagon Pike, Windy Gap, Tom Blue, Hell Gate Pillar, Eagles's Nest Ridge ...

Der Lake District ist eine der beliebtesten Regionen Englands; entsprechend überfüllt sind seine Zentren im Sommer. Rund um die großen bekannten Seen – Lake Windermere, Coniston Water, Ullswater oder Derwent Water – tobt der Ausflugsverkehr. Wer die Naturverbundenheit sucht, sollte die kleineren Gewässer wandernd umrunden, so den Haweswater, den einsamsten aller Seen, oder den Wast Water, der mit 76 Metern der tiefste von allen ist, auch der Ennerdale kommt in Frage, er ist am wenigsten erschlossen und nicht einmal eine Straße führt um ihn herum. Hier ragt auch lotrecht die 188 Meter hohe Felswand Pillar Rock auf, die ‚Eiger-Nordwand' des Lake District, die höchste Steilwand Englands. Viele der Seen, vor allem der gerade genannte Ennerdale, sind derartig nährstoffarm, dass sie kaum tierisches Leben enthalten. Der Grund liegt darin, dass das Wasser von den nackten Felsen der Berge gespeist wird; es ist absolut klar und sauber und enthält kaum Nährstoffe für Lebewesen. Dennoch

Noch immer prägen Schafzucht und Landwirtschaft das Bild im Lake District.

kann der Ennerdale sich einer einzigartigen Süßwasser-Garnele rühmen, der Mysis relicta, die schon seit der Eiszeit von den Bewohnern der Region gefangen wird. Leider bekommt man sie nur selten zu Gesicht, da die Garnele nachtaktiv ist und den Tag in großen Tiefen verbringt.

Dafür ist an Land der Artenreichtum umso größer. Sperber, Gartenrotschwanz, Eichhörnchen und Baummarder finden sich in den ausgedehnten Wäldern. Wanderfalke, Kolkrabe und der Steinadler segeln über die Berggipfel und die Moore. Seeschwalben, Möwen, Seetaucherarten und der Singschwan tummeln sich in den Dünenlandschaften an der irischen See.

Neben den unzähligen Wanderpfaden durch die Region, die zu Tagestouren einladen, bieten sich drei Langstreckenwege für den ambitionierten Wanderer an: einmal der flache Cumbria Way (112 Kilometer), der den Lake District von Süden nach Norden durchschneidet, und dann der 304 Kilometer lange Coast to Coast Walk, der von der Westküste durch ganz Nordengland bis an die Gestade im Osten verläuft und die Nationalparks Lake District, Yorkshire Dales und North Moors passiert. Am schönsten aber ist der ebenfalls flache, leicht zu begehende Cumberland Way mit einer Länge von 128 Kilometer, der von der Küste im Westen quer durch den Lake District bis nach Appleby im Osten führt, und im Folgenden näher beschrieben werden soll.

Ausgangspunkt der 5- bis 6-tägigen Tour ist das kleine Örtchen Ravenglass an der Irischen See: Von dort verläuft der Weg zuerst durch eine sanfte Landschaft mit Äckern und Wiesen, kleinen Wäldchen und einsamen Farmen bis zum verschlafenen Weiler Nether Wasdale. Der

Wirt vom Pub Srees Inn freut sich über fremde Gesichter und gibt gerne Auskunft über den weiteren Streckenverlauf. Von dort folgt man dem Uferpfad eines Baches und erreicht schnell die Gestade vom Wast Water. Hier befindet sich nahe am Ufer die Wast-Water-Jugendherberge, die in einem alten, gut restaurierten Fachwerkhaus aus dem Jahr 1829 untergebracht ist. An dessen gegenüberliegender Seite des Sees stürzt das Bergmassiv der Screes 600 Meter steil in das kristallklare Wasser. Rund um das Gewässer findet der Wanderer einige der höchsten Gipfel Englands, und das sich bietende Bergpanorama ist mehr als grandios.

Hat man Wast Water hinter sich gelassen, spaziert man weiter durch das winzige Dörflein Wasdale Head. Auf dem Friedhof der St. Olaf's Church – angeblich die kleinste Kirche Englands, deren Dach von einem Wikingerschiff gebildet wird – finden sich die Gräber von verunglückten Bergwanderern. Es geht auf einem alten Packhorse Trail weiter, auf dem in früheren Tagen die Händler mit ihren warenbeladenen Pferden daherzogen. Diese Trasse überquert den Black-Sail-Pass und führt hinein in das Ennerdale (*dale* = Tal). Hier, am Anfang des Tals, befindet sich die einsame und einfache, nur zu Fuß zu erreichende Jugendherberge Black Sail, die in einer ehemaligen

Wast Water mit Yewbarrow, Great Gable und Lingmell Mountains im Hintergrund

Unterkunft für Schäfer eingerichtet ist. Durch das Ennerdale und die Schlucht Scarth Gap erreicht man das Ufer vom Buttermere-See und folgt dem Gestade bis zum Städtchen Buttermere. Von dort verläuft der von Hochmoorebenen gesäumte Weg sanft aufwärts durch das ruhige, wunderschöne Newlands-Tal bis nach Keswick. Die attraktive Marktstadt verfügt über zahlreiche schöne Unterkünfte, darüber hinaus kann man sich im Stars of the Car Motor Museum Autos anschauen, die in Filmen und Fernsehserien eine Rolle gespielt haben. Hier ist auch der legendäre Aston Martin von James Bond zu besichtigen. Das Cumberland Pencil Museum informiert über die Bleistiftherstellung, da rund um Keswick einmal Graphit abgebaut wurde.

Von Keswick geht es in Richtung Westen vorbei am spektakulären Aussichtspunkt Castlehead zum prähistorischen Castlerigg Stonecircle. 38 Steine stehen in einem Kreis von 30 Metern Durchmesser und dienten den frühen Bewohnern der Region nicht nur als kultisches Zentrum, sondern auch zur Beobachtung der Gestirne; die Anlage wurde um 3 000 v. Chr. angelegt. Auf einer alten ehemaligen Kutschstraße verläuft der Wanderweg nun am Fuße der knapp 1 000 Meter aufragenden Helvellyn Range entlang und zum Aira Force, der als der romantischste Wasserfall Englands beschrieben wird. Unterhalb einer alten, aus Bruchsteinen gemauerten Bogenbrücke stürzt die Kaskade rund 21 Meter in die Tiefe. Der Dichter William Wordsworth schrieb bei einem Besuch hier seine berühmte Zeile: „I wandered lonely as a cloud."

Der Cumberland Way mäandriert nun durch das Gowbarrow Fell und gibt immer wieder weite Ausblicke auf den lang gezogenen und schmalen See Ullswater frei, bis er bei der Stadt Penrith den Lake District National Park verlässt und einige Kilometer weiter in Appleby, dem Zielort einer faszinierenden Wanderung, endet.

Briefkasten, eingefasst in eine Mauer, in der Nähe von Keswick im Lake District National Park

Das Wichtigste auf einen Blick

Die Tour: Der Cumberland Way beginnt im Örtchen Ravenglass und endet im Ort Appleby-in-Westmoreland. Er führt durch Kulturlandschaft, vorbei an Seeufern, über Pässe, durch Täler und kleine Orte hindurch.

Länge: 128 km

Dauer: bei strammen Ganztagestouren 6 Tage

Wegmarkierungen: Holzschilder weisen den Weg

Ausrüstung: Die Wetterumschwünge und der teils heftige Regen in England sind berüchtigt. Zuverlässiger Regen- und Kälteschutz ist deshalb unerlässlich.

Versorgungsmöglichkeiten: Pubs und kleine Restaurants bieten Mittags- und Abendmahlzeiten an.

Unterbringungsmöglichkeiten: Jugendherbergen, privat geführte Hostels, Campingplätze oder Hotels

Kontakte: Appleby-in-Westmoreland, Moot Hall, Boroughgate, GB-Cumbria CA16 6XE, Tel.: +44 (0)17683-51177
Seatoller Barn Tourist Information, Seatoller, GB-Keswick CA12 5XN, Tel. +44 (0)17687-77294
Robinson's School, Middlegate, GB-Penrith CA11 7PT, Tel.: +44 (0)1768-867466

Eine Formation aus 38 Steinen bildet den Castlerigg Stonecircle, der einst auch für kultische Zwecke genutzt wurde.

Narvik
Abisko
Alesjaure
Nikkaluokta
Singi
Kungsleden
Hetta
Montellinmaja
Pallastunturi
Muonio
Pallas-Ounastunturi
Vaisaluokta
Akka
Staloluokta
Tarraluoppal
Kvikkjokk
Padjelantaleden
Glitterheim
Bessheim
Memurubu
Gjendesheim
Gjendebu
Torfinnsbu
Jotunheimen Nationalpark
Espedalen
Ringebu
Skei
Lillehammer
Hamar
Peer-Gynt-Weg

Skandinaviens Einsamkeit erkunden

Skandinavien ist eine riesige Halbinsel zwischen Nord- und Ostsee, die 750 000 Quadratkilometer umfasst und sich bis über den Polarkreis hinaus erstreckt. Je weiter man in den hohen Norden kommt, desto dünner ist die Besiedlung und schier endlose Landschaften erstrecken sich unter weitem Himmel. Es gibt zahlreiche Nationalparks, in denen der Wanderer sie tatsächlich noch findet: die unberührte Natur.

Die Luft fernab der wenigen Ballungsgebiete ist klar und sauber, die vielen fischreichen Seen ebenfalls, sprudelnde Quellen und Gebirgsbäche laden ein. Die artenreiche Fauna fasziniert mit ihren vielen wilden Tieren, die noch in ihrer natürlichen Umgebung anzutreffen sind. Endlose dichte Wälder, lichte Birkenhaine, die Tundrenvegetation der Hochgebirgsplateaus, Heide- und Moorlandschaften, Pilze, Moose, Kräuter, Flechten, Beeren und Blumen prägen das Bild der nordischen Landschaft. Kern- oder Herzstück Skandinaviens ist Lappland, das Länder übergreifend von den Ureinwohnern, den Samen (Lappen) für die Rentierzucht genutzt wird.

Im kurzen skandinavischen Sommer von Mitte Juni bis Mitte September erlebt der Wanderer eine unvergleichlich schöne Naturkulisse: schneebedeckte Gipfel, Gletscher und karge Bergregionen, klare Seen, sprudelnde Wildbäche, felsige Schluchten, sumpfige Teppiche aus farbigen Kräutern, waldreiche Regionen unterhalb der Baumgrenze. Allen skandinavischen Ländern gemein sind die stillen Hochgebirgsplateaus, jene typischen, lang gestreckten Landstriche (norwegisch „Fjell", schwedisch „Fjäll", finnisch „Tunturi"), die im Spätsommer vor Farben sprühen. Die meiste Zeit des Sommers hat man es mit einem Mix aus Sonne und Wolken zu tun, aus denen es mitunter kräftig regnen kann.

Die skandinavischen Länder bieten allesamt ein ausgezeichnet organisiertes und ausgebautes Wandernetz mit hervorragend markierten Wanderwegen. Karten, Übernachtungsmöglichkeiten entlang der Routen in Hütten, Bergstationen, Herbergen oder Hotels sind durchweg in ausgezeichnetem Zustand. Die Sauna, eine finnische Erfindung, ist in allen skandinavischen Ländern weit verbreitet und die meisten Hotels und viele Hütten bieten den erholsamen Saunagang nach einer anstrengenden Wegstrecke an.

Es gibt zahlreiche blitzsaubere Campingplätze und überall die Möglichkeit des freien Zeltens. Dies alles ist immer auch geprägt von freundlichen, naturliebenden Menschen. Um die Natur zu schützen, gilt in Skandinavien das *Allemansrätt*, das Jedermannsrecht (s. S. 95). Es gibt dem Wanderer viele Freiheiten, verbietet jedoch den Raubbau an der Natur.

Die Verkehrsverbindungen sind trotz der immensen Entfernungen sehr gut. Gute Vorbereitung und Planung, die richtige Kleidung und Ausrüstung, normale Kondition – und Sie sind fit für eines der schönsten Abenteuer im Wander- und Trekking-Paradies Skandinavien.

Norwegens sagenhafter Trek

Der Peer-Gynt-Weg

Peer Gynt war ein norwegischer Bauernjunge, der die Frauen dieser Welt besitzen und Kaiser werden wollte. Ein wilder Träumer, ein unbekümmerter Draufgänger und freiheitsliebender Raufbold, der lieber auf Rentierjagd ging, als sich auf dem kümmerlichen Hof seiner Mutter abzurackern. Er raubte Bräute, war dem Branntwein nicht abgeneigt, prügelte sich mit dem Schmied, log, was das Zeug hielt, und ritt auf Sauen und Rentieren.

Peer Gynt ist eine Kunstfigur (die allerdings wirklich im Gudbrandsdalen gelebt haben soll), erschaffen von dem großen norwegischen Dichter Henrik Ibsen. Darüber hinaus wurde er musikalisch beseelt durch einen weiteren Norweger, den Komponisten Edvard Grieg, der sich durch alte Volksweisen hatte inspirieren lassen. Dass alle drei die Landschaft kannten, in der das Drama sich abspielte (und sich vielleicht auch heute noch abspielt), spürt man mit allen Sinnen, wenn man die grandiose Kulisse dieses Schauspiels durchwandert. Zwar ist die armselige Kate der Mutter verschwunden, die Werkstatt des Schmieds wie auch die alte Mühle stehen nicht mehr. Geblieben aber ist diese unendlich schöne Fjelllandschaft mit Blick auf die grandiosen Berge von Jotunheimen.

Wir stellen hier den Weg vor, den Peer Gynt genommen haben muss, um durch das Rondane-Gebirge zum Dovrefjell zu gelangen, wo die Höhle des Bergkönigs liegt. Der Weg ist daher auch nach dem norwegischen Romanhelden, dem Abenteurer und sehnsuchtsvollen Träumer, benannt: *Peer Gynt Stien*. (Dies ist nicht der *Peer Gynt Vegen* oder *Vejen*, eine gleichnamige mautpflichtige Schotterstraße, die fast parallel verläuft.)

Der etwa 70 Kilometer lange Pfad zieht sich durch das grandiose Panorama südlich des Gudbrandsdalen, das von den Norwegern auch das „Tal der Täler“ genannt wird. Das größte Tal Norwegens (200 Kilometer lang) ist im Winter ein Paradies für Schneewanderer, im Sommer und Herbst ein El Dorado für Trekking-Fans. Durch den Norwegischen Strom ist

Foto links: Der Versuch, Moschusochsen in Norwegen anzusiedeln, war erfolgreich. Dennoch ist dieser Anblick selten, da die Anzahl nach wie vor gering ist.

Foto gegenüberliegende Seite: Vom Gipfel des Ruten hat man einen atemberaubenden Panoramablick auf die Nationalparks Norwegens.

Endlose Weiten und am Horizont die schneebedeckten Gipfel der Berge – diese Naturkulisse umfängt den Wanderer auf dem sagenhaften Peer-Gynt-Weg durch Norwegen.

das Klima hier auch viel milder als im restlichen Skandinavien. In dem weiten, durch riesige Gletscher geformten Tal fällt relativ wenig Niederschlag, aber der Wind pfeift hier zuweilen ziemlich kräftig.

Von Lillehammer (Austragungsort der 17. Olympischen Winterspiele 1994) aus erreicht man mit dem Bus oder Auto den bekannten Skiort Skei. Hier kann man sich für die lange Tour noch einmal stärken, mit Proviant versorgen und übernachten.

Von Skei aus geht es sofort steil hinauf auf den Skeikampen (1 100 Meter), von dem man die erste wunderschöne Aussicht dieses Treks auf die seenreiche Gebirgswelt und die weite Fjelllandschaft rundum genießen kann. Der Weg verläuft dann in nördlicher Richtung über den Avlundkampen, anschließend am Prestkampen entlang bis zu der Skardbua-Hütte.

Ab hier führt er durch weitgehend hügeliges Gebiet nach Fagerhøi, wo sich ein prachtvoller Blick auf Jotunheimen im Westen und Rondane im Norden bietet. Bis zum Kantliknatten verwandelt sich der schmale Weg in einen sanften Almweg und erreicht schließlich Lauvåsen. Ab hier führt der Trek in nordwestlicher Richtung über Sommeralmen an der Bjørkasen-Hütte vorbei und mündet im flachen Gelände im Umfeld zweier kleiner Seen. Diese bieten eine herrliche Gelegenheit zur Rast und einem erfrischenden Bad, bevor es am nördlichen Ufer des Veslejetningen-Sees durch Birkenwäldchen aufwärts geht in das Gebiet von Gålå mit seinen vielen Blockhütten und der unvergesslich schönen Umgebung. Allein der Blick auf den tiefblau schimmernden Gålåvann-See ist die Route wert. Hier gibt es Hotels, mehrere Hütten und einen

Laden, wo man sich wieder mit Proviant versorgen kann.

Am nächsten Tag geht es am Seeufer entlang weiter, in dessen Nähe sich die legendäre Freilichtbühne befindet, auf der jährlich Peer Gynt und seine treue Solveigh wieder zum Leben erweckt werden.

Der Weg führt nun hinauf auf eine Hochebene bis zum Gipfel des Valsfjells. Von hier aus sieht man schon den See Feforvatnet, das nächste Etappenziel. An seinem Ufer entwickelt sich der bisherige Trek zu einem wunderschönen Spaziergang. Im höher gelegenen gleichnamigen Høyfjells-Hotel verbringt die

Wie hingeworfen durch die Hand eines Riesen wirken die großen Gesteinsblöcke inmitten der kargen Landschaft.

Foto oben:
Wie gemalt wirkt die Landschaft, wenn kleine weiße Wattewölkchen am sonst so klaren Himmel vorüberziehen und sich alles in scharfen Konturen abzeichnet.

Foto unten:
Wegweiser auf dem Peer-Gynt-Weg

norwegische Königsfamilie regelmäßig ihren Skiurlaub. Wer hier übernachtet oder in der weiteren Umgebung sein Zelt aufschlägt, wird es nicht bereuen, einen Abstecher auf den Feforkampen zu machen, von dem aus sich eine grandiose Aussicht bietet.

Der Trek führt den Wanderer weiter am Feforvatnet entlang, an dessen Nordufer man Richtung Lomsetrin läuft. Ein heller Birkenwald wird durchschritten, und wenn dieser sich endgültig lichtet, öffnet sich die Landschaft wieder und der Weg steigt stetig bergauf zur Haakon-VII-Hütte, von wo der gleichnamige norwegische König gerne seine Skiausflüge startete. Der Aufstieg auf den 1 517 Meter hohen Gipfel des Ruten ist die letzte Steigung dieser Wanderung. Vom Berggipfel aus genießt man die atemberaubende Rundumsicht auf die drei Naturparks Jotunheimen, Rondane und Dovrefjell. Der Abstieg in westlicher Richtung im Abendlicht bis ins Espedalen gestaltet sich dann als ein sanfter Ausklang eines fantastischen Treks durch die Heimat von Peer Gynt.

Neben Holzschildern weisen Steinpyramiden den Weg durch die weitläufige Landschaft Norwegens.

Das Wichtigste auf einen Blick

Die Tour: Der *Peer Gynt Stien* von Skei über Gålå und den Ruten ins Espedal ist ein leichter bis mittelschwerer Trek, der durch Täler und entlang von Seen führt und auch Bergetappen bereithält.

Länge: 70 km

Dauer: im Sommer bei guter Kondition 4–5 Tage

Wegmarkierungen: Der Weg verläuft gut sichtbar durchs Gelände, ausgeschildert durch Holzwegweiser und Steinmännchen. Im Winter gelbe Loipenmarkierung auf Stangen, Fjellkarten des DNT und des norwegischen Statens Kartverk sind trotzdem zu empfehlen.

Ausrüstung: auf jeden Fall gutes, wasserdichtes Schuhwerk, warme, wind- und wasserabweisende Kleidung, Regenschutz, Sonnenschutz; Proviant gibt es nur in Skei und Gålå zu kaufen, Wasser pur bietet die Natur

Versorgungs- und Unterbringungsmöglichkeiten: Auf der gesamten Strecke liegen viele Hütten, Hotels (Høyfjellshotel), Herbergen, Ferienheime; nicht erlaubt ist das Zelten in der Nähe von Häusern.

Hinweise: Die beste Zeit zum Wandern ist Mitte Juni bis Mitte September.

Kontakte: Norwegischer Tourismusverband, DNT – Den Norske Turistforeningen, Postboks 7, Sentrum, N-0101 Oslo, Tel.: +47 (0)228-22800, info@turistforeningen.no
Norwegisches Fremdenverkehrsamt, Neuer Wall 41, D-20354 Hamburg, Tel.: +49 (0)40-2294150

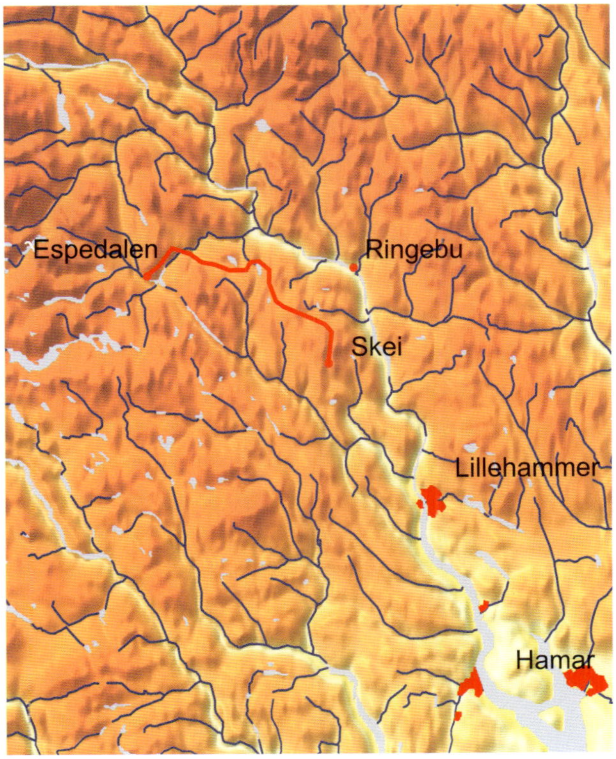

Wo die Trolle wohnen

Trekking im Jotunheimen-Nationalpark

Jotunheimen heißt nichts anderes als „Heim der Trolle“. Will man Ibsens Peer Gynt glauben, so hausen sie hier zu hunderten und sind riesenhafte, zottige, grässlich sadistische Ungeheuer, die kneifen, schlagen, beißen und ihrem Opfer mit Vorliebe die Augen ausstechen. Sie können sprechen und gehorchen nur dem Bergkönig, der in einer riesigen Höhle in den Bergen des Dovrefjells residiert. Der hat eine Tochter, die Peer Gynt besitzen möchte und die den Ahnungslosen in die Halle ihres Vaters lockt. Hier wimmelt es nur so von diesen ungeschlachten Gesellen, aber auch Feen, Hexen, Erdgeister und Kobolde bevölkern seit jeher die sagenumwobene Bergwelt des Jotunheimen.

So viel zur mystischen Geschichte und zur Mythologie von Jotunheimen. Hier in dieser Bergregion, wo sich allenfalls Fuchs und Schneehase gute Nacht sagen, werden dem Wanderer außer ein paar weiteren scheuen Gebirgstieren höchstens gleich gesinnte Menschen begegnen, in der kurzen Sommersaison von Mitte Juni bis Mitte September je nach Wanderstrecke gar in Massen.

Jotunheimen ist ein absolutes Paradies für Trekking, Hochgebirgstouren und familienfreundliches Wandern mit einem gut ausgebauten Wandernetz und so ist es nicht einfach, den ‚besten‘ Weg auszuwählen. Einer der beliebtesten Wanderwege Norwegens, geradezu mit Kultstatus, ist die Route von Gjendesheim nach Memurubu. Das spektakulärste Teilstück dieser Wanderung führt über einen extrem

Foto rechts: Fast endlos dehnt sich die Hochebene im Jotunheimen-Nationalpark und überrascht den Wanderer mit ständig wechselndem Aussehen.

Der Besseggen Grat: dank Ibsens „Peer Gynt" sagenumwoben

schmalen Felsrücken zwischen einem Gletscher- und einem Bergsee, über den Besseggen (Seggen-Grat). Und hier begegnen wir wieder Peer Gynt, dessen wilder Bocksritt auf dem Rücken eines kapitalen Rentiers den felsigen Grat weltweit bekannt machte. Ibsen lässt Reiter und Renbock dramatisch den schroffen Abhang hinabstürzen und auf dem Gjendesee aufprallen. Doch so schmal, wie er den Grat beschreibt, ist er nicht wirklich und auf zwei Beinen ist er sicher ungefährlicher als auf dem Rücken eines wilden Tieres zu überqueren. Wer jedoch unter Höhenangst leidet und nicht schwindelfrei ist, sollte diese Route lieber meiden oder den umgekehrten Weg wandern, geht es doch sichtbar tief und steil hinab zum Gletschersee, der bei schönem Wetter smaragdgrün funkelt.

Wir stellen diesen klassischen Weg im östlichen Teil des Jotunheimen als Rundwanderung vor, die von Gjendesheim über Memurubu und wieder zurückführt.

Der Gjendesee in seiner durch Gletschererosion entstandenen typischen Form gilt als einer der schönsten Seen Jotunheimens. Er ist 18 Kilometer lang und nur einen Kilometer breit. An seinem östlichsten Zipfel liegt Gjendesheim, von wo die Wanderung startet.

Die erste Etappe führt den Wanderer ziemlich gleichmäßig steil bergauf, bis der Weg nach einigen Kilometern eine scharfe Kurve nach links macht. Hier erreicht man zum ersten Mal eine Schwindel erregende Stelle, die einem besonders bei glitschiger Nässe noch steiler vorkommt, als sie eh schon ist. Viele Wanderer stehen hier mehr Angst aus als auf dem Grat selbst.

Schon im September, wenn das Fjell noch bunt in den Herbstfarben leuchtet, kann der erste Schnee fallen. Wundervoll leuchten dann ringsum die Berggipfel.

Der Pfad zieht uns weiter steil hinauf durch felsiges Gestein, bis man die lang gestreckte Hochebene des Veslefjells erreicht. Der Pfad liegt nun gut sichtbar vor einem, wie eine lange dünne Schlange zieht er sich durch das Gletschergeröll. Er führt zur höchsten Stelle des Veslefjells (1 743 Meter), an dessen Westseite der Grat anschließt. Hier kann man einen weiteren Stein auf dem riesigen Steinhaufen ablegen, der diese markante Stelle kennzeichnet. Von hier aus ist es nur noch ein kurzes Stück zum Highlight der Wanderung, dem Besseggen, den man bald darauf erreicht.

Das Panorama ist einzigartig. Der weltberühmte Ausblick auf beide Seen raubt auch sonst eher kühleren Naturen den Atem. Vor einem liegt ein extrem schmaler Felsgrat, den Ibsen als „sensenrückenscharf“ beschrieb und dessen linke Flanke schroff zum Gjendesee hin abfällt. Tiefblau glitzert rechts der Bessvatnet, grünlich-türkis der von Gletscherwasser gespeiste Gjende. Zum Bessvatnet hinunter ist das Gefälle bei weitem nicht so extrem. Dies wundert nicht, beträgt doch der Höhenunterschied zwischen beiden Seen 373 Meter. Selbst im Sommer kann der Bessvatnet noch zugefroren sein, während der 700 Meter tiefer liegende Gjende früher auftaut. Angesichts dieser Abgründe auf beiden Seiten kann es einem bei der nun folgenden Überquerung

Ein exponierter Zeltplatz auf dem Veslefjell. Von hier aus genießt man einen traumhaften Blick auf den Gjendesee.

schon mal mulmig werden. Obwohl es kein extrem gefährlicher Weg ist und außer der Romanfigur Peer Gynt auf seinem sagenhaft wilden Ritt auch noch keiner abgestürzt ist, kehren einige Leute hier wieder um.

Diese Passage über den schmalen Grat ist jedoch für beherzte bzw. besonnene Naturen zu meistern, auch wenn man an der steilsten Stelle schon mal die Hände zum Klettern und Kraxeln zu Hilfe nehmen muss. Nach dieser aufregenden Passage ist man auch schon auf dem so genannten *Bandet* (Band) angelangt, das zum Ufer des Bessvatnet führt, wo man sich erleichtert von dieser Strapaze auf einem breiten Rastplatz erholen kann.

Ab hier geht es nochmals bergan; ein weiterer kleiner tiefblauer See blinkt herauf, der Bjørnhaltjørna, dessen Name darauf hinweist, dass es hier früher noch Braunbären gab, die allerdings ausgerottet sind. Dann endlich führt der schmale Pfad durch stellenweise sehr steil abfallendes Gelände wieder zurück zum See, in den der Gebirgsbach Memuru in einem kleinen Delta mündet. Er führt die typischen Moränensedimente weithin sichtbar als helle Strömung in den Gjende bei Memurubu.

In Memurubu bietet sich die Turisthytte (im Voraus buchen) zur Übernachtung an, oder man könnte hier auf einem kleinen Platz zelten (es geht auch ein Boot zurück nach Gjendesheim). Am nächsten Tag geht es am Seeufer entlang zurück zum Ausgangspunkt. Dies ist im Vergleich zum Vortag eine beinahe spielerische Tour, obwohl es auch hier ein paar riskante Stellen gibt. Des Öfteren verlässt der Pfad das Seeufer, um hoch über dem Wasser schroff abfallende Felsstücke zu überwinden. Auf dem größten Teil der Strecke sieht man den See türkis-blau vor sich liegen, über einem erheben sich die steilen Felswände. An einer Stelle gerät die Wanderung zum Kletterparcous, denn dort fällt der Felsen so jäh ab zum See, dass man sich nur mit Hilfe eines Seils fortbewegen kann. Außer diesen kargen Stücken geht es streckenweise durch dichte Vegetation. Hier entlang des Gjende findet man viele Weidenbüsche und den typischen Fjellbirkenwald, weil die Baumgrenze hier bei 1 000 Metern liegt.

Unser Weg endet in einem gemütlichen Spaziergang entlang des flachen rechten Ufers und wir erreichen den Ausgangspunkt unseres zweitägigen Trips, Gjendesheim.

Wilde Schafe im Jotunheimen-Nationalpark

Die aufgehende Sonne taucht das Westufer des Russvatnet in ein zartes Licht.

Das Wichtigste auf einen Blick

Die Tour: mittelschwere Bergwanderung

Länge: 28 km

Dauer: Die Strecke kann im Sommer in 2 Tagesetappen gewandert werden. Nur der Ausgangspunkt ist mit Bus und Auto zu erreichen, von Memurubu geht ein Boot zurück nach Gjendesheim.

Wegmarkierungen: gut ausgeschildert durch Holzschilder, rote Ts und z. T. enorme Steinhaufen und Steinmännchen, DNTS-Routennr. 761

Ausrüstung: stabiles, wasserdichtes Schuhwerk, warme wind- und wasserabweisende Kleidung, wasserdichter Rucksack, Sonnenschutz und Sonnenbrille, Proviant für Tagesetappen, Wasser pur bietet die Natur

Versorgungsmöglichkeiten: nur in Gjendesheim und in der Memurubu-Hütte

Unterbringungsmöglichkeiten: In Gjendesheim gibt es mehrere Hütten, in Memurubu die Turisthytte, Voranmeldung im Sommer erforderlich; Zelten ist in freier Wildbahn möglich.

Hinweise: Wer mit Höhenangst zu tun hat und nicht ganz schwindelfrei ist, die grandiose Tour aber trotzdem machen möchte, sollte sie in umgekehrter Richtung gehen. Auf diese Weise verliert der Grat etwas von seinem ‚Schrecken'. Auf dem Grat kann es empfindlich kalt und windig sein. Abfahrtszeiten für das Fährboot rechtzeitig erfragen. Beste Wanderzeit ist von Mitte Juni bis Mitte September, im Winter kann der Besseggen nur auf Skiern überquert werden.

Besondere Bitte: Da der vermehrte Tourismus dieser Route erheblich zusetzt, wird umso mehr darum gebeten, sich in diesem Paradies umweltbewusst zu verhalten. Reißen Sie keine Pflanzen aus, stören Sie keine Tiere, lassen Sie keinen Abfall zurück und gehen Sie nie abseits der bereits erodierten Wege!

Kontakte: DNT – Den Norske Turistforeningen, Postboks 7, Sentrum, N-0101 Oslo, Tel.: +47 (0)22-822800, info@turistforeningen.no
Norwegisches Fremdenverkehrsamt, Neuer Wall 41, D-20354 Hamburg, Tel.: +49 (0)40-2294150

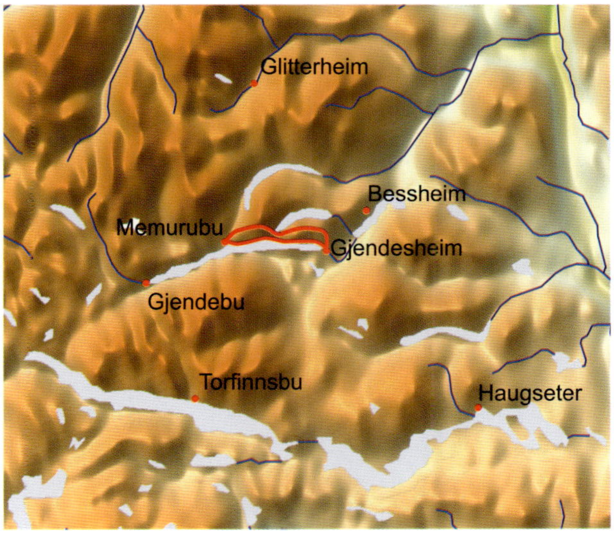

Auf dem Königsweg

Der Kungsleden in Schweden

„Du gamla, du fria, du fjällhöga Nord, du tysta, du glädjerika sköna ..." Diese ersten Worte der schwedischen Nationalhymne drücken die tiefe Liebe der Schweden zu ihrer Heimat aus. „Du alter, du freier, du hochgebirgiger Norden, du schweigsamer, du freudenreicher Schöner ...", eine Huldigung an die Freiheit und Schönheit der Natur.

Teil dieses wenig besiedelten, großen weiten Landes ist Lappland im äußersten Norden. Der Gebirgszug, der Lappland durchzieht, wird gern als Europas letzte unberührte Wildnis beschrieben. Wenn es ein Paradies in Schweden gibt, dann ist es diese majestätische Bergwelt. Hier gibt es noch die ständige Herausforderung durch die Natur – wer sich ihr stellt, wird belohnt durch atemberaubend schöne Ausblicke. Weite Landstriche sind geschützte Naturreservate, Nationalparks und sogar Teil des Weltkulturerbes.

Die Beobachtung dieser imposanten Tiere in freier Wildbahn gehört zu den unvergesslichen Erlebnissen einer Wanderung auf „königlichem" Wanderweg.

Schweden hat 11 Berggipfel mit einer Höhe über 2000 Meter, die allesamt in Lappland liegen. So überrascht es nicht, dass es hier auch sensationell schöne Täler zu entdecken gibt. Gemeinsam formen sie eine Naturlandschaft mit klaren Seen und Flüssen, üppigen Bergwäldern und dem fast dürren, kargen Gebiet der höheren Berg- und Gletscherregionen.

Die Bergflora schwelgt in einer grandiosen Vielfalt und eine ganze Reihe wilder Tiere findet hier noch ihr natürliches Terrain. So kann man beim Wandern die Spuren von Raubtieren wie Luchs, Vielfraß, Bär und Wolf entdecken. Auch kreuzen immer wieder Rentiere den Wanderweg, und es ist gar nicht ungewöhnlich, wenn der eine oder andere Elch zu sehen ist. Berg- und Seeadler, Falken und über 400 andere Vogelarten sind hier zu Hause.

Das Leben in Lappland hat viele Fassetten. Die Ureinwohner Lapplands, die Samen (Lappen), leben hier noch teilweise als Rentiere züchtende Nomaden. Sie haben ihre eigene Kultur und Sprache und kennen sich wie niemand sonst in diesem Land aus. Ihre Herden sind weit verstreut und werden nur im Sommer zusammengetrieben. Besonders während der Sommermonate kann man den Samen in ihrer farbenprächtigen Tracht begegnen. Oft verkaufen sie Fisch und Rentierfleisch, was eine willkommene Abwechslung im Proviant des Wanderers bietet.

Auch die samische Nationalhymne zeugt vom tiefen Respekt der Menschen zu ihrem Land: „Weit im Norden schimmert Sápmi/ schwach im Schein des großen Bären./Fjäll auf

Fjäll und tiefe Tundra/See an See, so weit wir schauen./Gipfel, Grate, kahle Kuppen/heben sich hinauf zum Himmel./Wasser brausen,/ Wälder rauschen/graue Vorgebirge ragen/steil ins weite wilde Meer ..."

Der Kungsleden von Abisko nach Hemavan

Dank des schwedischen Touristikverbands (Svenska Turistföreningen – STF) sind auch die geheimsten Winkel dieses Paradieses seit etwa 100 Jahren für Wanderer zugänglich. In der kurzen Sommersaison von Mitte Juni bis Mitte September belohnt die Bergwelt sie mit Eindrücken für alle Sinne. Der Wanderer findet zu sich selbst in dem schweigsamen, lichtdurchfluteten Fjällgebiet, wo fast 24 Stunden lang das Tageslicht den Weg weist, wo klare Seen in der Mitternachtssonne schimmern und ferne Berggipfel locken. In der Wintersaison von Oktober bis April liegt hier überall tiefer Schnee. Sie können hier alleine wandern oder sich Wanderungen anschließen, die von erfahrenen Bergführern begleitet werden. Das STF hat hierzu zahlreiche Möglichkeiten im Angebot.

Bereits um 1890 wurde der Kungsleden geplant mit dem Ziel, dem Wanderer die Bergwelt Lapplands gefahrlos zugänglich zu

Das ist es, was die Fjäll-Landschaft Schwedens auszeichnet: karges, teils schneebedecktes Gebirge, glasklare Flüsse und Seen und immer wieder atemberaubende Ausblicke. Wer Einsamkeit sucht, der findet sie in diesem unberührten Landstrich.

Bilderbuchkulisse: Nach einem Regenschauer scheint dieser Regenbogen unmittelbar auf dem Dach des kleinen Blockhauses im Abisko National Park zu münden.

machen. Man tüftelte eine Route aus, markierte sie und errichtete eine Reihe von Berghütten an ihrem Verlauf, die jeweils einen Tagesmarsch voneinander entfernt liegen. Der gesamte Weg von 425 Kilometern von Abisko nach Hemavan wurde 1926 fertig gestellt.

Wir stellen hier seinen populärsten Streckenabschnitt vor, von Abisko nach Kebnekaise (86 Kilometer), der im Sommer bei guter Kondition in 7 bis 9 Tagesetappen gegangen werden kann.

Die Anreise zum nördlichsten Punkt dieses Wanderweges erfolgt mit dem Auto oder dem Zug, der direkt bei der Bergstation „Abisko Turiststation" hält, die aus mehreren Gebäuden besteht. Hier am südlichen Ufer des riesigen Torneträsk-Sees kann man sich in Ruhe und in aller Ausgiebigkeit auf die lange Tour vorbereiten und die Ausrüstung komplettieren. Eine letzte ausgedehnte Mahlzeit am Buffet, ein Saunagang, eine Übernachtung in einem der 300 komfortablen Betten sind zu empfehlen, bevor es morgens losgeht.

Sehr einladend und stilvoll beginnt der Königsweg wenige Schritte von der Bergstation entfernt mit einem großen hölzernen Eingangstor, auf dem in geschnitzten Lettern *KUNGSLEDEN* steht. Auf dem ersten Teilstück durch lichten Birkenwald wähnt man sich noch auf einem Spaziergang durch einen Park. Doch bald führt uns der Weg an den Wasserfällen des Abiskojåkka entlang zu den wildreichen Wäldern des Abisko-Nationalparks, die sich erst am Abiskojauresee wieder lichten, an dessen südlichem Ufer die erste Hütte liegt. Man erreicht sie über eine Brücke und hat dann die ersten 15 Kilometer hinter sich gebracht, eine schöne Einstiegsetappe.

Am kleinen Sandstrand des Sees kann man sich erholen, und wer abgehärtet ist, wird mit Wonne in den See hineinspringen. Wer nicht in den Hütten übernachten möchte, kann gegen Gebühr in ihrer unmittelbaren Nähe zelten. Die urgemütlichen Stugorna werden von Hüttenwarten bewirtschaftet, man muss sich jedoch selbst verpflegen. Proviant gibt es zu kaufen, Küchengerät ist meist vorhanden und selbst in der Hochsaison stehen ausreichend Betten in den Schlafräumen zur Verfügung.

Hier treffen Wanderer aller Nationalitäten, Alters- und Berufsgruppen am Kamin aufeinander und es entwickeln sich immer sehr interessante Gespräche und neue Bekanntschaften. Wissenswertes über den Kungsleden wird ausgetauscht und in den langen hellen Sommernächten ist man auf diese Weise mit der lästigen Stechmückenplage auch nicht allein. Mit etwas Glück kann man am Horizont sogar das berühmte Nordlicht sehen.

Eine der wohl bekanntesten Bergsilhouetten der Region, die des grandiosen Lapporten, begleitet den Wanderer auf dem weiteren Weg bis zum nächsten See, dem langgezogenen Alesjaure. Auf dem Weg dahin gilt es, mehrmals Flüsse auf Brücken zu überqueren oder aber zu durchwaten; schließlich wandert man noch recht lange am See selbst entlang, an dessen südlichem Ende die nächste Hütte liegt. Im Sommer freut man sich aufs Schwimmen oder auf einen schönen Bootsausflug.

Am nächsten Tag verlässt man ausgeruht die gemütliche Station und wandert durch die Flussauen, streckenweise sogar auf Holzstegen. Ganz allmählich verändert sich nun die Landschaft, wird karger und nach einer Nacht in einer weiteren Hütte erreicht man schon den höchsten Punkt des Weges, den Tjäktjapasset (Tjäktjapass 1 160 Meter), wo selbst im Sommer noch Schnee liegen kann. Belohnt wird man dafür mit einem der schönsten Erlebnisse der gesamten Tour, einem 40 Kilometer weit reichenden Blick über die weiten

Exponierte Raststelle im Sarek-Nationalpark, durch dessen südöstlichen Teil auch der Kungsleden verläuft.

Blühende Wiesen, wie hier nahe Abiskos, dem Ausgangs- bzw. Endpunkt des Kungsleden, erfreuen das Auge des Wanderers.

Täler und hohen Gipfel des Tjäktjavagge. Nach dem Abstieg zur Talsohle führt der Weg an einigen Wasserläufen entlang über felsigen Untergrund bis zu den Hütten der Bergstation Sälka. Sie liegt wunderschön auf einer kleinen Anhöhe, die von vielen kleinen Bachläufen durchzogen wird. Hier kann man sich mit dem Luxus einer Sauna von diesem anstrengenden Stück des Kungsleden entspannen und in den Hütten übernachten oder zelten.

Am nächsten Tag wandert man durch hügeliges Gelände Richtung Süden, das Tjäktjatal weitet sich zusehends und bald erblickt man hin und wieder den Gipfel des Kebnekaise, des höchsten Berges und gleichzeitig Nationalheiligtums Schwedens. Aber bis man ihn erreicht, sind noch etliche Brücken über reißende Gebirgsflüsschen zu überqueren. Hier lohnt sich ab und an auch ein Abstecher in die Seitentäler, um die schmalen Felsschluchten der Wildwasser wie dem Tjäktjajåkka von einer hohen Brücke aus zu genießen. Hinter einer Wegbiegung erkennt man bald die Hütten von Singi.

Hier, wo der Kungsleden weiter Richtung Süden zieht und immer weniger frequentiert wird, biegt man von ihm ab und wandert durch hochalpines Gelände zur gemütlichen Bergstation von Kebnekaise. Von hier aus fahren wieder Züge und Busse. Bevor man aber die Heimreise antritt, sollte man unbedingt noch ein paar kleinere Abstecher in die nähere Umgebung machen, wie z. B. zum Gipfel des Kebnekaise, zum Wasserfall Silverfallet oder in die Felsschluchten des Jättegrytorna.

Der Kungsleden – wahrlich ein königlicher Wanderweg!

Typisches schwedisches Holzhaus mit Lapplands Wahrzeichen über der Eingangstür: dem Elch

Das Allemansrätt

Wie sehr die Schweden ihre Heimat respektieren, spiegelt sich im allgemeinen Nutzungsrecht wider, dem Jedermannsrecht *(Allemansrätt)*. Als Wanderer, der sich frei in dem Land und in der Natur bewegt, sollten Sie folgende Grundregeln beachten.

- Sie dürfen sich im Allgemeinen über Grund und Boden und in Gewässern der Allgemeinheit bewegen, aber Privatgrundstücke, Schonungen und Saaten dürfen Sie nicht betreten.
- Zelten Sie nicht in der Nähe von Wohnhäusern. Wollen Sie mit einer Gruppe oder mehrere Nächte am selben Platz zelten, müssen Sie den Grundeigentümer erst um Erlaubnis fragen.
- Sie dürfen wilde Beeren sammeln, Pilze suchen und wilde Blumen pflücken, sofern sie nicht unter Naturschutz stehen. Natürlich dürfen Sie keine Bäume fällen und keine Sträucher ausreißen! Es ist nicht erlaubt, Zweige oder Rinde abzureißen.
- Sie dürfen baden, vorübergehend mit einem Boot anlegen und an Land gehen, aber nicht auf Privatgrundstücken oder wenn Betretungsverbot vorliegt.
- Sie dürfen an allen Küsten mit Angelgeräten fischen. Für andere Gewässer müssen Sie in der Regel einen Angelschein erwerben.
- Schon bei der geringsten Brandgefahr ist es verboten, Feuer zu machen. Machen Sie nie Feuer auf Felsen – sie platzen.
- Nehmen Sie Rücksicht auf Tiere. Lassen Sie Nester und Jungtiere in Ruhe.
- Es ist verboten, Abfälle jeglicher Art in der Natur wegzuwerfen.

Ausführlichere Information finden Sie unter:
www.naturvardsverket.se

Das Wichtigste auf einen Blick

Die Tour: leichter bis mittelschwerer Trek

Länge: 86 km

Dauer: Man kann die Strecke bei guter Kondition im Sommer in 7 Tagesetappen bewältigen.

Wegmarkierungen: gut ausgeschildert durch rot-weiße Markierungen, im Winter rotes Andreaskreuz auf hohen Stangen, Fjällkarten sind dennoch unbedingt zu empfehlen

Ausrüstung: gutes, wasserdichtes Schuhwerk, warme wind- und wasserabweisende Kleidung, Cape und Regenhose für ergiebige Regengüsse, Kopfbedeckung, wasserdichter Rucksack, im Sommer Sonnenschutz, Mückenschutzmittel (!), Proviant für Tagesetappen, Wasser pur bietet die Natur

Versorgungsmöglichkeiten: Auf der gesamten Strecke kann man sich nur auf den Hütten und Bergstationen versorgen, manchmal verkaufen die Samen Nahrungsmittel.

Unterbringungsmöglichkeiten: nur in Hütten- und Bergstationen möglich, oft keine Elektrizität, Kochmöglichkeit ist vorhanden, ausreichende Zahl an Betten auch, die Hütten werden von Hüttenwarten betreut. Zelten ist nicht überall erlaubt; hierzu ist es wichtig, die Regeln des Allemanrätts zu kennen (s. neben stehenden Kasten).

Hinweise: Auch mitten im Sommer ist mit Schnee und Kälte zu rechnen, Informationen & Wetterprognosen erhalten Sie auf den großen Bergstationen.

Kontakte: SvenskaTuristföreningen (STF),
Box 25, S-10120 Stockholm, Tel.: +46 (0)8-4632200,
www.stfturist.se
Schwedisches Touristik-Amt, Burchardstr. 22,
D-20095 Hamburg, Tel.: +49 (0)40-330185

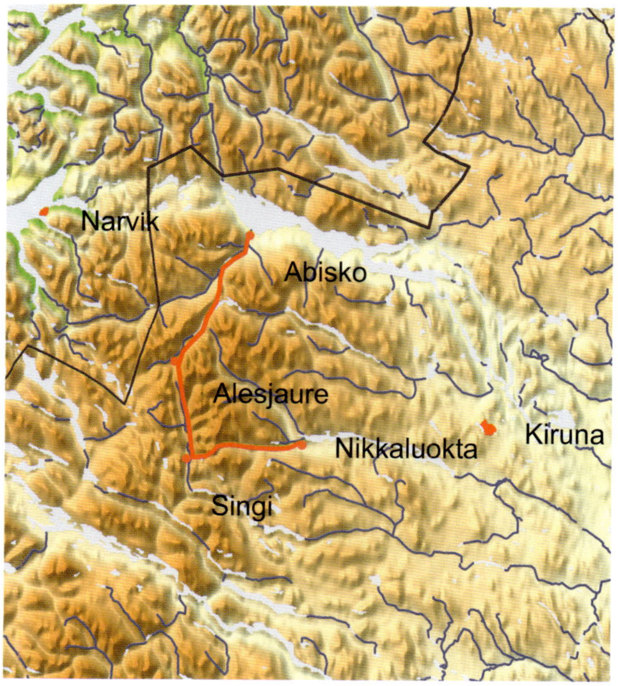

Durch die Fjäll-Landschaft Schwedens

Auf dem Padjelantaleden

Der Padjelanta-Nationalpark ist eine riesige Hochebene zwischen Nord- und Mittel-Lappland, auf der die wunderschönen Seen Virijaure und Vastenjaure liegen, die gern als Schwedens schönste Seen bezeichnet werden. Der Park wird von den Samen unterhalten, die auch in dieser Region ihre Rentierzucht betreiben. Der Weg führt durch grandioses Naturschutzgebiet. Hier ist es ruhiger als auf dem Kungsleden, die Landschaft ist etwas sanfter und so ist der Weg auch gerade für Lappland-Einsteiger zu empfehlen.

Die Fjällstation in Ritsem (445 Meter) im äußersten Zipfel Nordlapplands ist mit Auto und Bus zu erreichen. Hier kann man sich in Ruhe noch einmal auf die Wanderung durch den Padjelantapark vorbereiten.

Von Ritsem aus gibt es zwei verschiedene Anfangsrouten. Für die hier vorgeschlagene Tour nimmt man die Fähre über den riesigen Akkajaure-See bis zu den Hütten von Akkastugorna, die man nach etwa 2 Kilometern Fußweg über Holzbohlen erreicht. Allein die Fahrt über den See ist eine wunderschöne Einstimmung auf die Tour.

Schon vom Bootsanleger aus führt der Weg durch Sumpfgebiet und lichten Birkenwald in südwestlicher Richtung. Die Brücke über den

Foto links: Naturschutz hat oberste Priorität im Padjelanta-Nationalpark.

Foto rechts: Scheues Tier und leider nur noch selten auszumachen: der Schneefuchs

Vuojatätno passiert die Baumgrenze und ist gleichzeitig der Eingang zum Padjelanta-Nationalpark. Die nächsten Kilometer wandert man durch das breite Tal des Flusses, überquert dann über stabile Brücken zwei kleinere Flüsse, den Snjuftjutisjåkkå und den Spietjaujåkkå. Schließlich erreicht man Kisuris am nördlichen Ufer des Vastenjaure und befindet sich plötzlich in Mittellappland.

Die gemütlichen Hütten von Kisuris liegen wunderschön im Wald und eine ausgiebige Rast ist hier angebracht, da die nächste Tagesetappe schon etwas anspruchsvoller sein wird.

In südwestlicher Richtung geht es am nächsten Morgen durch leicht hügeliges Gelände zunächst wieder am Vuojatätno entlang. Mit ein wenig Glück entdeckt man auf der Strecke kleinere Sommerlager der Samen und kann von ihnen Proviant wie frisch gefangene Forellen oder leckeren Rentierschinken kaufen. Auch wird man hier immer wieder Rentieren begegnen. Wer den Tieren nahe genug kommen kann, natürlich ohne sie zu stören, wird sich vielleicht über die ausgefransten Ohrspitzen wundern. Dies ist die Erkennungsmarkierung der Züchter, die den Kälbern im Sommer ein Stück der Ohrläppchen auskerben. Da auch die Weibchen Stangen tragen, kann man die Tiere nur an ihrer Größe unterscheiden.

Der Weg führt durch dieses herrliche Stück Natur, wo man bei gutem Wetter einen weiten Blick auf den Vastenjaure-See hat, verläuft dann

Schmale Pfade und Wege führen durch die Hochebenen des Padjelanta-Nationalparks.

Foto oben:
Diese Holzhütten dienen den Samen als Lagerstätte für die Zeit, wenn sie mit den Rentierherden unterweg sind. Dank der Bauweise sind die Vorräte vor Tieren und Nässe geschützt.

Foto unten:
Familie in einer traditionellen Kate

am Westhang des Låtatjs entlang ziemlich steil abwärts nach Låddejåkka, dessen urige Hütten in einem sehr schönen Tal liegen. Die Hütten werden von Samen unterhalten, bei denen man einige einheimische Produkte erstehen kann.

Die Station liegt in 600 Metern Höhe und der weitere Weg nach Arasluokta ist nicht übermäßig lang, überwindet jedoch ziemlich große Höhenunterschiede in einer einmalig eindrücklichen Landschaft. Erst einmal erfolgt ein ordentlicher Anstieg bis auf 900 Meter. Dann geht es wieder bergabwärts, man überquert auf einer Brücke den Miellätnö, in dessen Tal man am Westhang des Aras entlang das sehr schön gelegene Arasluokta erreicht. Hier, wo der Padjelanta-Nationalpark am schönsten ist, wird auch die Stechmückenplage immer intensiver. Unmittelbar nach den Hütten von Arasloktua geht es auf einer kleinen Brücke über den Arasjåkkå zunächst in südwestlicher, später in südöstlicher Richtung an den Hängen von Stuor Titer und Unna Titer entlang nach Staloluokta. Die Aussicht auf den Virijaure-See mit den schneebedeckten Berggipfeln Nor-

wegens dahinter ist unterwegs so manche längere Rast wert.

Staloluokta ist ein kultureller Höhepunkt der Wanderung. Es ist ein Sommerdorf der Samen, eine der größten Samensiedlungen überhaupt in diesem Park. Hier kann man diese stolzen freien Menschen näher kennenlernen. Es gibt kleine Geschäfte, einen jährlichen Markt und mit einigem Glück kann man dem Joik lauschen, dem typischen Obertongesang der Samen. Die gutturalen Lieder sind seit Jahrhunderten überliefert und erzählen von Menschen, Tieren und geheimnisvollen Orten. Frische Lebensmittel wie Fisch, Rentierfleisch und Brot sind eine willkommene Abwechslung für den Wanderer. Auch die Kirchenkate (Kirkåtta) ist unbedingt sehenswert. Hier am östlichsten Ufer des Virijaure befindet sich ein kleiner Sandstrand mit Kiosk und eine Sauna am Kieddejåkkå, die man nicht versäumen sollte, da man sich nach jedem Saunagang herrlich in den Fluten erfrischen kann. In Staloluokta liegt auch der kleine Flughafen der Lapplandsflyg und der Norrlandsflyg, die planmäßige Hubschrauberflüge nach Ritsem und Kvikkjokk anbieten. So ein Flug über diese wunderschöne majestätische Landschaft ist unbedingt empfehlenswert. Die Hütten der Bergstation sind sehr gut ausgestattet; außerdem gibt es einen richtigen Campingplatz auf der Westseite des Flusses am Virijaure.

Man verlässt das Dorf, überquert den Kieddejåkkå und später den Pållaurjåkkå auf Brücken, wandert durch hügeliges, karges und felsiges Gelände bis zu einer breiten Watstelle. Durch sie hindurch gelangt man zum Tjekimjaure, an dem die Hütten der Tuottastugorna auf 920 Metern weit über der Baumgrenze liegen. Hier liegt selbst im August zuweilen noch viel Schnee und das sanft-hügelige

Gemeinsames Einsammeln von abgeworfenen Rentier-Geweihen

Im Winter sind Hundeschlitten oft die einzige Möglichkeit, um längere Strecken zurücklegen zu können.

Hochplateau hat dann seinen ganz eigenen Reiz. Der Weg folgt dem Hochplateau in einem einzigen langen Abstieg. Es geht in südlicher Richtung zwischen einigen Seen und etlichen Watstellen entlang den Abhang zum Vassjajåkkå hinunter. Obwohl diese Etappe sehr kurz ist, kommt sie einem doch lang vor, da man schon lange vor Ankunft sein Ziel, die Hütten von Tarraluoppal, ausmachen kann.

Ab hier führt der Padjelantaleden gemächlich in tiefere Regionen, was sich auch durch die immer heftiger werdende Mückenplage bemerkbar macht. Kurz vor Såmmarlappa verlässt man den Nationalpark und ab hier geht es weiter in südwestlicher Richtung entlang des Tarrekaise-Massivs durch das Tarredal-Tal, das bis Kvikkjokk reicht. Es folgt noch eine Watstelle, die bei normalem Wasserstand leicht zu durchqueren ist, und von der aus die Tarraälv-Hütte am Ufer des Flusses zu sehen ist. Weiter geht es über Geröll nach Tarrekaise.

Von Tarrekaise folgt ein Aufstieg zum Tarraätno an der Nordseite des Sees Tarrjaure nach Njunjes. Unterhalb der Fjällstation weist ein Schild zum Bootsanleger, wo man sämtliche Informationen zur Bootsverbindung nach Kvikkjokk findet. Im Sommer fahren drei Boote über das Flussdelta des Tarre, die Fahrt dauert etwa 20 Minuten und ist ein schöner Ausklang der Wanderung, bevor man die kleine Ortschaft Kvikkjokk erreicht, wo Padjelantaleden und Kungsleden aufeinander treffen und wo es wieder eine Straße gibt. Hier, wo schon 1732 Carl von Linné auf seiner Lapplandreise Station machte, kann man sich in der Fjällstation am malerischen Bergbach Kamajåkkå von der Wanderung ausgiebig erholen.

Stalo-Brücke

Das Wichtigste auf einen Blick

Die Tour: mittelschwere Bergwanderung

Länge: 140 km

Dauer: Die Strecke kann bei guter Kondition im Sommer in 10–13 Tagen gewandert werden.

Wegmarkierungen: gut ausgeschildert durch rot-weiße Markierungen, im Winter rotes Andreaskreuz auf hohen Stangen, Fjällkarten trotzdem unbedingt zu empfehlen

Ausrüstung: auf jeden Fall gutes, wasserdichtes Schuhwerk, warme wind- und wasserabweisende Kleidung, Cape und Regenhose für ergiebige Regengüsse, Kopfbedeckung, wasserdichter Rucksack, im Sommer Sonnenschutz, evtl. Badekleidung, zuverlässiges Mückenschutzmittel (!), Proviant für Tagesetappen, Wasser pur bietet die Natur

Versorgungsmöglichkeiten: Auf der gesamten Strecke kann man sich nur auf den Hütten und Bergstationen versorgen, manchmal verkaufen die Samen Nahrungsmittel.

Unterbringungsmöglichkeiten: Nur in Hütten und Bergstationen möglich, oft keine Elektrizität, Kochmöglichkeit ist vorhanden, ausreichende Zahl an Betten auch, die Hütten werden von Hüttenwarten betreut. Zelten ist nicht überall erlaubt; hierzu ist es wichtig, die Regeln des *Allemanrätts* zu kennen (s. Kasten S. 95).

Hinweise: Auch mitten im Sommer ist mit Schnee und Kälte zu rechnen, ein Blick in die Wettervorhersage ist auf den großen Bergstationen möglich.

Kontakte: Schwedischer Tourismusverband
SVENSKA TURISTFÖRENINGEN (SFT), Box 25, S-10120 Stockholm, Tel.: +46 (0)8-4632200, www.stfturist.se
Schwedisches Touristik-Amt, Burchardstr. 22, D-20095 Hamburg, Tel.: +49 (0)40-330185

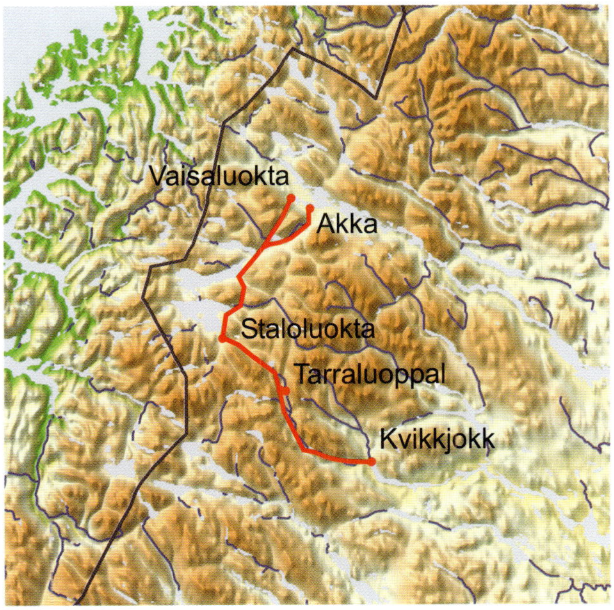

Von Hütte zu Hütte

Auf dem Pallas-Ounas-Tunturi durch Finnland

Der Pallas-Ounas-Tunturi gehört mit 506 Quadratkilometern zu den drei größten Nationalparks in Finnland. Er steht seit 1938 als einer der ersten Nationalparks unter Naturschutz. Herzstücke des Parks sind die so genannten Fjälls (fast baumlose Hochebenen – auf Finnisch Tunturis). In den Senken dieser kargen Berglandschaften befinden sich fantastische Seen, Wälder und Moorlandschaften – eine atemberaubende Naturkulisse zum Wandern, Staunen und Träumen.

Im Süden des Nationalparks liegt das rundkuppige Pallas-Tunturi (700–800 Meter), dessen Abhänge steil abstürzen. Es sind vor allem Kiefernwälder, die das Vegetationsbild prägen. Im Norden dagegen wellt sich eher sanft die Hochebene des Ounas-Tunturis mit lockeren Fichtenbeständen, die zur Rast einladen. Auch die Fauna des Parks ist beeindruckend. Gerade Großsäuger wie Elche, Bären, Luchse oder Vielfraße (eine Marderart, auch als Bärenmarder oder *Järv* bezeichnet) beeindrucken den tierbegeisterten Wanderer. Der Park ist ein Paradebeispiel für den tief greifenden Schutz der Natur und auch für Forschungszwecke von Bedeutung. Eine Messstation, Teil eines weltweiten Überwachungsnetzes, weist immer wieder aufs Neue nach, dass der Pallas-Ounas-Tunturi-Nationalpark die sauberste Luft von ganz Europa bietet.

Plankenwege führen Wanderer trockenen Fußes durch die sumpfigen Passagen im Norden des Parks.

Im Sommer finden sich im Nationalpark 120 Kilometer gut markierter Wanderwege, im Winter sogar rund 200 Kilometer. Übernachtungen entlang der Routen sind kein Problem, diverse Hütten und Unterstände bieten Möglichkeiten zur Rast und Erholung. In den Hütten Sioskuru, Hannukuru und Nammalakuru können Plätze im Voraus reserviert werden. Kleines Detail am Rande: Die Hannakuru-Hütte beherbergt zur schweißtreibenden Erbauung eine Sauna, die gratis genutzt werden kann. Darüber hinaus bietet der Park drei Strecken mit entsprechenden Informationstafeln, dank derer das Wissen über Flora und Fauna vertieft wird: den Vatikuru- und Pyhäjoki-Naturlehrpfad (2 bzw. 3 Kilometer) sowie den Piovuoma-Sumpf-Trail (10 Kilometer).

Die Hetta-Pallas-Tour durchzieht einen der bekanntesten und beliebtesten Trekkingregionen Finnlands und ist zudem als Einsteiger-Strecke geradezu hervorragend geeignet. Dies gilt ausdrücklich nur für den reinen Schwierigkeitsgrad der Wanderung – in Bezug auf Schönheit und Vielfalt der Natur und Abwechslungsreichtum der Landschaft steht sie anspruchsvolleren Trekking-Touren in keinster Weise nach.

Man beginnt den Trek mit einer kurzen Etappe von gerade einmal 6 Kilometern. Sie führt von Hetta nach Pyhäkero. Von Hetta aus folgt man den Holzschildern, die zum Taxi-

Boot hinweisen. Über den lang gezogenen Ounasjärvi-See geht es per Boot ans andere Ufer. Ein strahlender, mit Heide bewachsener Kiefernwald nimmt den Wanderer auf – eine Landschaft, die allen Mitteleuropäern äußerst vertraut sein dürfte. Aber: Im Sommer lohnt es sich hier in jedem Falle, wirksame Maßnahmen gegen Mücken zu ergreifen – welches Spezialrezept auch immer zur Verfügung steht. Dies gilt entsprechend für das gesamte erste Drittel der Tour. Der Weg ist zum Einstieg breit und sandig, läuft sich geradezu federnd und leichten Fußes. Zudem lässt der Wald den Naturfreund tief durchatmen und ganz ruhig werden – ein friedliches Willkommen auf einer Genießer-Tour. Weiter geht es durch duftigen Kiefernbestand, bis schließlich die Wildmarkhütte Pyhäkero, geräumig und bestens eingerichtet, erreicht ist. Ein Gasherd wartet darauf, die Wanderer für die weiteren Etappen zu stärken.

Am nächsten Morgen folgt man einem gemächlichen Anstieg zum nördlichen Gipfel des Ounas-Tunturi, dem Pyhäkero (711 Meter).

Foto oben:
Die „Ruska"-Zeit, der finnische Altweibersommer, bringt die Natur zum Leuchten.

Foto unten:
Die Tunturis sind die Heimat von Rentieren: Eine Begegnung mit diesen imposanten Tieren ist ein unvergessliches Erlebnis.

Morgengrauen über einem Feld am Fuße des Pallas-Tunturi

Der Blick geht nun endlich in die Ferne – die Seele ist längst bereit für die Weite Finnlands. Auf dem Gipfel dann wird man große Augen machen wegen des einmaligen Blickes auf das Tunturi und die beeindruckende Weitsicht. Über die Sioskuru-Hütte wandert man weiter den Siosvaara hinauf und wird erneut mit einem Panorama belohnt, das geheimnisvolle Geschichten lebendig werden lässt. Von hier geht es weiter zu den Schutzhütten der Rentierhirten bei Tappuri. Wieder wartet am Abend eine saubere, gut ausgestattete Behausung.

Nach einer erholsamen Nacht geht es am nächsten Morgen weiter. Der Weg schlängelt sich durch die Schlucht zwischen Tappuri und Pippokero. Auch wenn dieser Abschnitt leicht begehbar ist – ein Regenguss wird hier schnell zum lästigen Begleiter, für den man die richtige Bekleidung parat haben sollte. Der Weg führt vorbei an den sanft gewellten Hügelkuppen des Pikkuvaara Richtung Pahakuru-Schlucht. Davor liegt die Pahakuru-Hütte – auch hier lohnt es sich innezuhalten und die Landschaft zu genießen, die kein Maler fantasievoller hätte gestalten können. Über den Pahakuru führt der Weg weiter nach Hannukuru: Hier ist die Hälfte der Tour erreicht.

Die vierte Tagesetappe ist die längste, wenngleich mit knapp 14 Kilometern auch nicht unbedingt ein Gewaltmarsch. Zunächst einmal geht es hinunter und wieder hinauf durch das etwas tiefer gelegene Suas-Tunturi. Der Weg zieht sich hinunter über den Lavus-Unterstand, dann wieder entlang handlicher sumpfiger Teppiche hinauf auf den Lumikero (661 Meter). Hier wartet erneut ein Gipfel mit grandioser Panoramasicht auf, Gewässer und Hügel wirken wie reine Magie. Kurz danach geht es dann auf den zweithöchsten Gipfel des Valtionmaa. Durch weite Fichtenwälder um den Vuontiskero wandert man vorbei an der urigen wie einfachen Montelli-Hütte. Jetzt noch durch eine Schlucht und nach einem weiteren Kilometer nach Süden erreicht man endlich die Nammalakuru-Hütte. Diese steht am Hang und wer vor dem Zubettgehen noch einmal den Blick auf der Weite der Landschaft ruhen lässt, wird zufrieden in einen erholsamen Schlaf fallen.

Der Weg, der am fünften Tag auf den Wanderer wartet, führt zunächst leicht und locker hinunter auf der Westseite des Jäkäläkero, vorbei an einer jüngst errichteten kleinen Holzblockhütte, Kota genannt. Nun folgt der etwas anstrengendere, mittelschwere Teil zur Ostseite des Pallas-Tunturis (807 Meter) hinauf. Ein mühevoller fünf Kilometer langer Aufstieg. Geschafft – man ist oben. Von der Pallaskuppe geht es dann drei Kilometer bergab bis zum Pallas-Hotel, das man mit der Gewissheit erreicht: Man hat seine Zeit in den vergangenen fünf Tagen bestens genutzt.

Schilderbäume weisen den Weg.

Das Wichtigste auf einen Blick

Die Tour: leichte 5-Tages-Tour für Einsteiger über eine Tunturikette mit kleinen, lang gezogenen Anstiegen und durch mit Schluchten durchfurchte Wald- und Moorgebiete

Länge: ca. 55 km

Dauer: 5 Tage

Wegmarkierungen: gut sichtbare Hinweisschilder

Ausrüstung: genug Proviant, Regenschutz und Gummistiefel

Versorgungsmöglichkeiten: zu Beginn und am Ende ganzjährig, am Ende der 2. und 3. Etappe nur im Winter

Unterbringungsmöglichkeiten: Hütten am Ende jeder Etappe, kostenlos für eine Nacht

Hinweise: Plötzliche Wetterumschwünge sind möglich. Bei der Wahl der Kleidung sollte dies berücksichtigt werden.

Kontakte: Finnische Zentrale für Tourismus, Lessingstr. 5, D-60325 Frankfurt/Main, Tel.: +49 (0)69-50070157, www.visitfinland.de

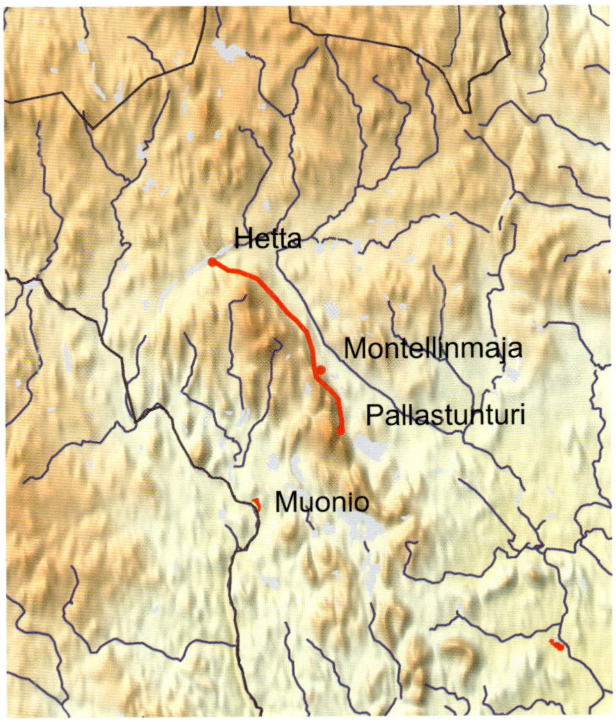

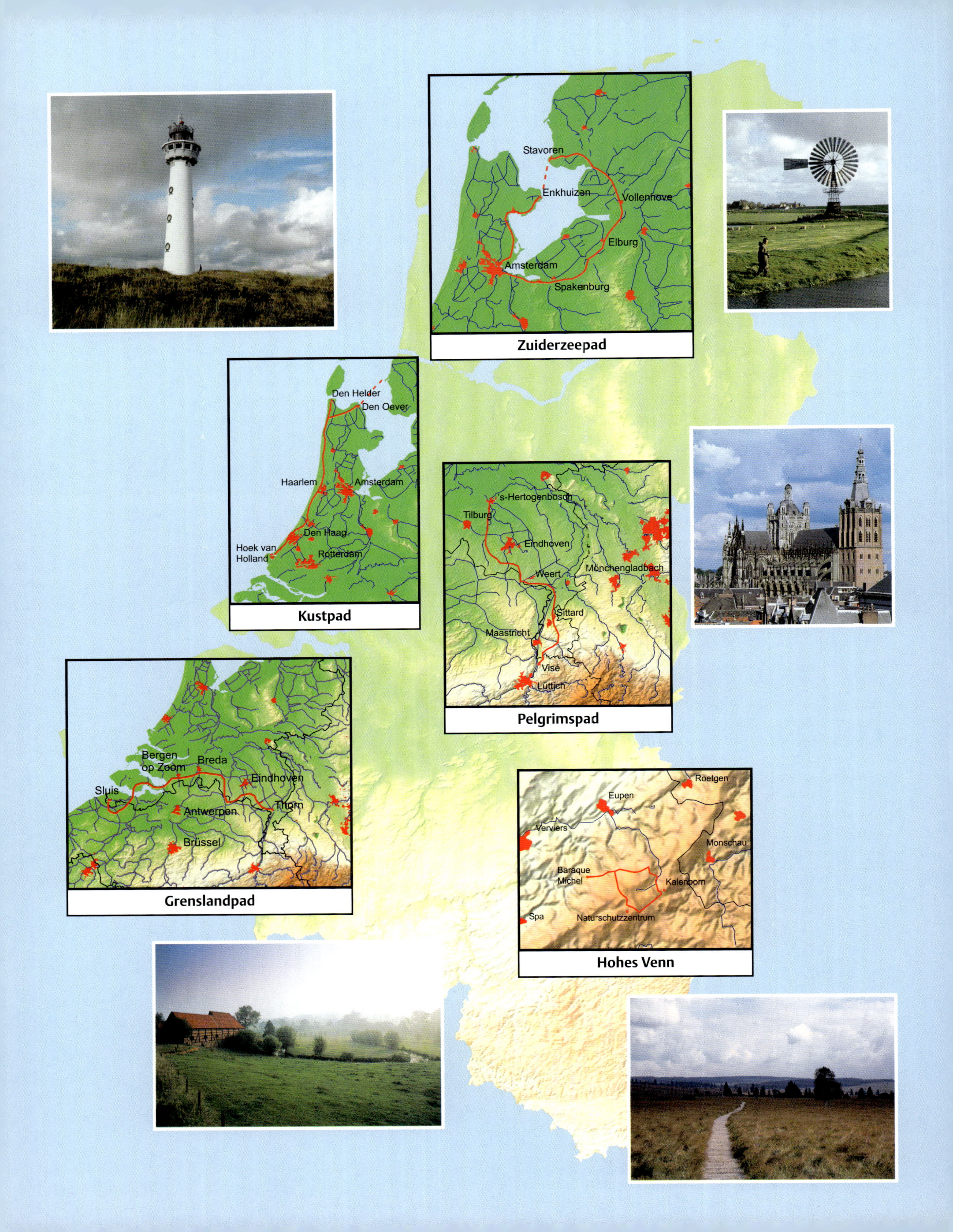

Stavoren
Enkhuizen
Vollenhove
Elburg
Amsterdam
Spakenburg
Zuiderzeepad
Den Helder
Den Oever
Haarlem
Amsterdam
Den Haag
Hoek van Holland
Rotterdam
Kustpad
's-Hertogenbosch
Tilburg
Eindhoven
Weert
Mönchengladbach
Sittard
Maastricht
Visé
Lüttich
Pelgrimspad
Bergen op Zoom
Breda
Eindhoven
Sluis
Thorn
Antwerpen
Brüssel
Grenslandpad
Roetgen
Eupen
Verviers
Monschau
Baraque Michel
Kalenborn
Spa
Naturschutzzentrum
Hohes Venn

Hollands wanderbare Vielfalt & Belgiens Märchenreich

Wandern heißt auf Niederländisch *Wandelen* und in der Tat hat man auf Wanderungen in unserem Nachbarland nicht mit anstrengenden Höhenunterschieden zu kämpfen, denn das Land ist eben und flach und liegt stellenweise gar unterhalb des Meeresspiegels. Die höchsten Erhebungen, die Hügel in Süd-Limburg, gerade mal knapp über 300 Meter hoch, werden gleich stolz „Holländische Schweiz“ genannt.

Obwohl die Niederlande sehr dicht besiedelt sind (16 Mill. Einwohner), kann man hier immer noch Natur erleben und Ruhe finden, da Teile des Landes unter Naturschutz stehen. So findet der Wanderer genügend Raum in Heideland, kleinen Wäldern, Dünen, Teilen des Wattenmeeres und entlang der langen Küste mit ihren weiten Sandstränden.

Wer Wasser, Wind und Wetter nicht scheut, der wird durch die prächtigen Landschaften, den weiten Himmel, die sauberen Städtchen mit ihren freundlichen Menschen belohnt. Verpflegung und Unterbringung sind im ganzen Land zur Genüge vorhanden, sind doch die Niederlande wie kaum ein anderes Land touristisch erschlossen.

Vor gut 25 Jahren wurde die „Stiftung Wanderplattform-Fernwanderweg“ (*Stichting Wandelplatform-LAW/Lange Afstand Wandelpad*) gegründet. Innerhalb dieser Organisation arbeiten zwölf Vereinigungen zusammen. Es gibt 7000 Kilometer Wanderwege, 40 offizielle Wanderführer, 46 ausgewiesene Routen für Tageswanderungen. Das landesweite Netz an gut markierten Wegen macht das Land somit zu einem Paradies für Wanderer. Aus der Fülle von Fernwanderwegen haben wir vier der beliebtesten und abwechslungsreichsten ausgesucht.

Belgiens Wanderer sind nicht gleichermaßen organisiert, aber das heißt nicht, dass das Land keine viel versprechenden Touren zu bieten hätte. Da es landschaftlich vielseitiger ist als der holländische Nachbar, bietet es dem Wanderer auch ganz unterschiedliche Wanderregionen: Die schönste und zugleich geheimnisvollste ist mit Sicherheit die sich südlich von Eupen erstreckende Moorlandschaft des Hohen Venns.

VOM MEER BIS IN DIE „HOLLÄNDISCHE SCHWEIZ"

Hollands Süden auf dem Grenslandpad

Die belgisch-niederländische Grenze im heutigen vereinten Europa hat eine lange, überaus spannende und bewegte Zeit hinter sich. Ihr Verlauf ist in den Wirren der Geschichte immer wieder verändert worden und war streckenweise erbittert umkämpft. Nach dem Belgischen Aufstand (1830-1839) wurde die Grenze zwischen den Niederlanden und Belgien endgültig festgelegt und daraufhin durch 388 gusseiserne Grenzpfähle markiert, die selbst heute noch stehen.

Die weithin sichtbaren, spitz zulaufenden, weiß lackierten Wegweiser, die wie überdimensionale Zuckerhüte ausschauen, sind durchnummeriert und begleiten den Wanderer fast auf dem gesamten Weg, wobei sie ihm als zusätzliche Orientierungshilfe dienen. Weitere Indizien für den Verlauf der imaginären Linie sind alte Verteidigungsanlagen, verwaiste Zollstationen, Wechselstuben, Grenzkirchen, Kanäle und kilometerlange Pappeldeiche.

Seit dem 1. Juli 1994 – an dem der Personen- und Güterverkehr innerhalb der Europäischen Union freigegeben wurde – besteht die Grenze zwischen beiden Ländern faktisch nicht mehr und doch haben sich diese gut hundertfünfzig Jahre bis heute ausgewirkt. Auf beiden Seiten der Grenze entwickelten sich teilweise große Unterschiede, was Wohnen, Arbeit, Regierung, Religion, Geschmack, Architektur usw. betrifft. Aber in einem waren sich die Bewohner beiderseits der Grenze wohl immer ähnlich: im Schmuggeln.

Ganz am Ende des langen Grenzlandweges wartet das Städtchen Thorn mit seinen weißen Häusern.

Geschmuggelt wurde alles, was im eigenen Land nicht zu bekommen oder im Nachbarland sehr viel billiger zu kaufen war. Salz, Schokolade, Autos, Tabak, Kaffee und sogar Vieh wurde heimlich über die Grenze geschafft.

Diese bewegten Zeiten haben ihre Spuren hinterlassen. So ist es überaus spannend, entlang des Grenslandpads all diese historisch bedingten Unterschiede immer wieder feststellen zu können. Ob wir in Belgien über Kopfsteinpflaster wandern oder in den Niederlanden über Ziegelsteinwege, ob wir auf der einen Seite der Grenze in die Häuser hineinschauen, weil es keine Gardinen gibt, oder auf der anderen Seite abends gar die Rollläden heruntergelassen werden, die Verschiedenheit ist allgegenwärtig. Im Westen sind die Felder groß und weit, im Osten der Grenze oft in kleine Parzellen unterteilt. Selbst die unterschiedlichen Biermarken sind aufschlussreich.

Und doch halten sich Landschafts- und ökologische Grenzen nicht immer an Staatsgrenzen und was die Sprachgrenze angeht, sind sich die beiden Nationen hier näher als irgendwo sonst, wird doch auf beiden Seiten

Holland lässt sich auf vielerlei Arten entdecken: zu Fuß, auf dem Rad oder auch auf dem Wasser.

„fast“ dieselbe Sprache gesprochen, sei es niederländisch oder flämisch.

Der Wanderweg von Sluis an der ehemaligen Zwinmündung bis zum weißen Städtchen Thorn an der Maas bietet außer der spannenden kulturhistorischen Geschichte wunderschöne und sehr abwechslungsreiche Wanderlandschaften. So steht der erneuerte Grenslandpad denn auch für unbegrenzten Wandergenuss über eine Strecke, die, ungeachtet des Beschlusses von 1994, grenzenlos schön ist.

Grenslandpad von Sluis nach Thorn

Der erst kürzlich erweiterte und streckenweise neu ausgerichtete Grenzlandweg, eine sehr beliebte und populäre Wanderstrecke, bleibt fast auf der gesamten Länge in der Nähe der kurvenreichen Grenze zu Belgien und diverse Male überquert er sie auch.

Dieser Wanderweg ist besonders reizvoll durch die sich immerwährend verändernde Landschaft. Seeklima und unendlich weites Ackerland, Kanäle und kleinere schilfumsäumte Seen in Zeeuws-Vlaanderen werden in Zuid-Beveland abgelöst durch lang gezogene Pappeldeiche entlang der Schlickfelder im Deichvorland der Wester- und Oosterschelde. Der Brabanter Wall auf halbem Weg markiert deutlich die Grenze zwischen Kleie- und Sandboden. Typisch für Brabant ist auch der Wechsel zwischen schattigen Waldgebieten, sich krümmenden Bachläufen, Heidefeldern mit Hochmooren und agrikulturellen Enklaven. Gerade hier zeichnet sich der Weg durch die Ruhe und Stille der Landschaft fernab der großen Städte aus. Das Limburger Maastal ist ein schönes Schlusslicht dieser Route.

Um die landschaftliche Vielfalt zu zeigen, stellen wir hier die Teilstrecke Sluis–Goirle vor.

Die ersten 55 Kilometer führen durch Zeeuws-Vlaanderen. Bevor man sich in Sluis auf den Weg macht, sollte man vorher unbedingt Het Zwin besuchen. An dieser ehemaligen Mündungsstelle des Zwin sind die mächtigen Dünenreihen auf etwa 200 Meter Länge genau an der Grenze zwischen Belgien und

Wie verzaubert wirkt dieser herbstliche Wald bei Breda.

den Niederlanden unterbrochen, wodurch das Meer bei Flut unter imposantem Rauschen ungehindert in die tiefer liegende Ebene hereinfließt und das flache Becken füllt. Bei Ebbe läuft das Wasser ebenso schnell wieder ab hinaus ins Meer, ein Naturschauspiel der ganz besonderen Art. Mit etwas Glück findet man hier am Wasser die berühmten versteinerten Haifischzähne, die viele Millionen Jahre alt sind.

Het Zwin in Belgien ist außerdem ein einzigartiges Vogelschutzgebiet. Ein Besuch des dortigen Freiluftmuseums sei jedem Naturfreund ans Herz gelegt. Kurz hinter Het Zwin liegt das ehemalige Festungsstädtchen Sluis. Ab hier geht es an dem Kanal Damsche Vaart entlang, den Napoleon zwischen 1812 und 1814 durch spanische Kriegsgefangene graben ließ, um für Brügge eine neue Seeverbindung zu schaffen. Der Weg führt bald über einen ehemaligen Seedeich zum ersten Mal nach Belgien. Man folgt der Grenze im Zickzack bis zum schnurgeraden Leopoldkanal, einem Entwässerungskanal, bis hinter die belgische Ortschaft St. Laureins. Endlose Weizenfelder, grüne Polderwege, Ackerraine und der weite Himmel auf niederländischer Seite begleiten den Wanderer auf dieser ersten Etappe der Tour. Die belgische Landschaft ist schon hier durch den Kleieboden und die kleineren Parzellen deutlich anders.

Es geht durch die Polderlandschaft an einem großen Torfbaggersee vorbei, bis man wieder dem Leopoldkanal folgt; anschließend geht es am Isabellakanal entlang, der am Braakman-See endet. An diesem einstigen Meeresarm vorbei führt der Weg nach Terneuzen zur Bushaltestelle, wo man den Bus durch den Westerscheldetunnel nehmen muss.

Für Wanderer, die diese Route schon einmal gegangen sind: Der Verlauf des Grenzlandwegs wurde erst kürzlich geändert und neueren Gegebenheiten angepasst. Durch den Bau des Westerscheldetunnels (Fertigstellung 2003) ist der Fährdienst über die viel frequentierte Wasserstraße von Perkpolder nach Kruiningen seit März 2003 leider eingestellt worden. Nur in den Sommermonaten Juli–August gibt es von Perkpolder aus zwei alternative Fähren, die allerdings verschiedene Ziele anfahren. Das bedeutet, dass es an dieser Stelle keine Möglichkeiten mehr gibt, die Westerschelde auf der ehemaligen Route zu überqueren. Darum

Technische Meisterleistungen, um dem Meer Lebensraum abzugewinnen, sind den Holländer vertraut: hier die Sturmflutwehr Oosterschelde.

wurde ein neuer Wegverlauf ausgetüftelt. Die etwa 10 Kilometer lange Fahrt durch den Westerscheldetunnel dauert nur eine Viertelstunde. Man unterquert in 60 Metern Tiefe den neuen Kanal und befindet sich dann in Zuid-Beveland.

Man steigt auf der anderen Seite in s'Herenhoek aus und wandert durch den Engpass von Zuid-Beveland an langen Pappeldeichen und fruchtbarem Ackerland entlang über Nisse und s'Gravenpolder nach Kruiningen, um dort die alte Route wieder aufzunehmen.

Ab hier begleiten den Wanderer die riesigen Schiffe auf der Westerschelde, die noch ihren ursprünglichen Zugang zum Meer hat. Ihrem Ufer folgt man über Waarde, bis man nach Krabbendijke hinüberwechselt, das an der Oosterschelde liegt. Dieses Binnenmeer wurde durch einen riesigen Damm vom Meer abgetrennt und unterscheidet sich dadurch sehr von der Westerschelde, was seine Wasserqualität und somit den Lebensraum für Flora und Fauna betrifft. Hier werden die berühmten Miesmuscheln in riesigen Bänken gezüchtet.

Der Weg überquert bald den vielbefahrenen Rheinkanal (Rijnkanaal) und führt nach West-Brabant, an den Stadtrand von Bergen op Zoom, das im Mittelalter eine bedeutende Handelsstadt war und im Laufe der Geschichte durch die grenznahe Lage immer wieder vom jeweiligen Nachbarn erobert wurde. Durch diese nette kleine Stadt führt auch der GR 5 von Hoek van Holland nach Nizza.

Die typische Seekleielandschaft geht nun über in höher gelegenes sandiges, später sumpfiges Gebiet. Von Bergen op Zoom folgt man dem kanalisierten Lauf der Zoom bis in das wunderschöne Waldgebiet der Wouwse Plantage. Diese Anpflanzung auf ehemaligem Ödland entstand 1504 im Auftrag der Herren von Bergen op Zoom. Laubbäume und würzig duftende Kiefernwälder wechseln sich ab und der Weg führt an Landgütern vorbei, streift kurz wieder die Grenze und lenkt den Wanderer über Nispen nach Steenpaal. Der Name weist auf einen alten Grenzstein hin, der hier im 15. Jahrhundert stand. Heute steht an seiner Stelle Grenzpfahl Nr. 239.

Ab hier geht es durch waldreiches Land, das immer wieder abwechselt mit saftigen Weiden zum ersten größeren Heidegebiet, der Oude Buisse Heide. Man wandert durch kleine Kiefernwäldchen und an den typischen Mooren und Sumpfgebieten vorbei und genießt die Vielfalt der Heidepflanzen wie Erika, Sonnentau, Wollgras, Sumpfdotterblumen und den Reichtum an Moosen.

Nach der Oude Buisse Heide führt der Weg für viele Kilometer durch ehemaliges Sumpfgebiet, das durch zahllose kleinere Kanäle entwässert wird. Es geht durch Orte wie Moeren, dessen Name an die vielen Moore erinnert, in denen jahrhundertelang in mühevoller und körperlich harter Arbeit Torf gestochen wurde.

Zu einem interessanten Abstecher verlockt der kleine Ort Zundert. Hier wurde 1853 Vincent van Gogh geboren und seine frühen Bilder erinnern stark an das herbe Bauernleben dieser Landschaft. Van Gogh hat die Impressionen aus seiner Heimat im Bild festgehalten, die Menschen seiner Jugendzeit in dunklen Brauntönen und düsteren Strichen gemalt. Ein kleines van-Gogh-Museum ist ihm gewidmet.

Die nächsten 53 Kilometer ab Rijsbergen führen durch die Baronie von Breda, im Mittelalter ein Lehnsgut des Herzogtums Brabant. Hier wurde im 20. Jahrhundert Buchennutzwald angepflanzt, der immer wieder von Bachläufen durchzogen wird. Nach dem See Galderse Meren und der Ortschaft Galder berührt der Weg bei Grenzpfahl 218 für kurze Zeit wieder die Grenze, bevor er in die wunderschöne Strijbeekse Heide wechselt, die von überaus vielen Vennen durchzogen ist. Diese Heidelandschaft wird bald darauf wieder von einem ausgedehnten riesigen Waldgebiet abgelöst, dem Chaamsche Bos, der am Städtchen Chaam vorbeiführt bis nach Alphen.

Im Tal der Maas verläuft das letzte Stück des Grenzlandweges, bevor er Thorn erreicht.

Von hier aus kann man einen Abstecher machen zu einer weiteren Besonderheit dieser Grenze, nach Baarle-Nassau und Barle-Hertog, zwei belgischen Enklaven, die hier dicht nebeneinander auf niederländischem Boden liegen. Wollte man einen Brief von der einen Gemeinde zur anderen schicken, so würde dieser erst über Brüssel geleitet werden müssen. Es sind Gemeinden, die sich standhaft weigerten, Holland zugerechnet zu werden.

Nach Alphen geht es an einem weiteren Landgut vorbei, bis man erneut die Grenze erreicht. Hier steht bei Pfahl Nr. 211 eine typische alte Grenzkirche, die nach der Reformation 1650 als Notkirche durch Tilburger Katholiken auf damals spanischem Territorium genau auf der Grenze errichtet wurde, um seinerzeit den Katholiken beider Länder eine gemeinsame Gemeinde zu ermöglichen. Hier verlässt man den Grenzpfad bei Goirle, von wo aus man mit Bus und Auto weiterfahren kann.

Der restliche Verlauf des Grenslandpads bis ins Maastal nach Thorn führt durch weitere wunderschöne Heide-, Wald- und Ackerlandschaften. Spätestens in Thorn öffnen sich für den Wanderer die Tore in die ‚Holländische Schweiz'.

Die weiteren Etappen auf dem Grenslandpad:

Kempen 91 Kilometer: Poppelse Dijk – Belevense Heide – Reusel – Bladelse Heide – Steensel – Malpie – Achselse Kluis

Limburg 55 Kilometer: Kasteel van Beeverbeek – Hamont – Laurabossen – Stramproy – Heioord – Thorn

Das Wichtigste auf einen Blick

Die Tour: durchweg leichte Wanderung

Länge: Die hier beschriebene Tour umfasst ca. 217 km

Dauer: 10–12 Tage. Die Strecke kann man das ganze Jahr über in beliebigen Etappen wandern.

Wegmarkierungen: An Pfählen, Bäumen, Hecken etc. sind rot-weiße Farbmarkierungen angebracht, entlang der Grenze stehen hohe, nummerierte Grenzpfähle.

Ausrüstung: gutes, wasserdichtes Schuhwerk, streckenweise sind Gummistiefel zu empfehlen; wind- und wasserabweisende Kleidung, evtl. Regencape und Regenschirm gegen ergiebige Regengüsse

Versorgungsmöglichkeiten: Nicht überall auf der Strecke kann man sich gut unterwegs versorgen, daher etwas Proviant für Tagesetappen mitnehmen.

Unterbringungsmöglichkeiten: Die Schilder mit Aufschrift „Kamer te huur", wo preiswerte Übernachtungen mit Frühstück angeboten werden, sind hier nicht so häufig anzutreffen. Es gibt nur einige Campingplätze entlang der Strecke. Einkehrmöglichkeiten in Pensionen sollten deshalb bei den örtlichen VVV-Büros erfragt werden.

Kontakte: Stichting LAW, PO Box 846, NL-3800 Amersfoort, Tel.: +31 (0)33-4653660, www.wandelen.nl, slaw@wandelnet.nl

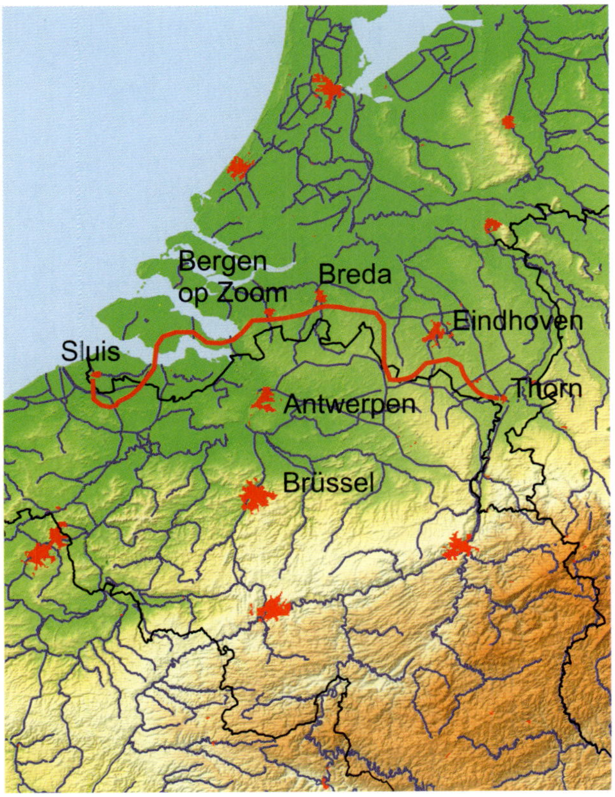

Morgenstimmung liegt über dem ländlichen Süd-Limburg.

Das Gesicht immer im Wind

Hollands Küstenpfad

Der internationale North Sea Trail (NST = Nordseeküstenweg) ist ein Wanderweg entlang der gesamten Nordseeküste. Lokale Organisationen von Deutschland bis Norwegen und von Dänemark bis England sind für dieses Projekt Partnerschaften eingegangen. So wurden gemeinsam neue Wanderwege längs der Küste entwickelt und bestehende Küstenwege zu einem Netzwerk von Wanderrouten zusammengestellt.

Seit September 2005 ist auch der niederländische Küstenweg (u.a. Teil des Europäischen Küstenwegs E9) offiziell Teilabschnitt des NST. Der Nederlandse Kustpad (LAW 5) verbindet so fünf altbekannte Wanderwege zum längsten Fernwanderweg des ganzen Landes (725 Kilometer). Er beginnt an der deutschen Grenze in Nieuweschans im Norden und endet an der belgischen Grenze in Sluis im Süden. Er ist folgendermaßen unterteilt:

Leuchtturm in Egmond

Wad- en Wierdenpad (Wattwanderweg LAW 5-5): 188 Kilometer von Nieuweschans nach Lauwersoog. Besonderheiten: Wattlandschaften, Aufzuchtstation für mutterlose Seehunde in Pieterburen, über Kilometer Kartoffel- und Kohlfelder entlang der Küste, Fährverbindungen zu den niederländischen Inseln.

Friese Kustpad (Friesischer Küstenweg LAW 5-4): 152 Kilometer von Lauwersoog nach Stavoren. Besonderheiten: Deiche, Deiche und immer wieder Deiche; unzählige Windmühlen, Dörfer und Bauernhöfe; Weidezäune, die man manchmal übersteigen muss, vorbei an Schafen und Kühen; Fährverbindungen zu den niederländischen Inseln.

Duin- en Polderpad (Dünen- und Polderweg LAW 5-3): 111 Kilometer bzw. 131 Kilometer von Den Helder (bzw. Den Oever) nach Haarlem. Besonderheiten: der 30 Kilometer lange Abschlussdamm am Ijsselmeer, hohe Dünen, Polderlandschaft, endlose Blumenfelder.

Visserspad (Fischerweg LAW 5-2): 102 Kilometer von Haarlem nach Hoek van Holland. Besonderheiten: Fischerorte, Scheveningen und Den Haag, Dünen, Wind, Überseehafen von Hoek van Holland.

Deltapad (Deltaweg LAW 5-1): 172 Kilometer von Hoek van Holland nach Sluis. Besonderheiten: Dünen, Deiche und besonders die Bauwerke der Dämme über das Maas-Rhein-Schelde-Delta, fruchtbares Hinterland, Fährverbindung von Vlissingen nach Breskens, Haifischzähne von Cadzand.

Strand, Dünen und Meer prägen das Bild auf den Kustpad-Wanderungen.

Der Holländische Küstenweg
(Hollandse Kustpad LAW 5/2+3)

Vorgestellt werden soll hier der Teil des Küstenwegs, der durch das eigentliche Holland, die Provinzen Nord- und Süd-Holland, von Den Helder nach Hoek van Holland führt. Er vereinigt den Duin- en Polderpad und den Visserspad und ist 213 Kilometer lang.

Fälschlicherweise bezeichnet man gerne das gesamte Gebiet der Niederlande als Holland, aber nur hier ist es wirklich gerechtfertigt. Im Etappenziel Haarlem soll angeblich sogar das beste Holländisch gesprochen werden.

Jahrhundertelang war das Meer bedrohlich für die Niederländer, weshalb sie auch wie keine andere Nation Meister des Deich- und Dammbaus geworden sind. Entlang der gesamten Küste wird der Wanderer immer wieder Zeuge dieser Baukunst. Bewehrungen, mächtige Dämme, befestigte Küstenstreifen, Piere und Poller zeugen von der Abschirmung gegen die See. Unermüdlich und unentwegt aufs Neue werden die Dünen und Deiche betreut und gepflegt, ausgebessert und erneuert. Aber die Urgewalt des Meeres ist auf dieser Wanderung allgegenwärtig.

Wandern auf der Grenze zwischen Land und Meer auf vornehmlich natürlichen Wegen ist überaus spannend und abenteuerlich. Ob weithin sichtbare Leuchttürme, Windmühlen, endlose Reihen von Blumenfeldern auf den Poldern, Tulpen in allen nur denkbaren Farben, Weizen- und Kartoffelfelder und immer wieder Schafe und Kühe. Ob Einheimische mit

Feiner Sandstrand zieht sich bei Zaandvort über etliche Kilometer hin.

Trachten und Klompen, auf hohen schwarzen Fahrrädern oder der Duft von Käse, gebackenem Fisch und leckeren Fritten – alle Klischees, die weltweit bekannt sind, trifft man auf diesem Weg: Holland wie im Bilderbuch.

Die Route führt durch eine ganze Anzahl herrlicher Dünengebiete, worunter Meijendel und das Dünenreservat Nord-Hollands gehören. Blendendweiße, mächtige Dünenkronen wechseln ab mit feuchten Senken; dichtes Gestrüpp und harzduftende Kiefernwäldchen säumen den Weg. Einige Male führt der Weg am Strand entlang, wie bei Monster und Egmond oder bei den Seebädern Kijkduin und Nordwijk, wo Leuchttürme und Schiffe dem Wanderer ein unverfälschtes Küstengefühl vermitteln.

Aber die holländische Küste hat mehr zu bieten als Dünen und Strand. Am Dünenrand liegen reizvolle Landhäuser, blitzblanke Dörfchen und Badeorte mit Kurpromenaden, stimmungsvolle kleine Fischerorte laden ein. Auch das historische Stadtzentrum Haarlems oder Den Haag, der imposante Regierungssitz des Landes, sind sehenswert. So ist kein Wandertag wie der andere. Der ewige Wechsel der Gezeiten, salzige Meeresluft, Wind in den Haaren, knirschender Sand unter den Schuhen, Regenschauer, gleißende Sonne, Möwengekreisch, das Geräusch der brechenden Wellen: Das alles ist Wellness pur für den naturverbundenen Wanderfreund. Auf den weißen Kronen der gewaltigen Dünen einherzuschreiten, auf der einen Seite den weiten Strand, auf der anderen die fruchtbare Landschaft Hollands, unter einem Himmel, der oft von gewaltigen Wolkenbergen beherrscht wird, ist eine Gratwanderung der besonders genussvollen Art.

Um es vorweg zu sagen: Der holländische Küstenweg ist besonders schön in der Vor- und Nachsaison, wenn nicht Heerscharen von Joggern, Radfahrern und Badegästen die Küste bevölkern! Durchweg geht es auf Muschel-, Sand- oder Graspfaden durch die Dünen, und zum Teil müssen ordentliche Steigungen erklommen werden. Die Dünen stehen unter Naturschutz und es ist strengstens untersagt, den vorgegebenen Weg zu verlassen oder über die Einzäunungen zu klettern, auch wenn die schönsten Blumen oder Brombeeren dahinter locken sollten. Wichtig ist, dass der Sand nicht verweht wird.

Wer gerne mit Hund wandert, muss an bestimmten Stellen gar mit Umwegen rechnen, da in der Brutsaison einige Gebiete in den Naturreservaten für Hunde verboten sind.

Ausgangspunkt der Wanderung ist Den Helder, dessen Lage über Jahrhunderte von großer strategischer Bedeutung war, fuhren doch sämtliche Schiffe (auch die berüchtigten Sklavenschiffe) der ehemaligen Ostindien-Kompagnie (VOC) nach Amsterdam hier vorbei. Im Marinemuseum der Stadt erfährt man einiges über diese bewegte Zeit. Noch heute ist Den Helder ein bedeutender Marinehafen.

Wahlweise kann man die Tour aber auch in Den Oever starten am Abschlussdeich zum Ijsselmeer. Beide Wanderrouten vereinigen sich bei Callantsoog und es geht durch atemberaubendes Dünengebiet bis Petten, wo man die enorme Hondsbossche Deichbefestigung bewundern kann.

Die Strecke bis Camperduin und Schoorl ist landschaftlich wieder besonders reizvoll bis nach Bergen aan Zee, das genau wie Egmond aan Zee ein beliebter Ferienort ist. Von hier aus lohnt ein Abstecher nach Alkmaar zum Käse- und Biermuseum und natürlich dem legendären Käsemarkt, der im Sommer immer freitags stattfindet.

Nach Egmond geht der Weg wieder tief hinein in Dünen- und Waldgebiet, bis nach Castricum. Von hier ist es nicht weit bis nach Velsen, wo bei dem großen Seehafen Ijmuiden der Nordseekanal mündet, der Amsterdam mit dem Meer verbindet und auf dem reger Schiffsverkehr herrscht. Der Holländische Küstenweg führt über eine Brücke, man kann aber wahlweise auch mit der Fähre übersetzen.

Alsbald erreicht man das Gebiet der Kennemerdünen, das durch seine abwechslungsreiche Landschaft und die große Vielfalt an Flora und Fauna eines der allerschönsten seiner Art ist und nicht umsonst den Status Nationalpark bekommen hat. Am Ende dieser uralten Dünenlandschaft liegt Haarlem, eine nette alte Binnenstadt, die mit ihren malerischen Brücken und Gassen schon den

Vor allem freitags lohnt ein Abstecher nach Alkmaar. Dann findet dort der berühmte Käsemarkt statt.

Frans-Hals-Museum in Haarlem

berühmten niederländischen Maler Frans Hals inspirierte, wovon man sich im gleichnamigen Museum überzeugen kann. Auch die spätgotische Kreuzkirche St. Bavokerk ist sehenswert.

Der Wanderweg streift das exklusive Seebad Zandvoort, das durch seine Autorennstrecke (Der Große Preis von Holland) berühmt ist, und bald gelangt man in die Amsterdamer Waterleidingdünen, ein riesiges waldreiches Gebiet, das für die Trinkwassergewinnung der Hauptstadt von Bedeutung ist und von hunderten kleiner Kanäle durchzogen wird. Der Weg führt nun weiter durch die Dünen auf und ab durch Hollands Blumen(zwiebel)paradies. Endlose Tulpen-, Hyazinthen- und Narzissenfelder betören die Sinne. Unbedingt sollte man auch einen Abstecher zu dem wogenden, farbenfrohen Meer aus bunten Blumen im berühmten Keukenhof machen. Im Frühling öffnet das 32 Hektar große Blumenparadies seine Pforten und erfreut seine Besucher mit Millionen verschiedenster Blüten.

Nach einem Spaziergang durch den Keukenhof führt der Wanderweg weiter bis nach Nordwijk mit seinen riesigen betonierten Promenaden. Von hier geht es dann wieder am Meer entlang durch die Coepeldünen bis nach Katwijk, wo der Pfad die Küste erneut verlässt. Er schlängelt sich auf und ab durch dieses wunderschöne Stück Natur der Oosterdünen und das 6 Kilometer lange Naturschutzgebiet der Dünen von Meijendal, die zum Teil 7 000 Jahre auf dem Buckel haben und aus deren Tälern ein Teil des Trinkwassers für Den Haag gewonnen wird.

Durch den Haager Wald erreicht man Den Haag, den Regierungssitz der Niederlande. Hier kann man den Königlichen Palast, das alte Rathaus und den Friedenspalast besichtigen, bevor man einen Abstecher an die See macht nach Scheveningen, dessen Promenade und Kurhaus weltbekannt sind.

Danach geht es durch das geschützte Gebiet der Westdünen mit herrlichen wilden Blumen, Pflanzen und zahlreichen Vogelarten. Die bis zu 30 Meter hohen Loosdünen, die letzten steilen Dünen auf dieser Wanderung, führen hinter Kijkduin durch Westland, wo schier unendliche Gewächshausreihen bis an den Dünenrand reichen. Hier wachsen die berühmten holländischen Gurken und Tomaten, und man wandert entlang einer unvorstellbaren Anzahl dieser glitzernden Treibhauskästen, die die Holländer die ‚gläserne Stadt' nennen.

Nach der *glazen stad* erreicht man Ter Heide und über s'Gravenszande bald das Ziel der Wanderung, den Strand und den Pier von Hoek van Holland, wo man auf dem Emma-Boulevard von Ozeanriesen begleitet wird. Hier starten auch die großen Fähren nach England. In Hoek van Holland, das heimlich auch ‚Rotterdam aan Zee' genannt wird, mündet der Calandkanal, der Rotterdam mit dem Meer verbindet und deshalb liegt hier auch Europoort als Teil des Rotterdamer Seehafens, einer der größten Häfen der Welt.

Farbenpracht im Keukenhof

Das Wichtigste auf einen Blick

Die Tour: durchweg leichte Wanderetappen

Länge: 213 km

Dauer: 10–14 Tage

Wegmarkierungen: gut ausgeschildert durch rot-weiße Markierungen, daneben ergänzend mit dem North Sea Trail Logo, Wanderführer LAW 5-2 und LAW 5-3

Ausrüstung: auf jeden Fall gutes, wasserdichtes Schuhwerk, wind- und wasserabweisende Kleidung, je nach Witterung ist der so genannte Friesennerz zu empfehlen oder Regenschirm und Cape für ergiebige Regengüsse, Kopfbedeckung, wasserdichter Rucksack

Versorgungsmöglichkeiten: Auf der gesamten Strecke kann man sich gut versorgen, da es in fast jedem Ort Cafés, Strandpavillons und Imbissbuden gibt.

Unterbringungsmöglichkeiten: Wie überall in den Niederlanden findet man allerorten Pensionen, Hotels und Schilder mit der Aufschrift „Kamer te huur", die preiswerte Übernachtung mit Frühstück anbieten. Auch gibt es zahlreiche Campingplätze entlang der Strecke.

Hinweise: Das Wetter kann zuweilen Kapriolen schlagen, man muss dann mit einer steifen Brise vom Meer und heftigem Regen rechnen. Beachten Sie daher die Wettervorhersage.

Kontakte: Für Informationen über organisierte Wanderveranstaltungen (sehr beliebt in den Niederlanden) und ausgearbeitete Routen wende man sich an die örtlichen VVV-Büros oder an den niederländischen Wandersportbund:
Nederlandse Wandelsport-Bond, Pieterskerkhof 22, NL-3512 JS Utrecht, Tel.: +31 (0)30-2319458, info@nwb-wandelen.nl
Stichting LAW, PO Box 846, NL-3800 Amersfoort, Tel.: +31 (0)33-4653660, slaw@wandelnet.nl, www.wandelen.nl

Rund um die Zuiderzee

Auf dem Zuiderzeepad

„Gott schuf Himmel und Erde, die Niederländer schufen Holland.“ Dieses Sprichwort wird verständlich im Norden der Niederlande, wo früher die Zuidersee, mit der offenen Nordsee verbunden, immer wieder das Land überschwemmte. Da sie aber die wichtigste Seeverbindung für die Handelsschiffe nach Amsterdam war, wurden erst im 17. Jahrhundert Pläne zur partiellen Trockenlegung entwickelt. 1927 begann man dann mit der systematischen Eindeichung und Entwässerung und so entstand das heutige Ijsselmeer, das durch einen 30 Kilometer langen Abschlussdamm von der Nordsee abgetrennt ist (auf Niederländisch heißt meer – See und zee – Meer).

Nach und nach wurden vier Polder angelegt, von denen einige 6 Meter unter dem Meeresspiegel liegen. Auf diese Weise entstanden neue Wohngebiete und Ackerland und so wurde aus dem sturmgepeitschten wilden Meer im Laufe der Zeit ein friedlicher flacher Süßwassersee, das größte Wassersportgebiet der Niederlande.

Kinder auf Stelzen in traditioneller holländischer Tracht in Enkhuizen

Rund um das Ijsselmeer führt ein abwechslungsreicher und interessanter Fernwanderweg von insgesamt 400 Kilomtern Länge, der zum großen Teil noch dem alten Küstenverlauf folgt: Der Zuiderzeepad (LAW 8) von Enkhuizen über Amsterdam und Kampen nach Stavoren. Diese Wanderung rund um das nasse Herz der Niederlande herum führt durch berühmte Fischerorte und Städte mit ganz eigenem Flair. Hansestädte wie Kampen und Elburg, Amsterdam, der Duft von geräuchertem Fisch in Volendam oder von leckerem Käse in Edam, ehemalige Festungen wie Sloten und Bauerndörfer wie Blaricum sind wichtige Stationen auf diesem Wanderweg.

Der Zuiderzeepad führt kilometerweit über Grasdeiche an weidenden Schafen und Kühen vorbei. Alte Wasserhebewerke und Pumpen erinnern immer wieder an den Kampf des Menschen mit der See. Der Pfad schlängelt sich des Öfteren von der Küste weg durch verschiedene Landschaftsformen wie die Heide und Dünen von het Gooi, das fruchtbare Ackerland der Gelderse Vallei mit Weizen- und Tulpenfeldern, das Waldgebiet von Veluwe oder die friesische Seenplatte. Neben dem großen Ijsselmeer, das besonders durch den Wassersport bekannt ist, begleiten Sie auf dem ganzen Weg glitzernde Wasserflächen wie die Ijssel, die vielen Seen und Kanäle in Weerribben und Friesland. Und immer erkennt man den Verlauf der alten Küste.

Mühsam wird seit Jahrhunderten durch Polder und Deiche dem Meer Land abgerungen.

Foto oben und unten: Einen guten und unterhaltsamen Einblick in das traditionelle Handwerk und die Fischerei erhält man im Museum von Enkhuizen.

In Enkhuizen sollte man vor Beginn der Wanderung dem Zuiderzeemuseum einen Besuch abstatten, um sich schon innerlich auf eine Zeitreise in die Vergangenheit der Zuiderzee vorzubereiten, ist doch der gesamte Wanderweg von der Geschichte dieser Landgewinnung geprägt. Ab diesem hübschen Städtchen führt der Weg auch gleich auf den Ijsselmeerdeich, den man fast bis Amsterdam nicht mehr verlässt. Es geht vorbei an Denkmälern und Monumenten, die an die letzten großen Deichbrüche und Überschwemmungen erinnern, und immer wieder an Muschelbänken, bestehend aus abgestorbenen Salzwasser-Schalentieren, die nach 70 Jahren immer noch angespült werden.

So erreicht man wandernd Fort Edam, Teil der alten Befestigungsanlage Amsterdam, und schließlich Edam, das jahrhundertelang eine bedeutende blühende Hafenstadt mit internationaler Schifffahrt und Fischerei war. Heute ist der Edamer Käse weltweit bekannt und ein Besuch auf dem traditionsreichen Käsemarkt ist ein absolutes Muss.

Von hier folgt man dem Zuidpolder-Zeedijk auf Graswegen, an Schafherden vorbei, die frische Brise des Seewassers in der Nase bis nach Volendam, wo man den leckeren Ijsselmeer-Räucheraal genießen kann, bevor es weitergeht über Monnickendam, Uitdam und Durgerdam. Die Namen der Dörfer erinnern an den einstmals lebenswichtigen Damm zwischen Land und Wasser.

In Amsterdam angekommen, kann man zwar bequem dem gut ausgeschilderten Wanderweg durch die Stadt folgen, doch es gibt eine reizvolle Alternative, um diese prachtvolle Hansestadt zu besichtigen. Wer eine eindrucksvolle Grachtenrundfahrt im Sitzen genießen möchte, kann auf eins der Panoramaboote umsteigen, um die Füße hoch zu legen und so die beeindruckende Kulisse aus der goldenen Ära der Stadt an sich vorbeiziehen zu lassen.

Nach Amsterdam folgen Fischerdörfer und Jachthäfen wie Muiden und Naarden, wo der

Pfad die Zuiderzee verlässt und durch das Heide- und Dünengebiet het Goi führt, bevor man das nette Dörfchen Blaricum erreicht, das aus vielen kleinen Bauernhöfen besteht.

In dem Fischerdorf Spakenburg, wo man das Ijsselmeer wiedersieht, kann man im Hafen noch restaurierte alte Fischerboote bewundern. Bald aber verlässt der Zuiderzeepad wieder die Küste und führt für etwa 70 Kilometer landeinwärts durch das Tal der Gelderse Vallei bis zu dem großen Veluwe-Naturpark, einem zum Teil unberührten Landstrich mit Wäldchen und üppiger Flora und Fauna. Erst bei Elburg sieht man die Küste wieder, die hier das Veluwemeer bildet. Weit schweift der Blick über ein Land, das es vor 70 Jahren noch nicht gegeben hat. Flach wie Teller liegen die Polder von Flevoland vor dem Wanderer.

Das nächste größere Etappenziel ist Kampen, seit dem 15. Jahrhundert Hansestadt, wo

Hier legt man gerne eine Rast ein: ein malerischer Winkel in Enkhuizen.

zahlreiche mittelalterliche Bauten sehenswert sind. Bis ins frühe 20. Jahrhundert wurde hier Tabak verarbeitet. Der Wanderer überquert auf der alten Brücke die Ijssel, die bei Kampen über das Ketelmeer ins Ijsselmeer mündet, das ihr den Namen verdankt.

Teilweise am Ketelmeer und Zwarte Meer entlang geht es auf den Nordostpolder nach Vollenhove und ab hier wandert man über Marsch- und Geestland bis zum Nationalpark de Weerribben, der von unzähligen kleinen, wie mit dem Lineal gezogenen Kanälen und Prielen durchzogen ist. Hier wurde früher Torf gestochen, wodurch viele neue Wasserstellen entstanden sind. Etliche Wasservogelarten tummeln sich auf diesem Stück des Weges, auf dem man bald die friesische Seenplatte erreicht. Von hier geht es durch Gaasterland bis zur Küste nach Stavoren, wo sich der Kreis schließt.

Auch Stavoren ist ein typisches Zuiderzee-Städtchen mit reicher Vergangenheit. Von hier gibt es Zugverbindungen nach Amsterdam und eine Fährverbindung zum Ausgangspunkt der Tour, nach Enkhuizen, das man bei schönem Wetter mit bloßem Auge sehen kann. Die Fähre verkehrt ab Mitte April bis Oktober, das letzte Boot abends geht um 18.15 Uhr. Allein die eineinhalbstündige Überfahrt über das Ijsselmeer ist ein Erlebnis und das i-Tüpfelchen einer abwechslungsreichen Wanderung.

Vom Land aufs Wasser: eine Fahrt auf den Grachten Amsterdams ist ein fantastischer Abschluss eines Wandertages.

Deiche und Windmühlen – Sinnbilder der Landgewinnung

Das Wichtigste auf einen Blick

Die Tour: durchweg einfache Wanderetappen ohne besondere Herausforderungen

Länge: 400 km

Dauer: ca. 3–4 Wochen. Die Strecke kann jedoch das ganze Jahr über in beliebigen Etappen gewandert werden.

Wegmarkierungen: gut ausgeschildert durch rot-weiße Markierungen

Ausrüstung: auf jeden Fall gutes, wasserdichtes Schuhwerk, Wind und Wasser abweisende Kleidung, evtl. Regenschirm und Cape für überraschende Regengüsse, Kopfbedeckung, wasserdichter Rucksack, im Sommer Sonnenschutz, Badekleidung

Versorgungsmöglichkeiten: Auf der gesamten Strecke kann man sich gut selbst versorgen, da es in fast jedem Ort Cafés und Imbissbuden gibt.

Unterbringungsmöglichkeiten: Allerorten findet man Pensionen und Schilder mit „Kamer te huur", die preiswerte Übernachtungmöglichkeiten bieten. Es gibt aber auch einige Campingplätze entlang der Strecke.

Hinweise: Das Wetter kann zuweilen Kapriolen schlagen, man muss mit plötzlich auftretenden steifen Brisen und heftigem Regen rechnen. Informationen über Wanderveranstaltungen und ausgearbeitete Routen erhält man bei den örtlichen VVV-Büros oder beim niederländischen Wandersportbund.

Kontakte: Stichting LAW, PO Box 846, NL-3800 Amersfoort, Tel.: +31 (0)33-4653660, slaw@wandelnet.nl, www.wandelen.nl
Nederlandse Wandelsport-Bond, Pieterskerkhof 22, NL-3512 JS Utrecht, Tel.: +31 (0)30-2319458, info@nwb-wandelen.nl

Hollands Pilgertradition

Auf dem Pelgrimspad

Der Pelgrimspad (LAW 7) ist ein Fernwanderweg von Amsterdam nach Visé in Belgien. Der früheste Vorläufer war wohl der Internationale Wanderweg zwischen s'Hertogenbosch (auch Den Bosch genannt) und Luxemburg mit Anschluss an die Vogesen. Der heutige Pilgerweg nimmt größtenteils denselben Verlauf. Er ist ca. 470 Kilometer lang.

Der erste Teil des Pelgrimspad (ca. 200 Kilometer) führt von Amsterdam aus durch das ‚grüne Herz' der Niederlande und die alte Polderlandschaft der vielen Kanäle und großen Flüsse wie Niederrhein, Waal und Maas bis nach Den Bosch.

Teil zwei des Pelgrimspad (ca. 270 Kilometer) ist die Pilgerroute von Den Bosch nach Visé, die dort an den Pilgerweg nach Süden Richtung Santiago di Compostela im Nordwesten Spaniens anschließt (GR 5). Er ist somit Teil der Jakobswege und als Europäischer Kulturweg anerkannt.

Der Pelgrimspad führt auch durch die wunderschöne Landschaft Limburgs.

Dieser zweite Teil soll hier vorgestellt werden: Er ist darum so reizvoll, weil er, abgesehen von seinen spirituellen Sehenswürdigkeiten wie Kirchen, Kapellen und Wegkreuzen landschaftlich besonders schön ist. Er führt durch sich ständig abwechselnde Heide- und Moorgebiete, durch Flussgebiete und ehemalige Sumpflandschaften, die durch Priele und kleine Grachten im Laufe der Jahrhunderte trocken gelegt wurden. Im letzten Jahrhundert wurde auf diesem Streckenabschnitt noch vielerorts Torf gestochen. Heute wechselt sich Weideland mit kleinen Wäldern, Wiesen und Heideland ab, von Sandwegen kann es schnell in morastige Senken gehen, Flora und Fauna entschädigen für einige sich lang hinziehende Wegstrecken. Die Route endet im hügeligen Gebiet von Limburg, dem Wanderparadies der Niederlande.

Von Den Bosch nach Visé

s'Hertogenbosch ist die Hauptstadt der Provinz Brabant. Sehenswert ist die spätgotische Kathedrale Sint Jan mit ihren dämonischen Steinfiguren, die aussehen, als seien sie einem Gemälde des Hieronymus Bosch entsprungen, der ein berühmter Sohn der Stadt war. Diese Kirche ist dem Evangelisten Johannes geweiht und für viele Pilger ist sie Ausgangspunkt einer Wallfahrt.

Zu Beginn teilt man den Weg bis nach Vught, wie so oft in den Niederlanden, mit Joggern und Fahrradfahrern, doch dann geht es durch Wäldchen und über Holperpfade an kleinen Höfen und Weiden mit Kühen, Schafen und Pferden vorbei bis nach Haaren, wo das 700 Jahre alte Schlösschen Kasteel Nemelaer eine Besichtigung wert ist. Von hier aus folgt man weiter den weiß-roten Farbstreifen

Imposant ragt die berühmte Kathedrale Sint Jan in s'Hertogenbosch aus dem Stadtbild empor.

auf Pfählen, Bäumen und Hecken durch die Heidelandschaft De Kampina bei Oisterwijk, die besonders reizvoll im August ist, wenn die Heide blüht und sich Wollgras und Sumpfdotterblumen im Wind wiegen. Die Heide geht über in das Flussgebiet der Beerze. Man folgt deren Mäanderlauf bis zum Dörfchen Spoordonk, wo ein Wegweiser zur Heiligen Eiche, einem alten Wallfahrtsort, lockt. Die Eiche steht zwar nicht mehr, aber an ihrer Stelle kann man eine hübsche Marienkapelle besichtigen. Auch die Theresiakapelle weiter unterhalb des Flusslaufes lädt zur Rast ein. Ab Middelbeers geht es wieder durch wunderschöne Moor- und Heidegebiete, die Landschotse Heide, bis nach Vessem, wo der Hof Karfanaum liegt. Dieser Hof geht auf eine Initiative von Bruder Fons van de Laan, einem Santiago-Pilger, zurück – alle Pilger und Wanderer sind hier herzlich willkommen. Besonders schön an diesem Treffpunkt ist der Garten des Gehöfts, der Ruhe und Besinnlichkeit ausstrahlt und zu stiller Einkehr einlädt.

Bis nach Halfmijl wandert man durch waldreiche Stückchen, durch die Städtchen Knegsel und Steensel, auf Heide- und Sandwegen nach Broekhoven und wieder durch kleinere Gehölze bis nach Valkenswaard. Dann geht es durch das Flussgebiet der Dommel, ein wunderschöner Landstrich von Brabant, bis nach Heeze, wo eine Besichtigung des Kastells aus dem 17. Jahrhundert lohnt. Bald darauf geht es auf teilweise morastigen Wegen durch die Strabrechtser Heide, ein herrliches Moorgebiet. Bei Beuven sollte man sich eine Rast gönnen, um die dortige Vogelwarte zu besuchen.

Witvenn (*Venn* bedeutet Moor), die Somerensche Heide mit dem Keelvenn, Maarheze und die Hugterheide sind weitere Stationen auf dem Weg bis zu den Überbleibseln der ehemaligen Grenzkirche, die heute eine Freiluftkirche ist. Von dort wandert man durch den Weerterwald bis Wildenberg und erblickt bald einen kleinen Baggersee, den Ijseren Man, nahe Weert in der Provinz Limburg.

Auf der Route wechseln sich dann wieder Wäldchen, Wiesen, Weiden und Felder ab bis nach Hunsel, das durch eine weitere Pilgerstation bekannt ist, die Jacobuskirche. Weiter führt der Pilgerweg Richtung Ittervoort zum Napoleonsweg, dann ein Stückchen auf der Jacobusstraat entlang, einem Teil der alten Pilgerroute bis zum weißen Städtchen Thorn. Über Ophoven erreicht man die mäandernde Maas bis nach Leeuwerik und Maaseik mit seinem schönem Marktplatz. Von dort ist es nicht weit bis zur Schleuse über den Julianakanal und durch weitere Dörfchen, Felder und Äcker geht es zum Limbrichter Bos, wo sich der bekannte Pieterpad (von Pieterburen nach St. Pietersberg) mit dem Pelgrimspad vereint. Erst in Spaubeek trennen sich die Wege wieder und über Sittard wandert man nach Windraak, das für seinen Heimatgarten bekannt ist.

Von da führen bequeme Wegstücke bis Nuth, an einem schönen Wegkreuz vorbei über den Biesenweg nach Brommelen bis Voerendal und von hier aus geht es dann erstmals bergauf auf den Kunderberg mit herrlicher Aussicht auf das Naturschutzgebiet. Auf dem höchsten Punkt des Ubachberges passiert man eins der wenigen Weingüter Limburgs, das Gut Fromberg. Weiter ansteigend geht es durch die Vrouwenheide mit prächtiger Aussicht, durch die Eyserheide und von da durch ein herrliches Stück Süd-Limburg. Im Eyserwald hat man einen eindrucksvollen Blick über das Dreiländereck Deutschland-Belgien-Niederlande.

Bald kommt die Wassermühle von Wylre in Sicht, das bekannt ist für seine Bierbrauerei. Längs der Geul, einem weiteren mäandernden Flüsschen, geht es nach Keutenberg, von wo es nicht mehr weit ist bis zu einer Einsiedlerkapelle. Am romantischen Wasserschlösschen Burg Schaloen Richtung Het Gerendal bis Scheulder führt der Weg durch weites Natur-

Kanäle, Flüsse und Bäche prägen das Bild auf dem Pelgrimspad.

schutzgebiet bis Margraten und zum Schiepersberg, wo ein schönes Wegkreuz zum Innehalten einlädt.

Cadier en Keer und Gronsveld sind letzte Stationen auf dem holländischen Pilgerweg und im Savelsbos hat man einen letzten schönen Blick auf das Maastal. Nach Mesch geht es dann Richtung Belgien, wo man am Grenzpfahl 36 die Grenze überschreitet und bald darauf Visé erreicht. Bis nach Santiago di Compostela sind es nun „nur" noch 2300 Kilometer!

Das Wichtigste auf einen Blick

Die Tour: einfache Wanderung auf meist gut zu gehenden Wegen und Pfaden, allerdings je nach Wetter auch mal mit einigen feuchten und morastigen Stellen

Länge: 267 km

Dauer: 12–16 Tage. Die Strecke kann das ganze Jahr über in beliebigen Etappen gewandert werden. Alle Etappenziele sind mit Bus, Bahn oder Auto zu erreichen.

Wegmarkierungen: An Pfählen, Bäumen, Hecken etc. sind rot-weiße Farbmarkierungen angebracht.

Ausrüstung: auf jeden Fall gutes, wasserdichtes Schuhwerk, streckenweise sind sogar Gummistiefel zu empfehlen, wind- und wasserabweisende Kleidung, evtl. Regencape und Regenschirm gegen plötzliche Regengüsse, Kopfbedeckung, wasserdichter Rucksack, im Sommer Sonnenschutz, etwas Proviant für Tagesetappen

Versorgungsmöglichkeiten: Auf der gesamten Strecke kann man sich gut selbst versorgen, da es in fast jedem Ort Cafés und Imbissbuden gibt.

Unterbringungsmöglichkeiten: Fast überall unterwegs findet man Schilder mit „Kamer te huur"; hier werden preiswerte Übernachtungen mit Frühstück angeboten. Auch gibt es einige Campingplätze entlang der Strecke. Übernachtungsmöglichkeiten in Pensionen und Klöstern o. Ä. sollten bei den örtlichen VVV-Büros erfragt werden.

Hinweise: Das Wetter kann zuweilen etwas verrückt spielen, man muss dann mit einer steifen Brise und heftigem Regen rechnen, deshalb: Wettervorhersage beachten! Grenzübertritt am Ende der Tour. Hier Anschluss an GR 5.

Kontakte: Für Informationen über organisierte Wanderveranstaltungen (sehr beliebt in den Niederlanden) und ausgearbeitete Routen wende man sich an die örtlichen VVV-Büros oder an den niederländischen Wandersportbund:
Stichting LAW, PO Box 846, NL-3800 Amersfoort,
Tel.: +31 (0)33-4653660, slaw@wandelnet.nl,
www.wandelen.nl
Nederlandse Wandelsport-Bond, Pieterskerkhof 22,
NL-3512 JS Utrecht, Tel.: +31 (0)30-2319458,
info@nwb-wandelen.nl

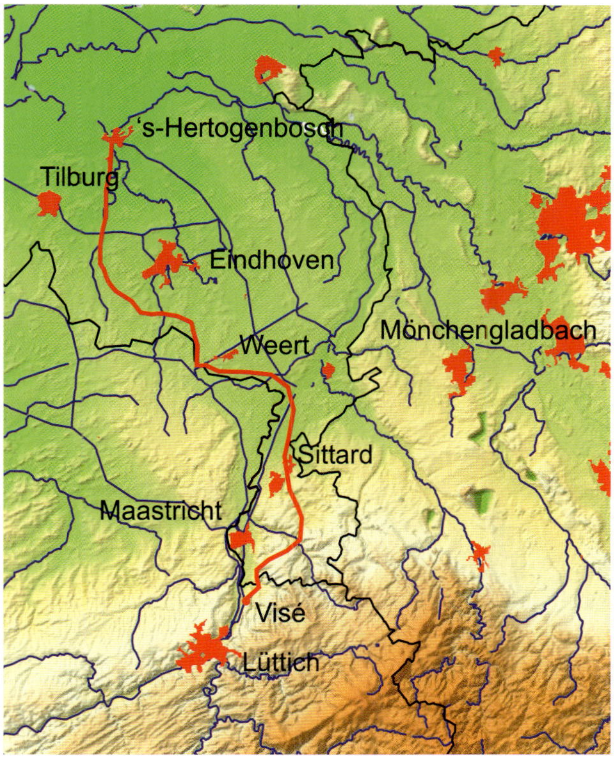

Auch im Winter, wenn Eis vielerorten die Kanäle bedeckt und der Boden unter Frost und Schnee verschwindet, übt der Pelgrimspad einen ungeheuren Reiz aus.

Verzauberte Welt

Wege durch das Hohe Venn

Das Hohe Venn ist eine einzigartige Naturlandschaft im belgischen Grenzgebiet zu Deutschland. Ausläufer des Venns – wie etwa bei Roetgen oberhalb der Dreilägerbachtalsperre – bilden das deutsche Venn. Reizvoll ist das Venn zu jeder Jahreszeit. Auch der kalte Winter, wenn eisige Stürme über die karge, spröde Hochfläche fegen, hat durchaus seinen Reiz. Am schönsten aber ist diese einmalige Hochmoorlandschaft in der Frühe eines sonnigen Herbstmorgens.

Es ist also ratsam, sich im Hohen Venn einzuquartieren, etwa im charmanten Robertville, wo es neben dem Venn noch eine ganze Reihe anderer Sehenswürdigkeiten zu besuchen gibt. So hat man die Möglichkeit, ganz früh im Venn zu sein und es ganz für sich allein zu haben. An sonnigen Wochenenden strömen ganze Heerscharen von Spaziergängern ins Venn, und spätestens ab 11 Uhr ist es fast so übervölkert wie ein Rummelplatz.

Helle Birken und freundliches Licht nehmen dem Moor seine dunklen Schattengestalten.

Wer aber kurz nach Sonnenaufgang da ist, erlebt einmalige Naturschauspiele, die er ganz in Ruhe in sich aufnehmen kann. Langsam steigen unter den wärmenden Strahlen der Sonne die Frühnebel auf und verzaubern die Landschaft. Die Konturen der wenigen Büsche und Bäume, die sich im feuchten, sauren Untergrund halten können, treten mal schärfer, mal weniger scharf hervor. Alles wirkt weich und wie verzaubert. Stundenlang kann man stehen und schauen und sich von den langsam wechselnden (Trug-)Bildern faszinieren lassen. Wenn die Sonne dann ganz durchgebrochen ist, wenn sie langsam die Morgenluft erwärmt hat, dann können sie kommen, die Spätaufsteher. Dann ist man schon tief ins Venn hineingewandert und trägt in sich die Gewissheit, dass man etwas für sich gewonnen hat, wovon kein anderer weiß. Die Seele ist angerührt und bewahrt ein Bild, das in dieser Intensität kein Fotoapparat je einfangen könnte.

Aber das Venn ist gefährdet. Von den weit über 4000 Hektar des Naturparks Hohes Venn sind nur etwa 100 Hektar wirklich intaktes Hochmoor. Die weiten Pfeilgrasflächen, durch die man Stunde um Stunde wandern kann, sind kein funktionierendes Hochmoor mehr. Trotz der hohen Niederschläge (das Hohe Venn ist eines der niederschlagsreichsten Gebiete Mitteleuropas) ist das Moor von Entwässerung bedroht. Schuld daran sind Entwässerungsmaßnahmen, die aus einer Zeit stammen, als das Venn noch unter preußischer Herrschaft stand. Dadurch ist der Kreislauf gestört, den die Torf-

moose normalerweise aufrechterhalten und der eigentlich zur Bildung und Bewahrung des Hochmoors führt. Torfmoose haben die Fähigkeit, mit allen Pflanzenbestandteilen Wasser aufzusaugen, nicht nur mit den Wurzeln. Während das Torfmoos oben weiterwächst, sterben die unteren Pflanzenteile ab, sinken zu Boden und bilden mit den Jahren die Torfschichten, die für ein Moorgebiet wie dieses so typisch sind. Fließt das Oberflächenwasser aber ab, besteht die Gefahr, dass die Torfmoose an der Oberfläche austrocknen und der Kreislauf des Wachsens und Absterbens unterbrochen wird. Man ist sich aber im Hohen Venn des Problems bewusst und steuert dem entgegen.

Diese eindrucksvollste aller europäischen Naturlandschaften lässt sich auf vielen Wegen erschließen. Das Hohe Venn sieht nicht überall gleich aus. Es gibt Aufforstungsgebiete mit Fichtenwäldern – ebenfalls noch aus preußischer Zeit –, es gibt Straßen und Wege, die das Venn erschließen und unterteilen, es gibt die Randzonen des Venns mit Bachtälern, Wasserfällen und Talsperren, es gibt uralte Eichen und geschichtsträchtige Stätten. Das alles ist reizvoll und eine Tour wert. Am schönsten und nachhaltigsten aber ist die offene Vennlandschaft um das kleine Flüsschen Hill. Diesen Bereich des Venns erschließt man sich am besten von Baraque Michel aus.

Die Tour

Am Parkplatz bei Baraque Michel informiert man sich zunächst einmal auf der großen Tafel. Man hält sich rechts und orientiert sich am Wegweiser Richtung Eupen/Rundweg. Und und schon steht man mittendrin in der großartigen Weite der Vennlandschaft. Weiter geht es, vorbei am Priorkreuz, gleich danach passiert man einen alten Grenzstein und folgt an einer Abzweigung weiter der Beschilderung Rundwanderweg. Der Weg führt über auf Bohlenstege, sodass ein Verirren im Venn nicht möglich ist. Bei einem Gebüschstreifen geht es rechts weiter, bis man auf einen Querweg trifft, an dem man links abbiegt. Es geht jetzt in eine kleine Senke hinein, deren Verlauf wir für eine ganze Weile folgen. Anfangs bleibt der

Noch ganz versunken wie im Traum liegt das morgendliche Venn, sanfter Nebel verleiht Baum und Strauch weiche Konturen.

Schmale Holzstege führen durchs Moor.

Holzbohlensteg noch in der Nähe der Hill, dem bereits erwähnten kleinen Fluss; erst später führt er vorübergehend von ihr weg.

Je nach Jahres-, aber auch nach Tageszeit vermittelt die Landschaft ganz unterschiedliche Eindrücke. Wirkt sie im frühen Morgennebel gespenstisch und verzaubert, so ist sie im Sonnenlicht verträumt und märchenhaft, bei grauem nasskaltem Wetter aber wirkt sie schnell trostlos und abweisend.

Am tiefsten Punkt der Senke orientiert man sich Richtung Osten und passiert einen Garten aus kahlen toten Ästen, die ihre Finger fremd und nackt in den Himmel strecken. Sie sind nicht etwa den hier herrschenden unwirtlichen Wachstumsbedingungen zu schulden, sondern Überbleibsel von Holzfällerarbeiten. Mitten in diesem kleinen Areal zweigt links ein Steg ab. Man bleibt weiterhin auf dem geradeaus führenden Weg und damit immer noch in der Nähe der Hill. Kurz nach der Abzweigung hört der Steg vorübergehend auf, der Pfad ist steinig und mit Wurzeln durchsetzt. Trotz der reizvollen Landschaft sollte man hier also den Blick öfter zum Boden wenden, um nicht zu stolpern. Nach 200–300 Metern erreicht man schließlich wieder einen schmalen Plankenweg und gleich darauf ein kleines Wäldchen mit etwas höheren Fichten und vereinzelten Birken. Die Planken hören wiederum auf. Wieder geht es buchstäblich über Stock und Stein. Eigentlich ist es schade, dass der Weg so viel Aufmerksamkeit erfordert, da doch gerade hier die Landschaft etwas abwechslungsreicher ist als im offenen Venn mit seinen niedrigen Gräsern und Büschen.

Der Bach zur Rechten wird breiter und der Wald zur Linken etwas dichter, dann, wieder im Bereich einer größeren abgestorbenen Waldfläche, stößt man auf eine Abzweigung nach rechts. Links unmittelbar neben dem abzweigenden Weg befindet sich eine große Infotafel.

Hier geht es nach rechts über die schmale Holzbrücke über die Hill. Schilder weisen den Weg nach Botrange und Baraque Michel.

Hinter der Brücke führt halbrechts ein Weg einen kleinen Hang hinauf. Über weichen Torfboden, der mit Wurzelwerk durchsetzt ist, steigt man leicht an. Der Boden ist – nachdem man den kleinen Hang bezwungen hat – teilweise sogar recht nass. Immer wieder haben Wanderer hier versucht, Alternativen zu finden, um die morastigen Stellen zu umgehen. Das birgt natürlich die Gefahr, auf einen Nebenpfad abzuzweigen. Man orientiert sich daher am besten an dem Wäldchen mit Fichten mittleren Alters, an dessen Rand man rechter Hand vorbeiläuft. Mit dem Bachlauf im Rücken geht es nun mäßig bergan. Der Nadelwald zur Linken wird jünger. Schließlich läuft der Weg auf eine Holzbarriere zu, biegt bei ihr nach rechts ab und folgt einer breiten Schneise, die auch hier die Grenze zwischen Venn und Wald markiert. Breite sumpfige Stellen umgeht man auf kleinen, bereits ausgetretenen Nebenwegen.

Die Schneise führt auf eine weitere Holzbarriere mit einem Gatter zu. Zwar eröffnet das Gatter theoretisch den Weg durch das Hohe Venn, aber an dieser Stelle gilt Schutzzone C und hier ist der Zugang nur in Begleitung eines zugelassenen Wanderführers erlaubt. Man biegt deshalb vor der Holzbarriere nach links, wiederum einer breiten Schneise folgend.

50 Meter weiter biegt der Waldrand hier nach rechts. Der Weg gabelt sich. Man hält sich im rechten Winkel nach rechts, folgt also nicht dem Weg, der halblinks durch den Wald führt. Abermals 50 Meter weiter geht es wieder nach rechts in einem scharfen Bogen. Gerade hier im Bereich des Bogens ist der Weg besonders sumpfig und durchnässt. Spätestens hier ist man für hohes, festes Schuhwerk dankbar.

Sobald der Bogen ausgegangen ist, sieht man eine lange, schnurgerade Schneise, die auf den Horizont zuführt. Ihr heißt es den ganzen Weg lang folgen. Vereinzelt, wenn auch nicht überall, helfen Stege über den morastigen Untergrund. Es geht ganz allmählich bergab in eine kleine Senke hinein. An der tiefsten Stelle führt ein Plankenweg über ein Bächlein.

Weiter geht es geradeaus; später folgt man den Wegweisern Richtung Botrange und Baraque Michel. Als Laie mag man sich fragen, warum das ganze Wasser, das im Boden gespeichert ist, nicht zu Tal fließt, sondern sich hier oben sammelt. Aber das ist eben die spezifische Qualität eines Hochmoores, es speichert das Wasser und hält es sozusagen fest. Am Ende der langen Schneise, die weiterhin bergan führt, stößt man am Rande eines weiteren kleinen Wäldchens auf einen breiten Querweg. Hier biegt man nach rechts ab und setzt an zum letzten Teilstück der Umrundung der Zone C. Wenn man hier anstatt nach rechts wenige Schritte nach links läuft, dann nach rechts und sogleich über die Straße wechselt, trifft man auf das Naturparkzentrum, wo eine kleine Cafeteria Gelegenheit zu einer kurzen Rast gibt.

Danach aber heißt es, die Umrundung der Zone C fortzusetzen. Man trifft auf einen Ausblick mit großer Infotafel. Nach links führt ein Weg weg vom Venn. Folgt man ihm, erreicht man nach etwa 100 Metern die Straße und dahinter das Signal de Botrange, wo ein Café-Restaurant mit warmen Waffeln lockt.

Ein kleines Kuriosum am Rande: Ehrgeizige belgische Landsleute haben am Signal de Botrange einen künstlichen Hügel aufgeschüttet, der dem höchsten Punkt Belgiens (694 m) noch einmal zusätzliche sechs Höhenmeter spendiert, sodass Belgien an dieser Stelle die 700-Meter-Marke berührt – pfiffig zwar, aber nicht ganz echt.

Es geht weiter geradeaus auf dem Weg am Infostand vorbei, der weiterhin parallel zur Straße verläuft, von dieser nur durch ein Wäldchen getrennt. Der Weg wird sogleich schmaler, geht dann wieder in einen Holzsteg über. Man bleibt weiterhin auf dem Weg entlang der Holzbarriere und ignoriert alle Abzweigungen nach links, denn diese führen durchweg früher oder später zur Straße.

Nur wenige Baumarten gedeihen im sauren Untergrund. Der Rest streckt seine kahlen Äste in den Himmel.

Allmählich verdeckt Buschwerk rechter Hand den Blick auf die weite Fläche des Venns. Dann geht es links auf einen schmalen Waldpfad. Der Weg schlängelt sich durch den hohen Nadelwald, macht dann einen Bogen nach rechts und schließlich trifft man wieder auf die Holzbarrierre, die wiederum Zone C des Venns begrenzt. Hier biegt man nach links. Für etwa 50 Meter geht es noch einmal am Rande der Zone C vorbei. Dann steht man vor einer Wegverzweigung. Die Schneise geradeaus am Waldrand ist verboten, deshalb nimmt man den Weg, der unmittelbar in der Nähe der Barriere in das Wäldchen hineinführt. Nur wenige Schritte innerhalb des Waldes läuft man parallel zum Waldrand und der Schneise auf dem weichen Waldboden leicht bergab.

Nach etwa 300 Metern stößt ein Weg von links dazu. Man läuft weiter geradeaus, bleibt also auf dem Waldpfad. Schließlich erreicht man eine Stelle, wo die Schneise rechter Hand von einer Holzbarriere begrenzt wird. Hinter dieser Barriere wechselt man auf einem Holzsteg hinüber zur Fortsetzung der Schneise. Gleich darauf führt links ein Weg wieder hinein ins Venn, ausgeschildert mit Eupen. Man bleibt auf dem schmalen Weg am Waldrand und läuft somit in der ursprünglichen Richtung weiter. Auf der Höhe einer großen Infotafel trifft von links ein weiterer Weg auf den Wanderweg. Man geht hier weiterhin auf der Grenze zwischen Venn und Wald geradeaus. Kurz hinter der Infotafel verläuft der Weg auf Holzstegen weiter. Auf dem schmalen Bretterpfad fühlt man sich wieder mittendrin im Venn, mehr jedenfalls als auf den langen Schneisen von vorhin. Allmählich führt der Plankenweg auch wieder weg vom Waldrand, also wieder wirklich ins Venn hinein. Schließlich stößt man in der Nähe zweier zusammengewachsener Fichten wieder auf den Weg und die Abzweigung von morgens. Nun noch ein letztes Mal nach links und schon geht es auf dem vom frühen Morgen bekannten Weg zurück zum Parkplatz.

Das aus dem Moor abfließende Wasser speist Bäche und Talsperren im weiten Umkreis des Hohen Venns.

Das Wichtigste auf einen Blick

Die Tour: Einfache Wanderung auf meist gut zu gehenden Wegen oder Schneisen, allerdings mit einigen feuchten oder morastigen Stellen. Einfache Orientierung.

Länge: 14 km

Dauer: 4 Std.

Ausrüstung: Fernglas, feste Wanderstiefel, besser noch Gummistiefel

Wegmarkierungen: einzelne Holzschilder, mehr Markierung ist auf den Holzstegen auch nicht nötig

Versorgungsmöglichkeiten: nur am Ausgangspunkt der Wanderung

Unterbringungsmöglichkeiten: Hotels und Pensionen in den umliegenden Gemeinden

Hinweise: Der Naturpark Hohes Venn unterliegt gewissen Zugangsbeschränkungen. Er ist in 4 verschiedene Schutzzonen unterteilt. Zone A kann frei betreten werden, Zone B darf nur auf markierten Wegen begangen werden. In Zone C darf nur, wer in Begleitung eines Führers ist. Zone D ist für Besucher völlig gesperrt. Zu bestimmten Jahreszeiten bzw. bei Brandgefahr nach längeren Trockenzeiten können auch andere Bereiche (A, B und C) – kenntlich gemacht durch rote Fahnen – für den Besucherverkehr gesperrt werden. Diese Beschränkungen werden ganz besonders scharf überwacht.

Kontakte: Verkehrsamt der Ostkantone,
Mühlenbachstraße 2, B-4780 St. Vith,
Tel.: +32 (0)80-22 76 64, Fax: +32 (0)80-22 65 39
info@eastbelgium.com

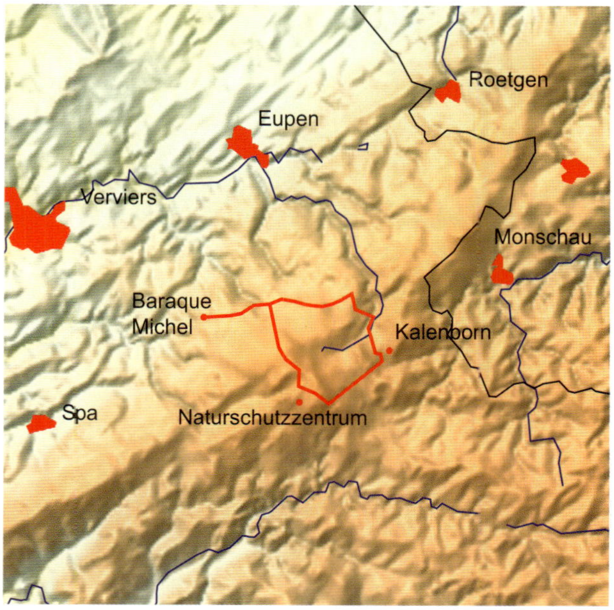

La Palud sur-Veron
Rougon
Baume aux Pigeons
Chalet de la Maline
Mescla
Gorges du Verdon
Cuneo
Entraunes
Colmars
St-Sauveur-
sur-Tinee
Valberg
Limonetto
Tende
Breil-sur-Roya
Castellane
San Remo
Monaco
Nizza
Cannes
GR 52A Seealpen
Bastia
Calvi
Calenzana
Corte
Vizzavona
Ajaccio
Conca
GR 20 Korsika

Frankreichs Klassiker

Kalliste, die Schönste, wurde Korsika bereits im antiken Griechenland genannt, und diese Schönheit erschließt sich noch immer demjenigen am besten, der sie zu Fuß zu entdecken sucht. Denn die einsamen Täler und entlegenen Bergdörfer findet nur der Abenteurer, der sich auf die verschlungenen Hirtenpfade der Insel wagt, der ihnen vom Meer aus in die dichten Buchen- und Kastanienwälder folgt und über der Baumgrenze die raue Berglandschaft durchquert.

Ab und zu trifft man auf idyllisch anmutende Bergerien, die gleichzeitig von dem kargen Leben der korsischen Hirten zeugen, auf eisige Wasserfälle, deren flache Gumpen eine willkommene Erfrischung bieten. Und obwohl man es immer einrichten kann, am Abend in einem kleinen Städtchen oder Dorf sein Lager aufzuschlagen, sollte man auf Korsika nie allein wandern. Zu einsam sind manche Wege, zu wechselhaft das Wetter.

Gleiches gilt ein wenig für das französische Festland: Die Seealpen sind für Wanderer ein noch völlig unbekanntes Land. Sehr zu Unrecht, denn die Mischung aus alpiner Bergwelt, Dreitausendergipfeln und Mittelmeerküste, verbunden durch alte Handelsstraßen und an prähistorischen Kultstätten gelegen, haben ihren sehr eigenen Reiz. Und auch die Gorges du Verdon, die Verdonschlucht, lockt zwar zahllose Touristen an, als Wanderregion ist sie aber noch recht unentdeckt – trotz der hervorragend ausgebauten Wanderwege.

Dabei ist der ‚Grand Canyon Frankreichs' wild und urwüchsig, von imposantem Ausmaß, und für längere Touren wie geschaffen – zumal er nicht so karg und heiß ist wie sein etwas größerer amerikanischer ‚Bruder'. Seine steilen Felswände sind dicht mit Büschen und Bäumen bewachsen und auf dem ganzen Weg begleitet einen der rauschende Verdon, der sich tief in den provencalischen Jurakalk gegraben hat.

Paradies im Hinterland der Côte d'Azur

Der Sentier Panoramique du Mercantour

Noch in den Alpen und doch schon ganz nah am Mittelmeer führt der GR52A, einer der großen französischen Wanderwege, durch das Département Alpes-Maritimes und bleibt dabei stets – der Name ist Motto! – in Sichtweite zum 1979 geschaffenen Parc National du Mercantour. Vom mediterranen Klima stark begünstigt, bietet sich hier, vollkommen abseits der Touristenströme, paradiesische Ruhe auf ausgezeichnet angelegten Wegen nur wenig südlich der Seealpen-Gipfelkette mit ihren imposanten Dreitausendern.

Foto links: Gleich zu Beginn der Wanderung – das Fort Central am Col de Tende

Foto rechts: Poteaux de Balisage leiten durch das ganze Département – französische GRs bieten ein hervorragendes Markierungssystem.

Den Sentier Panoramique du Mercantour zu erwandern heißt vor allem: stetes Auf und Ab unter meist azurblauem Himmel! Ein bisschen Kondition benötigt also schon, wer sich aufmacht, das gesamte Département Alpes-Maritimes im südöstlichsten Zipfel Frankreichs zu durchqueren, denn immerhin müssen – jedoch technisch nie anspruchsvoll! – pro Tag Auf- und Abstiege von bis zu 1000 Metern bewältigt werden. Aber als Lohn winkt ein ungemein abwechslungsreicher Weg, auf dem kein Tag wie der andere ist: Mal geht man über karge, felsige Hänge, mal über blütenübersäte Wiesen, kurz unter Olivenbäumen wähnt man sich in der Toskana, dann wird der alpine Charakter der Region wieder deutlich. Was den Weg aber neben stundenlangem Wandern durch vollkommen unbesiedeltes Gebiet charakterisiert, sind die vielen kleinen, oft bereits im Mittelalter angelegten Orte, die einen am Ende einer jeden Etappe erwarten. In kleinen, äußerlich unscheinbaren Dorfkapellen beispielsweise auf kunstvolle Altaraufsätze von François Brea oder Fresken von Canavesio zu stoßen, wird für den Wanderer auf dem GR 52A bald schon fast zur Selbstverständlichkeit!

Nicht weit vom GR 52A liegt das berühmte Vallée de Merveilles.

Doch nun der Reihe nach: Die Wanderung beginnt offiziell auf 1 871 Metern auf dem Col de Tende genau an der italienisch-französischen Grenze. Jahrhundertelang wegen seiner geostrategischen Bedeutung als wichtige Passage zwischen dem Piemont und dem Meer stark umkämpft, bietet es sich heute in deutlich friedlicheren Zeiten an, den Einstieg in diesen französischen Wanderweg vom kleinen italienischen Weiler Limonetto aus zu wählen. Oben auf dem Pass angekommen, bietet sich gleich ein traumhaftes 360-Grad-Panorama – an sehr klaren Tagen kann man bis nach Korsika schauen! Und die sechs im ausgehenden 19. Jahrhundert auf dem Kamm errichteten Forts tragen das Ihre dazu bei, schon

Foto oben: Auf schmalen Maultierpfaden schlängelt sich der Weg um den Parc National du Mercantour.

Foto unten: Die alte Zollbrücke von Sospel war noch bis in die 1960er-Jahre bewohnt!

den Beginn der Wanderung zu einem fantastischen Höhepunkt werden zu lassen.

Und dann geht es Richtung Süden hinunter ins Royatal. Vorbei an den Ruinen des Fort Tabourde, die heute einem Schäfer als Unterkunft dienen, gelangt man über blumenübersäte Wiesen und durch ausgedehnte Waldstücke hinunter nach Tende, der kleinen und geschichtsträchtigen Metropole des oberen Royatales, das erst seit einer Volksabstimmung 1947 zu Frankreich gehört. Gut erhaltene mittelalterliche Ortskerne mit schönen Barockkirchen, winzigen Kapellen, ewig sprudelnden Brunnen und viel fantasievoller *Trompe-d'Oeil*-Malerei wie hier in Tende finden sich überall im Tal. So auch in La Brigue, dem nächsten Ort auf der Wanderung, der darüber hinaus aber noch weitere Sehenswürdigkeiten parat hält: Ein kleiner Abstecher führt zu der weithin bekannten Kapelle Notre-Dame des Fontaines mit Freskenzyklen von Giovanni Canavesio und zum Pont du Coq, einer wunderschönen Steinbrücke aus dem 16. Jahrhundert mit asymmetrisch verwegener Konstruktion. Schnell taucht man aber wieder ein in das Hinterland, und hoch über dem linken orogra-

fischen Ufer der Roya verläuft der Weg etwas unterhalb des Grenzkammes zu Ligurien, dominiert vom Monte Saccarello mit seiner wuchtigen Christusstatue Il Redentore. Nach Westen bieten sich wunderschöne Ausblicke auf die Mont-Bégo-Region. Dort drüben liegt das berühmte Vallée des Merveilles mit circa 50 000 geheimnisvollen Felsgravuren aus der Bronzezeit, deren Ursprünge noch immer nicht gänzlich geklärt sind. Weiter, nun bereits unter Olivenbäumen, über Saorge, das wie ein Felsennest hoch am Hang thront und als eines der 40 schönsten Dörfer Frankreichs gilt, ge-

Foto oben:
Nahe der Kirche Sainte Croix in Saint-Dalmas de Valdeblore treffen sich gleich drei Weitwanderwege: GR 52A, GR 52 und GR 5.

Foto unten:
Zum Schutz gegen die Pest im 17. Jahrhundert errichtet: die kleine Chapelle Saint Jacques nahe Valberg

langt man nach Breil-sur-Roya, idyllisch an einer Stauung der Roya gelegen, verlässt hier das Royatal und erreicht über den Col de Brouis den Ort Sospel im Bévératal, den südlichsten Punkt der Wanderung. Hier ist man nur noch 20 Kilometer vom Mittelmeer entfernt und die Landschaft ähnelt mit Zypressen und Olivenhainen ein wenig der Toskana. Was sich schnell wieder ändert, denn nun führt der GR 52A wieder nach Norden Richtung Col de Turini. Und hier sind es dichte Tannenwälder – so weit südlich sonst selten zu finden –, die man zu durchqueren hat. Wo jedes Jahr im Januar der Tross der legendären Rallye Monte Carlo Halt macht, biegt der Weg ab hinab in das sonnenüberflutete Vésubietal. Die kleinen Weiler La Bollène, Belvédère und Berthemont-les-Bains liegen noch auf der Strecke, bevor mit Saint-Martin-Vésubie die Metropole des *Suisse Niçoise* erreicht wird: Warum sollten an der Küste ansässige Engländer und gehobenes Bürgertum jedes Jahr in die Schweizer Berge ziehen, wenn es gute Luft und beeindruckende Gipfel auch gleich „vor der Haustür“ gibt, fragten sich gewiefte Marketingstrategen Ende des 19. Jahrhunderts – und etwas verblichene Belle-Époque-Bauten

Foto oben: Bei der Restaurierung des kleinen Weilers Les Tourres unterhalb der Cime de Pal wurden – wie früher – wieder Holzschindeln verwendet.

Foto unten: Entlang des tief eingeschnittenen Vallon du Boudous geht es hinunter nach Entraunes im Vallée du Var.

zeugen noch heute von diesem durchaus erfolgreichen Ansatz. Und wer noch Lust auf einen wirklich lohnenswerten Abstecher hat, kann hinauf pilgern zur Wallfahrtskirche Sanctuaire de la Madone de Fenestre und von dort aus noch ein Stückchen weiter zum Pas de Fenestre: Nicht nur der Blick hinüber ins Piemont mit dem alles überragenden Mont Viso ist sehenswert, sondern auch die vielen Steinböcke, die – erfolgreich wiederangesiedelt in den Seealpen – dem Wanderer unterwegs begegnen können.

Nachdem zunächst entlang der Hänge hoch über Roya- und Vésubietal der östlichste, weit nach Süden gezogene Zipfel des Parc National du Mercantour umrundet wurde, und der Weg damit grob dem Verlauf von bereits relativ früh erschlossenen Trassen folgte, gelangt man nun Richtung Westen in immer einsamere Täler. Die vielen Bäche, die am Grenzkamm entspringen und gen Mittelmeer fließen, haben ein wild zerfurchtes Relief enstehen lassen, sodass von nun an für jede der weiteren Etappen gilt: Aufstieg aus dem Tal – hinauf zum Pass – und wieder hinunter in das nächste Tal. Das Vallée de la Tinée, Vallée du Cians und das Vallée du Var werden auf diese Weise gekreuzt, aber Langeweile braucht niemand zu fürchten, denn kein Tal gleicht dem anderen, in jedem gibt es etwas ganz Spezielles zu entdecken. Mal sind es Holzschindeln auf wunderschön restaurierten Häusern – sonst herrschen in dieser Region gebrochene Schieferschindeln, so genannte *lauzes,* vor –, mal zum Trocknen der Ernte nach Süden offene Dachböden, *souleiaires,* dann wieder kunstvoll angelegte Kanäle, die über viele Kilometer hinweg früher die Wasserversorgung für entlegene Ansiedlungen sicherstellten. Stets grandiose Aussichten auf das Gebirgsmassiv im Norden begleiten den Wanderer auf seinem Weg und bieten auch immer wieder Gelegenheit für attraktive Abstecher wie zum Beispiel auf den imposanten Mont Mounier, mit 2 817 Metern eines der Wahrzeichen des Départements. Aber auch wer nicht vom direkten Weg abweicht, kommt voll auf seine Kosten: Gegen Ende der Wanderung stehen mit dem Col des Trente Souches und dem Col de Champs noch zwei Höhepunkte auf dem Programm, die sich sehen lassen können, bevor man die Grenze

zum Nachbardépartement Alpes de Haute-Provence überschreitet und die Wanderung in Colmars-les-Alpes, direkt am mächtigen Fort du Savoie, das von Vauban, dem Festungsbaumeister Ludwigs XIV., errichtet wurde, ihr Ende findet.

Das Wichtigste auf einen Blick

Die Tour: mittelschwere Wanderung in mittlerem alpinen Terrain auf ausgezeichneten Wegen (höchster Punkt bei 2 045 m, niedrigster Punkt bei 290 m), setzt aber für die längeren Etappen Kondition voraus

Länge: ca. 220 km

Dauer: 14 Tage bei Etappen zwischen 4 und 7,5 Std. oder z. B. 12 Tage bei Etappen zwischen 4 und 9 Std.

Wegmarkierungen: weiß-rote Markierung für GRs *(Sentiers de grande randonnée)*

Ausrüstung: feste Wanderstiefel, 2 Liter Trinkwasser/Tag

Versorgungsmöglichkeiten: meist nur in den Etappenorten

Unterbringungsmöglichkeiten: einfache Hotels, Pensionen und/oder Gîtes d'étape unterwegs

Hinweise: Die ersten 4 Etappen eignen sich auch sehr gut als Tageswanderungen, da die Etappenorte Stationen der Tenda-Eisenbahnlinie entsprechen.

Kontakte: Comité Départemental de Randonnée Pédestre des Alpes Maritimes, 4 Avenue de Verdun, F-06800 Cagnes-sur-Mer, Tel.: +33 (0)4-93207473 Fax: +33 (0)4-93207473, info@cdrp06.org

Foto links:
Der Weg zum Col de Champs – Versuch einer historischen Rekonstruktion

Foto rechts:
Mit Anlagen wie dem Fort du Savoie in Colmars-les-Alpes sicherte Vauban, der Festungsbaumeister Ludwigs XIV., die Grenzen Frankreichs.

Korsika in 14 Tagen

Auf dem GR 20 die Insel kennen lernen

„Wer den GR 20 wandert, muss das Schöne mehr lieben als sich selbst oder ein bisschen verrückt sein!“ Solche Sätze fallen, wenn der GR 20 durch Korsika besprochen wird. Kein Wunder, gilt er doch als eine der anspruchsvollsten Routen Europas. Und so ist es: Wahre Schönheit hat ihren Preis – der sich für diese herrliche Wanderstrecke jedoch unbedingt lohnt.

GR bedeutet *Grande Randonnée,* ins Deutsche übersetzt Große Wanderung. 20 ist die frühere Nummer des ehemaligen Département Corse. In Frankreich gibt es einige dieser Wege, kaum einer ist so anstrengend wie der GR 20. Der Weg führt 171,5 Kilometer quer über die Insel von Nordwesten nach Südosten, über ca. 10 000 Höhenmeter. Genauso denkbar ist eine umgekehrte Erwanderung des GR 20 für diejenigen, die eher entspannt anfangen und sich im zweiten Abschnitt steigern wollen. Wer gut trainiert und vorbereitet ist, braucht ungefähr 80 Stunden, Profis haben den Weg schon in knapp über 40 Stunden bewältigt. In der folgenden Beschreibung werden 95 Stunden Wanderzeit, verteilt auf 14 Tagesetappen, angesetzt. Natürlich ist es jederzeit möglich, nur einen bestimmten Abschnitt des gesamten GR 20 zu gehen, je nach Anspruch und Leistungsfähigkeit. Der Startpunkt ist Calenzana, die Stadt am Ziel heißt Conca.

Eine herzhafte Spezialität der Insel: korsischer Bergkäse

Der Nordteil der Strecke bietet die anspruchsvollsten Etappen. Hier gibt es große Höhenunterschiede, einige Passagen sind eher vergleichbar mit Klettersteigen als mit klassischen Wanderwegen. Als Lohn warten im Norden Korsikas Landschaften und Szenarien, die jedem begeisterten Wanderer durch die Seele leuchten. Ob furchteinflößende Schluchten, majestätische Gipfel oder legendenhafte Wälder – jede einzelne dieser grandiosen Landschaften bietet eine Mischung aus Eigenwille und Gelassenheit, wie sie nur in Südeuropa zu finden ist. Der Südteil des GR 20 ist mit seinen bequemen Wanderwegen und beeindruckenden Küstenpanoramen ein erfrischendes Geherlebnis, das durch mehrere mögliche Gipfeltouren (Monte Renoso, Monte Incudine etc.) wahlweise aufwändiger gestaltet werden kann. Gerade im Herbst bietet sich dort in den Wäldern ein impressionistisches Farbenspiel, das wohl das Herz eines Claude Monet zum Stolpern gebracht hätte.

Calenzana – Refuge d'Ortu di u Piobbu: Man startet am gemütlichen Marktplatz von

Das Restonica-Tal: mit seinen glasklaren Bächen und Badegumpen ein Naturidyll sondergleichen

Zeichen von Zivilisation sind rar gesät auf dem spektakulären GR 20 auf Korsika.

Calenzana. Schnell ragt der Capu Ghiovu (1 627 Meter) vor einem auf. Der Berg ist ein perfekter Einstieg – nicht zu schwer, aber doch ein realistischer Vorbote kommender Klettermühen. Die Zielhütte – 10 Kilometer vom Ausgangspunkt entfernt – liegt in einem beschaulichen Birkenwäldchen auf einer einsamen Bergzunge.

Refuge d'Ortu di u Piobbu – Refuge de Carozzu: Der zweite Tag sieht lediglich eine Wanderetappe von 8 Kilometern Länge vor. Doch wer sich auf einen gemütlichen Spaziergang einstellt, wird schnell eines Besseren belehrt! Die rot-weißen Markierungen des GR 20 leiten den Wanderer durch scharfkantige Granitlandschaft, markante Felsen und Berge. Hier werden Kondition und Trittsicherheit auf eine harte Probe gestellt. Tiefe Rinnen bis zum Bonifatu-Kessel müssen durchquert werden und der Abstieg zur Carozzu-Hütte – dem Etappenziel – entpuppt sich als anspruchsvoller Kletterparcours.

Refuge de Carozzu – Haut Asco: Es bleibt anspruchsvoll! Die ausbesserungswürdige Hängebrücke über den Spasimata treibt den Puls nicht nur von Schwindelanfälligen in die Höhe, der sich Anbetracht des steilen Anstiegs über abgeflachte Felsen auch nicht mehr so recht beruhigen möchte. Der Blick auf den schimmernden Muvrella-See belohnt den Wanderer für seine Strapazen, doch noch ist das Ziel nicht erreicht. Der Weg führt weiter über den fast 2 000 Meter hohen Breche-de-Stagnu-Pass und schließlich abwärts ins verschlafene Bergdorf Haut Asco. Ein schweißtreibender und harter Abstieg!

Haut Asco – Refuge de Ciottulu di i Mori: Der Tag beginnt mit einem verhältnismäßig lockeren Ersteigen der Col Perdu (2 183 Meter). Doch es folgt ein wirklich schwieriger Abschnitt in den labyrinthischen Kessel von Solitude. Die „Schlucht der Einsamkeit" macht ihrem Namen alle Ehre, denn hier umfängt den Wanderer eine schon fast gespenstische Ruhe. An Kletterhilfen erfolgt der mühevolle Aufstieg zum 2 180 Meter hohen Bocca Minuta. Der weitere Kurs zur Hütte erscheint dagegen wie ein Kinderspiel.

Refuge de Ciottulu di i Mori – Refuge de Manganu: Der GR 20 führt hinunter ins Golo-Tal und damit mitten hinein in das Märchenreich der in Felsen gebetteten Gumpen und ausgewaschenen Mulden, die eine herrliche Badegelegenheit abgeben. So erfrischt und gestärkt gelingt der folgende lange Aufstieg recht mühelos, der zudem mit einem fantastischen Blick auf den Ninu-See belohnt wird.

Refuge de Manganu – Refuge de Petra Piana: Zwei weitere Bergseen liegen auf der heutigen Tagesetappe – der Lac de Capitello und der Lac de Melo. Sie entschädigen beim Überqueren der Brèche de Capitello für die schwere Arbeit. Ja, diesmal heißt es Felsklettern der härteren Gangart. Je nach Witterung wird diese Strecke zur echten Herausforderung.

Refuge de Petra Piana – Refuge de l'Onda: Eine entspannte Etappe. Außer dem Geröll-Abstieg zu Beginn gibt es kaum Anstrengung. Der kristallklare Bach Manganello, erfrischende Badegumpen und die warme Dusche am Quartier versprechen Erholung pur.

Refuge de l'Onda – Vizzavona: Der Morgen beginnt mit dem Aufstieg auf einen Bergpass, der bei schlechtem Wetter schwer werden kann. Nun geht es recht steil nach unten, vorbei an den Cascades des Anglais – eine fantastische Gelegenheit, den müden Füßen Erfrischung zu gönnen oder gar ein kleine Badepause einzulegen. Weiter geht es über glatte Granitplatten hinunter nach Vizzavona. Der frühere Sitz des korsischen Gouverneurs ist heruntergekommen, eine Übernachtung im benachbarten Corte (Zugverbindung und Campingplatz vorhanden) zu empfehlen,

GR 20: ein El Dorado für Gipfelstürmer

wo man sich auch mit neuem Proviant eindecken kann.

Vizzavona – Refuge de Cappannelle: Die erste Etappe im Südteil Korsikas verspricht entspanntes Wandern. Die 15 Kilometer bis zur kleinen Cappannelle-Hütte lassen sich auf bequemen Wanderwegen in gut 4 Stunden bewältigen. Genug Zeit also, dem Körper etwas Erholung zu gönnen.

Refuge de Cappannelle – Refuge de Prati: 16 Kilometer lang, führt die heutige Tour über den Col Verde mitsamt bewirtschafteter Hütte. Das Ziel liegt auf über 1 800 Metern Höhe und verspricht den Anblick eines unvergesslichen Sonnenunter- bzw. aufgangs.

Steil ragen die markanten Felsen samt Häusern in Corte empor.

Refuge de Prati – Refuge d'Usciolu: Stetes Auf und Ab bestimmt die elfte Tagesetappe. Über den Bergkamm (Punta della Cappella – 2 040 Meter) und Geröllfelder geht es hinunter in die Bocca di Laparo und wieder hinauf über die Bocca di Formicola zur Usciolu-Hütte, wo man sich für die letzten Tagesetappen gut mit Proviant versorgen kann.

Refuge d'Usciolu – Refuge d'Asinao: Eine lange Etappe mit vielen Höhenmetern. Nach einem Kletterabschnitt auf einem Grat folgen ein kurzer Abstieg, eine durchaus pittoreske *pozzine* (Hochebene) und der schweißtreibende Gipfelsturm auf den Monte Inducine (2 134 Meter). Der folgende Abstieg gilt als schwer, gemessen an den bereits bestandenen Herausforderungen im Nordteil Korsikas erscheint er aber wie ein *Gâteaux Corse,* also ein leicht verdauliches, korsisches Plätzchen.

Refuge d'Asinao – Refuge di Paliri: Mitten durch das Bavella-Gebiet gelangt der Wanderer heute hinauf zum Col de Bavella. Einer der schönsten Abschnitte des GR 20. Gesäumt von sturmerprobten Kiefern führt der Weg durch eine zerklüftete Bergwelt, die angesichts der kargen und markanten Felszacken den Vergleich mit den Dolomiten nicht scheuen muss.

Refuge di Paliri – Conca: Der letzte Tag der Wandertour bricht an. Er hält eine knapp 12 Kilometer lange Strecke bereit, die leicht unterschätzt wird. Einige Steigungen und zahlreiche Kurven, hinter denen man jeweils den Zielort zu erreichen glaubt, lassen ungedulige Wanderer eine letzte Geduldsprobe bestehen. Ein letzter Pass, eine allerletzte Kurve, und dann ist Conca tatsächlich erreicht! Der Zielort selbst mag enttäuschen, befindet man sich doch angesichts der gewaltigen Leistung der letzten 14 Tage in Feierstimmung, die sich im kleinen Dorf kaum umsetzen lässt. Ein Abendessen im benachbarten Stranddorf Favone vermag diese Euphorie dann aber doch am Leben zu halten.

Wunderschön zeichnet sich der Ninu-See in seinem tiefblauen Farbton vom Grün der Hänge und Wiesen und dem Grau der kargen Gebirgswelt ab.

Das Wichtigste auf einen Blick

Die Tour: Route GR 20 – eine der schwierigsten Fernwander-Routen überhaupt. Hochgebirgsstrecke mit sportlichem Anspruch für erfahrene Wanderer in 14 Etappen. Entlang der vier schönsten Gipfel Korsikas, gespickt mit kristallklaren Bergseen, dichten Wäldern und dramatischen Panorama-Aussichten.

Länge: 172 km

Dauer: ca. 95 Std. reine Wanderzeit

Wegmarkierungen: Durchgängige Markierung durch weiße und rote Balken, übereinander angeordnet. Bei Richtungsänderungen doppel-, bei Zubringerwegen einfarbige Markierungen. In unregelmäßigen Abständen kleine, pyramidenhafte ‚Steinmännchen'.

Ausrüstung: Zelt oder Biwakzelt, Schlafsack, Kocher, Regen- und Sonnenschutz, ausreichend Proviant (immer mindestens eine Notmahlzeit in Reserve haben)

Versorgungsmöglichkeiten: Manchmal Bergerien (Schäfereien) mit Käse, Wurst und Brot – zufallsabhängig! Im Süden Verpflegungsmöglichkeiten alle 2–3 Tage, im Norden je nach Bedarf Abstieg in die Dörfer.

Unterbringung: Hütten (Refuges) im Tagesabstand, mit Pritschenlagern (ca. 30 Personen – entsprechend schnell überfüllt!), Wasser und Toilette (manchmal Duschen). Alternativ Übernachtungen in kleinen Städtchen/Dörfern entlang der Route.

Hinweise: Trittsicherheit und Schwindelfreiheit bei großen Höhen, Erfahrung im Hochgebirge (Wetterumschwung etc.), körperliche Fitness und Ausdauer sind für den GR 20 auf Korsika erforderlich. An kritischen Stellen befinden sich Relais für die Funkkommunikation zur Bergrettung, betrieben mit Solarenergie und Akkus.

Kontakt: Französisches Fremdenverkehrsamt, c/o Maison de France, Westendstraße 47, D-60325 Frankfurt am Main, Tel.: +49 (0)190-570025, Fax: +49 (0)190-599061, franceinfo@mdlf.de, www.franceguide.com

Hohe Schluchten, wilde Wasser

Durch die Gorges du Verdon

Der Sentier Martel folgt über eine Länge von ca. 13 Kilometern der Route des französischen Fernwanderweges GR4, der in Royan am Atlantik beginnt und zur Côte d'Azur führt. Die Route durch das Gebiet der Provenzalischen Alpen ist dabei der weitaus populärste Abschnitt des GR4, erlebt der Wanderer doch mit der Verdon-Schlucht eine Naturkulisse, die in Europa ihresgleichen sucht.

Die Geschichte der Gorges du Verdon ist Jahrmillionen alt. Die Ausbildung der Alpen setzte im Tertiär gewaltige Erdverschiebungen in Gang, wodurch auch das Verdon-Gebiet sein Relief erhielt, die Wege des Flusses vorgezeichnet wurden. Vor zwei Millionen Jahren begann dann die eigentliche Ausformung der Schlucht: Der Verdon, der nahe des Col d'Allos in über 2000 Meter Höhe entspringt und 170 Kilometer weiter in die Durance mündet, führte gewaltige Eis- und Wassermassen mit sich, die das Gestein nach und nach auswuschen und Schluchten mit bis zu 700 Metern Tiefe ausbildeten. Bei einem durchschnittlichen Gefälle von 10 Metern pro Kilometer mag sich jeder vorstellen, zu welch reißendem Fluss sich der Verdon entwickeln konnte. Die Begehung der Schlucht war aus diesem Grunde bis ins letzte Jahrhundert ein praktisch unmögliches Unterfangen.

Spektakuläre Wege führen durch die Verdon-Schlucht.

1905 wagte sich der Geologe Édouard Alfred Martel mit einem Begleitteam an die Erkundung des bislang unerforschten Gebiets. Drei Tage dauerte die erfolgreich abgeschlossene Expedition – und Édouard Martel wurde zum Namensgeber des berühmten und heute gut erschlossenen Wanderweges Sentier Martel.

Es ist jedoch nicht nur die Schluchtenwanderung allein, die einen längeren Aufenthalt im weitläufigen Parc Naturel Régional du Verdon so lohnenswert macht. Bevor man in die Tiefen hinabsteigt, sollte jeder Besucher die Gelegenheit nutzen und die Verdon-Schlucht per Auto, Fahrrad oder Motorrad umrunden. Ein gleichsam geeigneter und malerischer Startpunkt hierfür ist das Dorf Moustiers-Sainte-Marie – einer der Etappenpunkte des französischen Fernwanderwegs GR 4. Das Dorf ist eines der beliebtesten Postkartenmotive der Provence, wird es doch gerahmt von zwei steil aufragenden markanten Felsen, an deren Wände sich die Häuser und – hoch oben an exponierter Stelle – eine kleine Kirche schmiegen. Von hier aus gelangt man schnell an

Und immer wieder der Blick in die Tiefe: Der Verdon schlängelt sich wie ein jadegrünes Band durch die berühmte Gorges du Verdon.

Bezaubernder Ausgangspunkt für die Erkundung der Gorges du Verdon: das malerische Dorf Moustiers-Sainte-Marie

den Nordrand der Gorges du Verdon und auf die Route des Crêtes, eine schmale Kammstraße, die bis auf 1 450 Meter hinaufreicht und zugleich zum Startpunkt des Wanderwegs Sentier Martel führt. Zahlreiche Aussichtspunkte bieten die Gelegenheit, in die Tiefen der Schlucht zu blicken und damit zugleich den Perspektivenwechsel zu erahnen, der sich bei der Begehung des Sentier Martel ergeben wird. Die Erschließung des Canyon aus der Froschperspektive bleibt dabei jedoch nicht allein den Schluchtenwanderern vorbehalten: Per Kanu, Kajak oder Schlauchboot finden Wassersportbegeisterte ihre Möglichkeit, die Landschaft auf dem Wasserweg für sich zu entdecken. Aus luftiger Höhe betrachtet, erscheinen diese dann als kleine Farbpunkte auf dem grünlich schimmernden Strom.

Die Nordroute führt bis Castellane, zuvor bietet sich jedoch an der Pont de Soleils die Möglichkeit, den Verdon zu überqueren und so den südlichen Rand der Schlucht zu erkunden. Auch die Südroute fasziniert mit aufeinander folgenden fantastischen Panoramen. Die Aussicht auf den Zusammenfluss von Artuby und Verdon – „Mescla" genannt – zählt dabei zu den absoluten Höhepunkten: Eingerahmt von hoch aufragenden Felsen macht der Verdon hier eine 180°-Wende um eine bestehende Felsformation und wird dabei vom Artuby mit neuem Wasser gespeist.

Über die 182 Meter hohe Pont de l'Artuby – von der sich Tollkühne mit einem Bungee-Seil in die Tiefe stürzen – und weitere Aussichtspunkte führt die Südroute zum Lac de Sainte-Croix. Nach einem Tag inmitten der gewaltigen, teils schroffen Naturkulisse erscheint der weitläufige türkis-blaue Stausee gleichsam als ruhender Gegenpol. An seinem Ufer lassen sich dann die Eindrücke des Tages zu einem überwältigenden Gesamtbild bündeln.

Ausgangspunkt der spektakulären Schluchtenwanderung ist die Schutzhütte Chalet de la Malin. Hier bietet sich eine gute Möglichkeit, in die Schlucht hinabzusteigen, um dort wiederum auf den französischen Fernwanderweg GR 4 zu stoßen und diesem durch die Schlucht zu folgen. Ein kurvenreicher Pfad bringt den Wanderer in einer knappen Stunde zum Grund der Schlucht. Hier wendet man sich nach links und folgt fortan dem Fluss aufwärts und der Markierung GR 4. Gut 300 Höhenmeter liegen nun bereits zwischen Ausgangspunkt und Standort in der Schlucht, und die nun zu beiden Seiten steil aufragenden Fels-

wände der Cavaliers lassen einen Eindruck davon aufkommen, welch gewaltige Naturprozesse im Verlauf der letzten Jahrtausende im Süden Frankreichs gewirkt haben, um eine derartige Schlucht und Naturkulisse zu bilden.

Vorbei an der Grotte Baume au Bœufs führt die Wanderroute aufwärts zur Brèche d'Imbert: Der schmale Felsdurchlass bietet einen fantastischen Blick hinunter auf den Verdon, der sich wie ein jadegrünes Farbband zwischen den Steilwänden hindurchzieht. Am Brèche – zu deutsch „Durchlass" – beginnt der mühsame Abstieg über eine 252 Stufen zählende Stahltreppe und Felsstufen zum Ufer des Flusses. Hier befindet sich zugleich der kritische Punkt der Tour: Zum einen können im Hochsommer bei entsprechendem ‚Verkehrsaufkommen' Engpässe entstehen, da sich herauf- wie auch herabsteigende Wanderer die schmale Treppe teilen müssen. In Wanderern

Fantastisches Panorama auf die Gorges du Verdon von einem der zahlreichen Aussichtspunkte am Rande der Nord- und Südroute

Blick auf den Lac de Sainte-Croix – der größte von insgesamt fünf Stauseen, die vom Verdon-Fluss gespeist werden.

mit der Neigung zu Höhenangst mag zudem beim Anblick der steilen und nicht enden wollenden Stufen in die Tiefe der Wunsch nach einer Alternativroute aufkommen. Zögernden sei gesagt: Der Abstieg sieht schlimmer aus, als er ist, und die Mühe lohnt sich allemal!

Unten angelangt, verläuft der Weg nun in kleinen Auf- und Abstiegen, die den Wanderer mal mehr, mal weniger nahe an den Verdon führen. Die Schlucht verengt sich, eine überhängende Felswand wird passiert und schon bald kommt die mitgeführte Taschenlampe zu ihrem Einsatz, denn zwei unbeleuchtete Tunnel über 100 und über 650 Meter Länge müssen durchquert werden. Der zweite und längere Tunnel bietet eine kleine Felsöffnung, durch die man einen Abstecher zum Flussufer und der großen Höhle Baume aux Pigeons unternehmen kann.

Zurück im Tageslicht führt der Sentier Martel über den kleinen Seitenzufluss Le Bau und weiter zu einem Parkplatz. Von dort erreicht man in etwa einer halben Stunde die Verbindungsstraße von Moustiers-Sainte-Marie nach Castellane, an der sich zugleich die Auberge du Point Sublime mit Einkehrmöglichkeiten befindet.

Die Regulierung des Flusses

Das starke Gefälle des Verdon brachte es mit sich, dass vor allem in Zeiten der Schneeschmelze oder nach langen Regenperioden eine Regulierung der gewaltigen Wassermassen unmöglich war. In den 1970er-Jahren begann man deshalb – auch aus Gründen der Energie- und Trinkwasserversorgung – mit dem Bau von insgesamt fünf Staustufen. Der Lac de Sainte-Croix ist mit einem Volumen von über 760 Millionen Kubikmetern der weitaus größte der fünf existierenden Stauseen. Mit seinem Bau verbindet sich auch die tragische Geschichte von der Zerstörung und Versenkung zweier Dörfer und einer antiken römischen Brücke, die einst den Fluss mit neun Bögen überspannte. Das Dorf Les Salles, das am Ostufer des Sees neu aufgebaut wurde, ist heute ein touristisches Zentrum mit einem kleinen Segelboothafen. Lediglich die Kirchturmglocke und ein Denkmal erinnern an das jahrhundertealte Dorf, das den Wassermassen weichen musste.

Am Fuße senkrecht aufragender Felswände bahnt sich der Verdon seinen Weg.

Das Wichtigste auf einen Blick

Die Tour: Streckenwanderung vom Chalet de la Maline zum Point Sublime. Die Begehung des Schluchtweges eignet sich nur für Trittsichere ohne Höhenangst.

Länge: 13 km

Dauer: ca. 6 Stunden

Wegmarkierungen: Der Sentier Martel folgt der Route des französischen Fernwanderweges GR 4 und ist entsprechend markiert.

Ausrüstung: festes Schuhwerk, Regenschutz, Proviant (unterwegs keine Verpflegungsmöglichkeit) sowie ausreichend Trinkwasser und eine Taschenlampe, da zwei unbeleuchtete Tunnel zu durchwandern sind.

Versorgungsmöglichkeiten: lediglich am Ziel der Wanderung

Unterbringungsmöglichkeiten: Die Dörfer rund um die Gorges du Verdon haben sich bestens auf den Tourismus eingestellt. Entsprechend viele Pensionen, Hotels und Campingplätze sind vorhanden.

Hinweise: Es besteht keine Möglichkeit, die Schlucht frühzeitig zu verlassen. Und: Schleusenöffnungen können zu einem merklichen Anstieg des Wasserspiegels führen. Wanderweg deshalb nicht verlassen. Bei Höhenangst ist es ratsam, die Wanderung in umgekehrter Richtung zu laufen: So kann die 252 Stufen lange und sehr steile Treppe am Brèche d'Imbert hinaufgestiegen und der Blick in die Tiefe vermieden werden.

Kontakte: La Maison des Gorges du Verdon, Le Château, F-04120 La Palud-sur-Verdon, Tel./Fax: +33 (0)492773202, maisondesgorges@wanadoo.fr, www.lapaludsurverdon.com

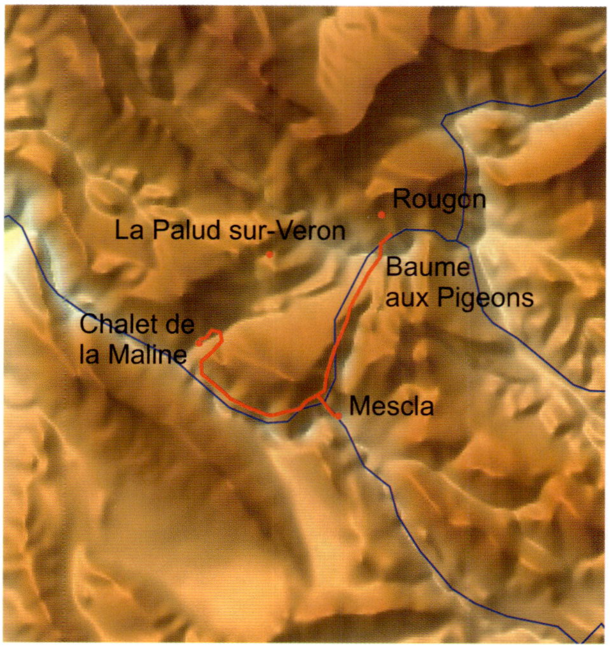

La Coruna
Pallas del Rei
Sarria
Santiago de Compostela
Ponferrada
Vigo
Ourense
Jakobsweg
Kloster Lluc
Coll de sa Batalla
Puig Massanella
Tramuntana
Roque Salvaje
Las Hoyas
Los Llanos de Aridane
Refugio El Pilar
Montana de los Lajiones
Los Canarios
La Palma

Spaniens stille Wege

Er gilt als der Wanderweg schlechthin: der spanische Jakobsweg. Bereits im 11. Jahrhundert pilgerten auf ihm Gläubige zum Grab des Apostels Paulus, reinigten ihre Seele und erflehten Vergebung für ihre Sünden. Auch heute kommen die Wanderer – die längst nicht mehr nur aus religiösen Gründen den Weg nach Santiago de Compostela antreten – gestärkt in der mittelalterlichen Stadt an. Denn die Route durch die Berglandschaft der Pyrenäen, die Weinberge des Rioja, die karge Trockenheit Kastiliens und schließlich das satte Grün Galiciens wird immer wieder durch imposante kulturhistorische Stätten unterbrochen, die auch den Geist erfrischen und für eine abwechslungsreiche Tour sorgen. Etwa Roncesvalles, das Dörfchen in den Pyrenäen, in dem der Held Roland sein berühmtes Horn erklingen ließ, Pamplona, das für seine Stierläufe berühmt ist, und Burgos mit dem Grab El Cids.

Längst ist der Weg nicht mehr so anstrengend wie im Mittelalter, denn entlang der 755 Kilometer langen Strecke finden sich überall komfortable Gasthäuser, in denen man nach einem langen Tag etwas zu essen und ein Lager für die Nacht findet.

Weitab dieses alten Pilgerweges, auf den grünen Inseln Spaniens, wandert es sich etwas ursprünglicher. Schon längst haben Wanderer die Balearen und Kanaren für sich entdeckt, die in kontrastreicher Landschaft für jeden Anspruch etwas bereithalten. Vom höchsten Vulkangipfel La Palmas, dem 2426 Meter hohen „Roque de los Muchachos“, bietet sich beispielsweise ein atemberaubender Blick auf das türkisblaue Meer, auf andere Wanderinseln wie La Gomera und El Hierro, und in die gigantisch tiefe Caldera der Insel. Die Bergwelt La Palmas ist karg, die Luft ist dünn, und dennoch findet sich immer wieder ein erstaunlicher Pflanzenreichtum.

Üppiger aber ist Mallorca, seine mediterrane Pflanzenvielfalt begeistert den Naturfreund zu jeder Jahreszeit. Dass man darüber hinaus abseits des Ballermanns das echte mallorquinische Leben kennen lernen kann, macht auch diese Insel zu einem El Dorado.

Weg der Sehnsucht

Der Spanische Jakobsweg

Der Spanische Jakobsweg ist der berühmteste Weitwanderweg der Welt – und doch: Ein Wanderweg ist dies eigentlich nicht. Ein uralter Pilgerpfad, der nicht Fitness und Naturgenuss, sondern unendliche Mühen und Gefahren, am Ende aber auch nichts weniger als die ewige Glückseligkeit verhieß. Wer dieses Unternehmen einst auf sich nahm, fiel für lange Zeit aus der gewohnten Welt heraus. Der mittelalterliche Pilger machte sich im Rheinland oder in Bayern auf den Weg und kehrte erst nach Monaten oder Jahren, oft genug auch gar nicht wieder.

Die Gebeine des Apostels Jakobus des Älteren wurden um das Jahr 842 in Asturien, nahe der Atlantikküste, entdeckt – das war damals das Ende der bekannten Welt, *finis terrae*. Der glückliche Fund war gar nicht hoch genug einzuschätzen: Ein Apostelgrab, wie es sonst nur Rom besaß – das musste ein deutliches Zeichen des Himmels sein. Endlich hatten die Spanier einen heiligen Mitstreiter in ihrem Kampf gegen die Mauren, die die Iberische Halbinsel seit gut 100 Jahren besetzt hielten. Kaum waren diese vertrieben, setzte eine wahre Massenbewegung ein: Ab dem 11. Jahrhundert zogen unzählige Pilger nach Santiago de Compostela, die dem Apostel ihr Anliegen persönlich unterbreiten und dessen Segen in Empfang nehmen wollten.

Die Jakobsmuschel – Wegweiser für alle Wanderer, die dem Jakobsweg Richtung Santiago de Compostela folgen

Die modernen Pilger trachten nicht mehr ausschließlich nach dem Segen des Apostels. Sie suchen nach dem Sinn ihres eigenen Lebens, nach Trost und Heilung nach schwerem Verlust, nach einer körperlichen Herausforderung, nach Gleichgesinnten oder einfach nur nach dem seelischen Frieden, den das tagelange Voranschreiten bringt. Und nur mehr in den seltensten Fällen beginnt die lange Reise zum magischen Ziel vor der eigenen Haustür. Die meisten brechen an der Nahtstelle zwischen Europa und der Iberischen Halbinsel auf: in den Pyrenäen. Dort, in Somport und in Roncesvalles, beginnen zwei bekannte und gut ausgebaute Strecken, die in Puente la Reina zusammentreffen und sich zum berühmten Camino francés vereinigen. Von dort sind es noch etwa 30 Tage bis Santiago.

Wer weniger Zeit hat, aber dennoch dem Mysterium des Weges nachspüren möchte, beginnt in Ponferrada und wandert in etwa neun Tagen zum Apostelgrab. Ponferrada am

Die Burg von Ponferrada: ein Etappenziel auf dem langen Jakobsweg

Seit Jahrhunderten beschreiten Pilger und Wanderer die ausgetretenen Pfade des Jakobsweges, die auch durch kleine galicische Dörfer und Städtchen – wie hier Castrojeriz – führen.

Übergang über den Río Sil und den Río Boeza ist schon seit der Römerzeit eine Bergwerksstadt. Im 13. Jahrhundert errichteten sich hier die Ritter des Templerordens eine mächtige Burg. Ab hier erstreckt sich nach Westen eine hügelige Landschaft mit mühseligen Aufstiegen, die Berge der Cordillera Cantabrica grüßen von ferne. Der Weg führt zunächst nach Villafranca del Bierzo, dem ‚kleinen Santiago', einer Stadt mit vielen Kirchen und Pilgerherbergen. Wer hier einst bereits so erschöpft und krank war, dass er nicht weitergehen konnte, durfte sich an der Puerta del Perdón der romanischen Jakobskirche die eigentlich erst in Santiago fällige Absolution abholen.

Camino duro, der harte Weg – so nennt sich die nächste Etappe, denn sie führt durch Kastanienwälder steil bergauf zum Pedrafita-Pass. Dennoch ist dies das schönste Stück des Tages, denn ansonsten muss man in dieser Gegend immer wieder längere Strecken neben dem dahinbrausenden Verkehr am Straßenrand marschieren. Auf der Passhöhe ist die Grenze zu Galicien erreicht. Nun ist Santiago nicht mehr fern. Kilometersteine teilen die verbleibende Strecke in handliche Portionen. Wir nähern uns nun dem Ende der Welt: Das hier gesprochene Galicisch ist auch für Spanier kaum verständlich, eigenartige runde, strohgedeckte Gebäude, die *pallozas,* alte Unterkünfte der Bauern und Hirten, stehen vor allem hier im Gebirge noch da und dort, *cruzeiros,* Steinkreuze, behüten die Dörfer. Es regnet viel, umso willkommener war den mittelalterlichen Pilgern das Kloster von O Cebreiro, in dem sie Schutz und Unterkunft fanden. Die heutigen Pilger kommen etwas komfortabler in zwei *pallozas* unter.

Durch die meist nebelverhangene Sierra geht es nun hinunter Richtung Küste. Bauerndörfer, grüne Hügel, dann und wann eine Erhebung, von der aus sich eine prächtige Aussicht bietet. Für Pilger wird hier gut gesorgt: Markierungen, Wegweiser, Brunnen, Herbergen in Fülle, ja, in Sarria hat man den tapferen Wallfahrern sogar ein Denkmal gesetzt.

Tal um Tal lässt der Pilger hinter sich. Feuchte Pfade, Hohlwege, *corredoiras,* die alten Wege von Dorf zu Dorf, dann wieder ein Asphaltsträßchen, Wald und Felder – Galicien ist ein grünes Land, das tut den Augen wohl. Überall Wasserläufe, die man durchwatet oder auf Trittsteinen vorsichtig überquert. Die Felder sind klein, oft mit Steinmäuerchen eingefasst.

Von Portomarín sind es noch 100 Kilometer bis zum Ziel. Doch Portomarín gibt es nicht mehr! In den 1960er-Jahren versank der Ort samt der namengebenden Brücke im neu gegrabenen Stausee Embalse de Belesar. Nur die wichtigsten Bauwerke wie die romanische Kirche und ein paar Paläste wurden gerettet und etwas höher am Hang wieder aufgestellt.

Blick über die Dächer von Santiago de Penalba auf das gebirgige Umland

Foto oben: Die Kathedrale von Santiago de Compostela – das lang ersehnte Ziel aller Pilger und Wanderer des Jakobsweges

Foto unten: Bei Prozessionen strömen Tausende Gläubige in die Kathedrale von Santiago de Compostela. Zu diesen Anlässen wird auch der „Botafumeiro", das große Weihrauchfass, in Schwingung gebracht.

Nun trennt nur noch ein niedriger Höhenzug den Pilger vom Meer! Jenseits erstreckt sich ein weites Tiefland, Dorf reiht sich an Dorf, in manchen findet man noch einen alten Waschplatz, früher der wichtigste Umschlagplatz für den Dorftratsch, oder einen *hórreo,* einen auf Stelzen stehenden Getreidespeicher. Mancherorts steht noch eine schöne romanische Kirche.

Drei Tage dauert der Weg durch die Ebene, dann ist endlich das Ziel erreicht. Vom Montxoi, dem „Berg der Freude", ist Santiago zum ersten Mal auszumachen. Durch den Brei der Vororte geht es nun ins Herz der Stadt, zur großartigen Kathedrale. Sie ist über dem Grab des Apostels gebaut und gehört damit zu den bedeutendsten Pilgerzielen der Christenheit. Ihre gewaltige, reich geschmückte Barockfassade mit den beiden Türmen beherrscht die davor liegende Praza do Obradoiro. Der heilige Jakobus ist allgegenwärtig: Am wunderbaren romanischen Pórtico de la Gloria mit Skulpturen aus dem 12. Jahrhundert, am Hochaltar, wo er als *matamoros,* als Maurenbezwinger das Christentum verteidigt und wo eine silberne Büste seine Reliquien birgt. Und gegenwärtig ist er auch bei der Pilgermesse. Acht Männer braucht es, um den großen *botafumeiro,* das Weihrauchfass, in Schwingung zu versetzen. Dann zieht der Duft des Weihrauchs in alle Herzen und verkündet allen: Wir haben es vollbracht.

Blick über die berühmte Wallfahrtsstadt Santiago auf die Kathedrale

Das Wichtigste auf einen Blick

Die Tour: Letzte Etappe des Jakobsweges von Ponferrada nach Santiago de Compostela. Durch die Weinberge des Bierzo, dann über das Bergland von Galicien zur Küste, abwechslungsreicher Weg durch meistenteils grüne Landschaft mit vielen Bachläufen, Wäldchen und Bauerndörfern. Für die neun Tagesetappen sollte man schon eine gute Kondition mitbringen.

Länge: von Ponferrada nach Santiago: gut 200 km, Tagesetappen zwischen 17 und 29 km

Dauer: Pro Tag geht man im Schnitt 8 Stunden, für gemütliches Ausschlafen ist also keine Zeit!

Wegmarkierungen: gelbe Pfeile, blaugelbe Makierungssteine, Wegzeichen mit der Jakobsmuschel

Ausrüstung: Schlafsack, Trinkflasche, Proviant, Wind-, Regen- und Sonnenschutz, Teleskopstöcke, Pilgerausweis für die Übernachtung in den Pilgerherbergen

Versorgungsmöglichkeiten: Meist kommt man unterwegs an einem Restaurant, einer Bar, einem Laden oder wenigstens einem Brunnen vorbei, doch sollte man sich für ein paar Tage auf Selbstverpflegung einstellen.

Unterbringungsmöglichkeiten: Pilgerherbergen befinden sich im Abstand von etwa 4–5 Gehstunden überall entlang des Weges. Sie sind in der Regel sehr einfach, oft muss eine Matratze reichen. Manchmal gibt es Kochgelegenheiten, manchmal ein angeschlossenes Restaurant. Die Herberge muss spätestens am Vormittag verlassen werden, man darf nicht länger als eine Nacht bleiben. In größeren Orten gibt es auch kleine Hotels oder Pensionen.

Hinweise: Der Empfang für Mobiltelefone ist fast überall gegeben, außer evtl. in den galicischen Bergen. Unfälle können bei jeder Pilgerherberge gemeldet werden. Polizeiruf in Spanien landesweit 091.

Kontakte: www.jakobsweg.info
www.caminosantiago.org
santiago-de-compostela.costasur.com
www.santiagoturismo.com

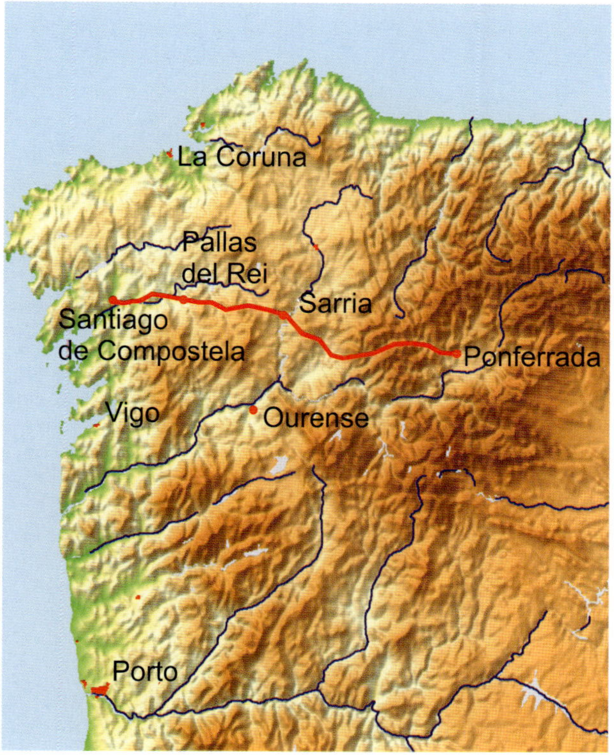

Mallorcas versteckte Schönheit

Durch die Tramuntana

„Mallorca, die goldene Insel, verdankt ihren Ruf der Schönheit des zerklüfteten Küstengebirges. Es verläuft wie eine große Befestigungsanlage von Nordwesten bis Südosten durch die Ebene und vom Kap Formentor bis zum Südwestkap der Halbinsel von Andratx mit ihrer kahlen Steilküste, ohne Blatt noch Grün ... Diese gesamte Küste ist ein Wunderwerk des Lichtes, wie eine Insel aus Edelsteinen, aus Smaragden, Topasen, Rubinen und Amethysten ...“

Diese Zeilen über das mallorquinische Tramuntana-Gebirge formulierte der spanische Dichter Miguel de Unamuno (1864–1936) und beschrieb damit aufs Trefflichste das Gewaltige und Eindrucksvolle der mallorquinischen Landschaft. Machen wir uns also auf, diesen so elegisch beschriebenen Teil der Insel auf Wanderungen zu entdecken!

Kloster Lluc: jahrhundertealter Wallfahrtsort und Ausgangspunkt für den Aufstieg auf den Puig Massanella

Wer einen ersten Überblick haben möchte, der sollte seine Bergtouren mit der Besteigung des 1 352 m hohen Puig Massanella beginnen. Dies ist zwar nur der zweithöchste Berg der Insel, der knapp 100 m mehr messende Puig Major aber darf nicht bestiegen werden, da auf seinem Gipfel die Radaranlagen des Nato-Frühwarnsystems stehen. Der Aufstieg beginnt nahe dem Kloster Lluc, das seit Jahrhunderten der bedeutendste Wallfahrtsort Mallorcas und Zentrum der Marienverehrung ist. Objekt der Verehrung und Anbetung ist eine schwarze Madonna, die ein Hirte in der Nähe gefunden haben soll. Aber nicht nur Wallfahrer kommen ins Kloster – natürlich ist es auch eine von Mallorcas kulturellen Touristenattraktionen. Aber keine Angst – Touristen in Badeshorts und mit Flip-Flops an den Füßen sind eher selten unter den sonst zahlreichen Besuchern des Klosters. Was man viel eher sieht, sind Menschen mit Wanderausrüstung, denn von hier aus kann man zahlreiche Touren zu lohnenswerten Zielen unternehmen. Neben der Klosterkantine gibt es noch eine ganze Reihe anderer Restaurants sowie Picknickmöglichkeiten, die eben nicht nur Wallfahrer anlocken. Neben der Verpflegung bietet das Kloster aber auch einfache Zimmer zum Übernachten an. Nicht selten sieht man im Innenhof deshalb auf den Fenstersimsen Wanderschuhe zum Auslüften stehen.

Vom Kloster aus schlängelt sich ein Weg für etwa 3 Kilometer bis hin zur Tankstelle von Lluc. Hier beginnt der Aufstieg zum Puig

Alter Saumpfad in der Tramuntana unweit vom Gipfel des Teix – im Hintergrund der Gipfel des Puig Massanella

Massanella. Um auf die Bergspitze zu kommen, ist ein Höhenunterschied von rund 800 Metern zu überwinden. Aufgrund des Höhenunterschieds und wegen der langen Strecke von 20 Kilometern ist die Wanderung aber recht anspruchsvoll. Zunächst geht es für ein kurzes Stück Richtung Inca; hinter einer Brücke stößt man auf ein Tor, den Einlass zur Wanderroute. Ein schmaler Weg, gerade breit genug für ein Fahrzeug, führt mit allmählichem Anstieg aufwärts. Man passiert einen Brunnen, erreicht gleich darauf eine Kreuzung. Hier weist ein Schild den Wanderer Richtung Massanella. Wenig später trifft man auf eine Holzleiter, über die man hinüber muss. Man betritt jetzt Privatgelände, eine Hinweistafel informiert darüber, dass der Besitzer eine Gebühr erhebt, die auch gleich darauf eingetrieben wird – eine Sitte, die in den letzten Jahren immer häufiger Anwendung findet.

Am Gelände einer Finca vorbei steigt man weiter leicht bergan. Es geht durch ein schattiges Wäldchen, danach wird der Weg vorübergehend etwas steiler. Interessant sind hier vereinzelt am Wegrand befindliche Mauerreste, Ruinen ehemaliger Kohlenmeiler (*sitjes*). Hier haben Köhler früher ihr Handwerk betrieben. Nicht selten wohnten sie mit ihrer Familie ganz in Nähe, sodass man im Umfeld der Meilerreste meist auch weitere Mauerreste findet. Am zweiten Meiler, den man passiert, geht es links steil aufwärts, vorbei an weiteren Ruinen, bis man schließlich am Coll de sa Linea anlangt. Hier folgt man der Beschilderung „Puig". Der Pfad wird nun schmal und steil. Wie schon bei vorherigen Passagen weisen Steinmännchen – wie man sie aus fast allen Wanderregionen der Welt kennt – den Weg. Man passiert die Überreste einer alten Schneegrube – Relikte aus einer Zeit, als es noch keine Kühlschränke gab. Kurz nach dieser Grube muss man sich entscheiden: An einer Wegverzweigung gibt es zwei Alternativen zum Aufstieg zum Puig Massanella. Der etwas

Foto oben und unten: Die ganze Schönheit mallorquinischer Dörfer kann man in den kleinen Gassen von Valldemossa erleben.

einfachere Weg führt nach links. Über nicht gerade sehr gehfreundliche Geröllfelder geht es weiter aufwärts. Auch hier helfen Steinmännchen, auf dem richtigen Weg zu bleiben. Bald schon sind auch leichte Kletterkünste gefragt. Auch der Rest des Weges bis zum Gipfel wird nicht einfacher. Ist schlechtes Wetter angesagt, sollte man Ehrgeiz Ehrgeiz sein lassen und umkehren. Bei schönem Wetter aber sollte man den Gipfel in Angriff nehmen.

Eine letzte Rast bietet sich geradezu an. In einer kleinen Höhle sprudelt eine erfrischende Quelle. Während man sich mit dem kühlen Nass erfrischt, genießen Auge und Seele den herrlichen Ausblick.

Ein Pfeil mit dem Hinweis „Puig" weist den weiteren Weg. Wieder orientiert man sich an Steinmännchen, da der Pfad sich im felsigen Gelände immer wieder zu verlieren scheint. Endlich sieht man den Doppelgipfel des Massanella vor sich. Noch ein gutes Stück, weiterhin steil aufwärts, und man steht auf dem zweithöchsten Punkt Mallorcas.

Belohnt wird man auf dem Gipfel mit einem wahrhaft atemberaubenden Rundumblick. Auf einer Höhe von 1 348 m liegen dem Wanderer die Balearen zu Füßen. Im Westen erkennt man den nahen Gipfel des Puig Major mit den Radarstationen darauf und tief unten wie einen blaugrün funkelnden Smaragd den Cuber-Stausee. Weiter südwestlich sieht man die Bergspitzen der Serra d'Alfabia und dahinter die Bucht von Palma und bei klarem Wetter weiter im Südwesten Ibiza. Im Norden ragt der 1 002 m hohe Puig Roig auf, rechts davon der 920 m hohe Puig Caragoler, dann weiter im Nordosten der Gipfel des 838 m hohen Ternellas, schließlich überblickt man die Halbinsel Formentor und erkennt jenseits davon Menorca aus dem blauen Meer steigen. Klar liegen die Buchten von Pollença und Alcúdia vor uns, im Landesinneren ist Inca leicht zu identifizieren. Vorsicht bei der Erkundung des Gipfels, denn auch hier gibt es eine Schneegrube von fast 20 Metern Tiefe. Man sollte es also tunlichst vermeiden, bei der Gipfelbesteigung den „Hans-guck-in-die-Luft" zu spielen. Nachdem man

Foto oben:
Fünf Kilometer entfernt von der malerischen Bucht Cala de Deia liegt das kleine Künstlerdorf Deia inmitten der grünbewaldeten Hänge der Tramuntana.

Foto unten:
Neben Olivenhainen findet man auf Mallorca auch köstliche Datteln.

die grandiosen Ausblicke bis zur Neige ausgekostet hat, begibt man sich auf dem gleichen Weg wieder zurück zum Kloster Lluc.

Bevor Kühlschränke die Lagerung von Lebensmitteln einfach machten, war Eis die einzige Möglichkeit, um Getränke und Speisen zu kühlen. Während des Winters machten sich also die Bewohner der Täler mit großen Körben auf in die höchsten Regionen der Tramuntana und sammelten Schnee. Der wurde in so genannten Schneehäusern (*Cases de sa Neu*) – mehrere Meter tiefe, mit Steinen ausgekleidete Gruben – auf Tüchern festgetreten und dann mit Gras, Reisig und Erde überdeckt. Durch den Druck wandelte sich der Schnee in Eis, das auch während der Sommermonate dank der isolierten Gruben nicht schmolz. Das Eis wurde dann in einzelne Blöcke zersägt, die der Volksmund *Pan de Neu*, Schneebrote, nannte, und diese wurden nachts

Traumhafter Blick über die blühenden Vorgärten Sollers, im Hintergrund zeichnen sich die kargen Gebirgsriesen ab.

mühselig ins Tal geschafft und von dort zumeist nach Palma transportiert.

Auf den Pfaden dieser Schneesammler wandert heute der Mallorca-Besucher. Und er wandelt auch auf den Spuren von Mallorcas erstem Umweltschützer, dem Erzherzog Ludwig Salvator. Der Habsburger Spross (1847–1915) besuchte im Alter von 20 Jahren erstmals Mallorca und war von der Insel so begeistert, dass er einige Zeit später beschloss, sich für immer hier niederzulassen. Er kaufte weite Ländereien an der Westküste des Tramuntana-Gebirges, ließ Reitwege, Schutzhütten und Aussichtspunkte anlegen und verbot die Abholzung von Bäumen. Davon profitiert der Wanderer heute noch. Eine der Touren, auf denen man dem Vermächtnis des blaublütigen Erzherzogs recht nahe kommt, ist eine abwechslungsreiche, 11 Kilometer lange, mittelschwere Rundwanderung durch den Naturpark Son Moragues im Tramuntana-Gebirge. Die Route beginnt (und endet) in Valldemossa, einem der schönsten Städtchen im Tramuntana. Nach der Hälfte der Strecke erreicht man den Mirador de ses Puntes, den der Erzherzog vor über 100 Jahren anlegen und mit einer zinnengekrönten Mauer schützen ließ. Die ist mittlerweile vom Zahn der Zeit ganz schön verwittert, aber der Blick von hier oben auf die Westküste ist einer der schönsten, den man auf Mallorca haben kann. Von hier geht es durch schattigen Wald aufwärts zum 856 Meter hohen Gipfel des Pouet, von dem aus man bis Palma de Mallorca schauen kann. Von der Schutzhütte (*refugi*), die Ludwig Salvator einst hier anlegen ließ, ist nicht mehr viel übrig. Der Wanderpfad windet sich nun in Serpentinen den Berg hinunter, führt an mehreren alten Köhlermeilern vorbei und schneller als erwartet ist wieder Valldemossa erreicht.

Foto links oben: Der ‚rote Blitz': vor allem bei Touristen ein gern gesehenes und fotografiertes Transportmittel, das zwischen Palma und Soller verkehrt.

Foto rechts oben: Alter Wachturm in der Tramuntana

Das Wichtigste auf einen Blick

Die Tour: Die Besteigung des 1 352 m hohen Puig de Massanella beginnt und endet am Kloster Lluc. Bis zur Baumgrenze geht es durch Wald, danach über karges Gestein.

Länge: 20 km

Dauer: 6 bis 8 Stunden

Wegmarkierungen: kleine Steinpyramiden und rote Farbpunkte, angebracht von anderen Wanderern

Ausrüstung: feste Wanderschuhe, Sonnenschutz, ausreichend Flüssigkeit

Versorgungsmöglichkeiten: Nur am Kloster Lluc gibt es ein Restaurant, hier kann man sich auch mit Proviant eindecken.

Unterbringungsmöglichkeiten: Kloster Lluc

Hinweise: Bei starken Regenfällen kann es zur Sturzbächen kommen, da der felsige Boden das Wasser nicht aufnehmen kann. In Ausnahmefällen kann es dann auch zu Steinschlag kommen. Zentrale Notrufnummer für Bergwacht, Polizei, Krankenwagen etc. ist die 112. Aber: Im Tramuntana-Gebirge ist wegen Funklöchern nur eingeschränkter Empfang möglich.

Kontakte: O. I. T Municipal de Palma, Plaça Espanya, E-07002 Palma de Mallorca, Tel.: +34 (0)971-711527 (Informationen zu Palma)
O. I. T. de Mallorca, Plaça de la Reina 2, E-07012 Palma de Mallorca, Tel.: +34 (0)971-712216 (Infomationen zu ganz Mallorca)

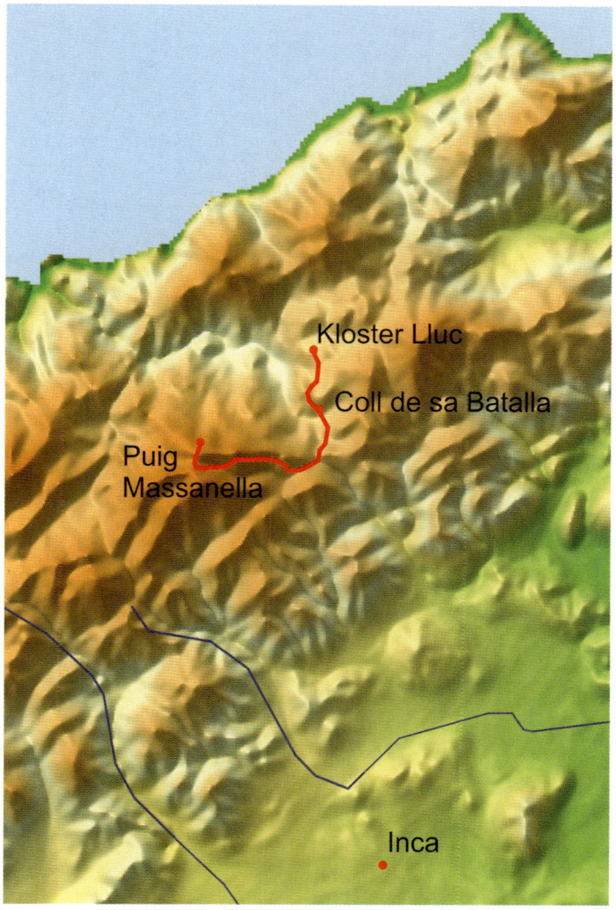

Zum grünen Schlund und auf feurige Berge

Diese Strecke durch den Barranco de las Angustias zur Playa de Taburiente und zurück gehört zum Schönsten, was La Palma zu bieten hat. Sie führt in den Nationalpark Caldera de Taburiente, ein Paradies inmitten eines der größten Erosionskrater der Welt. Auf einer weiteren Tour sammelt man die wie auf einer Perlenkette aufgereihten Vulkane der an Attraktionen nicht gerade armen Insel.

Die Caldera de Taburiente, das ist ein riesiger Krater mit einem Rand geradezu biblischer Ausmaße in 1 500 m Höhe, der sich in Hufeisenform zum Meer hin öffnet, gespickt mit wilden Felsformationen, Kaskaden und Bächen. Auch wenn die feuerfesten kanarischen Kiefern das Bild der Kraterhänge bestimmen, der Kessel selbst bietet eine sehr viel reichhaltigere Vegetation wie Farne, Zedern, Veilchen- und Heidearten, etc. „Es scheint, als habe Gott seine Faust geballt", so ein alter spanischer Vers – und wohl auch, als seien ihm an dieser Stelle einige Perlen aus der Hand gerutscht ... Über die Hälfte des Weges führt durch eine tiefe Schlucht, gespickt mit blitzenden Gumpen, seitlich bewacht von teils riesigen Felswänden. Der Aufstieg zur Playa de Taburiente verschafft Einblicke in eine längst verschollen geglaubte Welt: Felsen wie mahnende Finger, Kiefernwälder gestreckt zwischen geheimnisvollen Einkerbungen und Felsformationen. Dazwischen sucht sich der Taburiente-Bach seinen Weg – spielerisch, glitzernd, freundlich ... Wer ahnt schon, dass bei heftigen Regenfällen dieser Bach an Engstellen eine gefährliche Kraft entfalten kann.

Haushohe Pinien säumen den Weg.

Startpunkt dieser Tour ist der Parkplatz im Bachbett des Barranco de las Angustias. Dieses Bachbett ist zugleich für eine ganze Weile Pfad und Richtungsgeber dieser Tour. Es gibt einige Engstellen, Felsstufen oder kleine Staumauern, die das einfache Vorankommen behindern. Auf Pfaden, die mal kurz, mal für eine etwas längere Passage vom Bachgrund wegführen, hat man stets die Möglichkeit, solche schwierigen Passagen zu umgehen und dann wieder zum Bachbett zurückzufinden. Man folgt am besten den Wegweisern, die die unvermeidlichen Umgehungen anzeigen. Kurz nach einer Staumauer (Umleitung der Bäche in einen Ringkanal) erreicht man Dos Aguas (430 m), wo der Río Taburiente und der Río Almendro zusammenfließen. Es geht nun geradeaus weiter durch den Taburiente-Bach, dann links nach oben zur Playa de Taburiente (Schild „Al Lugar de Acampada"). Zügig nähert man sich der Las Lajitas del Viento, hier teilt sich der Weg. Allerdings nur für kurze Zeit, beide Wege (einmal *camino normal*, einfach – einmal *atajo*, anspruchsvoll) finden schnell wieder zusammen.

Aus der Caldera ragt nun bald immer schärfer der Idafe empor, ein Monolith, der wie ein mahnender Zeigefinger inmitten der ständig aufsteigenden Nebelschwaden gen Himmel zeigt, umgeben von nahezu 2500 m hohen Felsgipfeln, wie etwa dem Roque de Los Muchachos mit den wichtigsten Sternwarten der nördlichen Halbkugel. Am Idafe huldigten einst die Ureinwohner ihrem Gott „Abora" – selbst aus dieser Entfernung glaubt man den Bann des Mythos zu spüren.

Schritt für Schritt erschließt sich jetzt dem Wanderer die geheimnisvolle und legendenumwobene Caldera. 28 Kilometer Umfang, 10 Kilometer Durchmesser, bei einer Tiefe von 1500 m – Größe und Wildheit verschmolzen zu einem unfassbaren Naturschauspiel.

Niemals das gleiche Bild: Ununterbrochen steigt Nebel aus den Tiefen der Caldera.

Seit Dos Aguas liegen nun etwa 1,5 Stunden hinter dem Wanderer mit teils anspruchsvollen Steigungen. Durch Kiefern, Farne, Laubbäume und Wiesen gelangt man schließlich zur Campingzone, ein schmaler Pfad führt zur Playa de Taburiente. Die erholsamsten Badebecken und Wasserfälle finden sich unterhalb der Playa am Taburiente-Bach. Sie sind über einen Pfad erreichbar, der am unteren Ende des Campingplatzes nach links hinab ins Tal führt. Nach einer erholsamen Badepause gelangt man auf dem gleichen Weg zurück zum Parkplatz.

Ruta de los Volcanes

Diese Tour vorbei an den größten Vulkanen der Insel ist wohl eine der spannendsten Attraktionen der Insel. Was touristisch ausgeschlachtet wirken könnte, hat allerdings nichts von seiner ursprünglichen Faszination verloren. Auch wer die Insel vielleicht nur mit dem Auto erkundet, bekommt an manchen Stellen einen Eindruck vom unruhigen Untergrund. Lava von Ausbrüchen, die nur wenige Jahre her sind, hat die Landschaft zerfurcht. Ca. 120 Vulkane bietet der Südteil La Palmas. Die altehrwürdigen Hoyo Negro, Deseada und Volcán Martín gehören mit Sicherheit zu den spektakulärsten ihrer Art. Mondlandschaften bilden surreale Kontraste mit der Pflanzenwelt der „Grünen Insel". „Wer sich in dieser Welt nicht ein Stück weit verlieren kann, muss sich schnell auf die Suche machen", so angeblich einst eine spanische Wäscherin. Sie muss hier im Vulkanland groß geworden sein.

Die Ruta de los Volcanes beginnt am Refugio del Pilar. 50 Meter nach dem Schutzhaus führt der Weg nach rechts Richtung Los Canarios (GR131, weiß-rote Markierung). Durch Kiefernwald und -duft gelangt man zum ersten Panoramapunkt: In den Himmel wachsende Berge um einen herum, das Aridane-Tal breitet sich unterhalb aus. Schon

Auf dem Roque de los Muchachos sind wegen der klaren Luftverhältnisse mehrere Nationen mit Oberservatorien vertreten.

seltsam, schwarzer Sand bildet einen reizvoll-fremdartigen Kontrast mit den Farnen und sonstigen Büschen. Nach fast 1 Stunde zweigt der GR131 nach rechts ab und führt durch eine Szenerie, die der beste Landschaftsgärtner so nicht erschaffen könnte. Schwarz, Grün, Braun – alles scheint an seinem Platz und doch irgendwie eins, Natur ist Kunst ...

Nach einer Brücke führt ein schillernder Erosionsgraben auf den Kamm, schließlich ist man auf 1 904 Meter Höhe angelangt. Nun geht es hinunter, dem dunklen Schlund des Cráter del Hoyo Negro entgegen. Zuletzt lieh hier 1949 die Erde dem Berg ihre feurige Zunge. Der Weg zieht links vorbei, über das nachtschwarze Lavafeld La Malforada. Rechts am Krater entlang geht es nun weiter, bis man an eine Gabelung gelangt: Geradeaus geht es zum Deseada-Hauptgipfel (1 945 m), rechts führt der Hauptweg weiter. Durch ein Tal hindurch geht es nun, dann hinauf zum Gipfel der Deseada II (1 932 m). Von hier genießt man den fantastischen Blick zur Westküste. Der Hauptgipfel, auf den man wenige Minuten zuvor einen Abstecher machen konnte, ließe auch Aussichten auf die Ostküste zu. Wer hier oben steht, weiß, weshalb er die Anstrengungen auf sich genommen hat. Alles scheint durchdrungen von einer fast religiösen Stille. Der Vergleich mit einer Mondlandschaft drängt sich auf. Und zögerlichen Gemütern vielleicht die bange Frage: „Was wäre, wenn jetzt ...“

Auf dem Kamm geht es nun langsam hinunter durch staubige Aschefelder, über sanfte Kuppen, Kiefernwald, Senken, Täler und wieder vorbei an einem Vulkankegel. Und da grüßt er schon: der rote Volcán Martín. Rechts vorbei an den „blutigen“ Rändern des Kraters,

Am Horizont zeichnet es sich ab: Auf La Palma reiht sich ein Vulkan an den anderen.

Foto oben: Wunderschöne Wege führen auf die Gipfel von La Palma, von denen man immer wieder den fantastischen Panoramablick genießen kann.

Foto unten: Die Vegetation auf La Palma ist ganz auf den vulkanischen Boden abgestimmt.

Traumblick zur Südspitze La Palmas und zu den Salinen.

Über Lavagrushänge geht es Richtung Doppelgipfel der Montaña Pelada, dann an diesem links vorbei. Schließlich führt die Vulkanroute links hinunter zum Lavastrom des Martín – am rechten Rand des einst alles verschlingenden Feuerflusses wandert man bergab. Geradeaus geht es Richtung Fuente de los Roques, leicht aufwärts durch eine Sandlandschaft am Fuße des Fuego. Auf der Südseite des Fuego stößt man auf eine Gabelung: Man folgt dem Weg nach links, bis die Montaña del Pino (1 039 m) vor einem liegt. Rechts geht es am Massiv vorbei und dann auf einem steilen Weg nach unten. Bald breiten sich die ersten Weinfelder vor den Blicken des Wanderers aus. Am nächsten Berg geht es rechts vorbei auf eine Pistenstraße, der man nach links und wieder links folgt. Weiter unten erscheint wie aus dem Schleier der neuen Welt ein Dorf! Los Canarios wartet mit gemütlichen Restaurants, Bars und Bodegas auf den glücklichen Wanderer.

Salinenfelder an der Südspitze La Palmas

Das Wichtigste auf einen Blick

Die Touren: Tour 1 – geniale Wanderung in den berühmten Nationalpark der Insel mit Schluchten, Bächen und grandiosen Panoramen – überwiegend leichtes, aber langes Wandern. Tour 2 – abenteuerliche Krater- und Vulkanlandschaften mit sensationellen Ausblicken auf die West- und Ostküste. Bei beiden Kondition und an diversen Stellen Trittsicherheit/Schwindelfreiheit erforderlich

Länge: Tour 1 ca. 18 km; Tour 2 ca. 15 km

Dauer: Tour 1 ca. 6,5 Std.; Tour 2 ca. 5,5 Std.

Ausrüstung: knöchelhohe Wanderschuhe, Teleskopstöcke, Sonnen-/Wetterschutz, genügend Wasser

Versorgungsmöglichkeiten: nur an den Ausgangs- und Zielpunkten der jeweiligen Tour

Unterbringungsmöglichkeiten: Campingplatz

Hinweise: Bei starkem Regen Gefahr von Steinschlägen sowie von Hochwasser im Bach bei Tour 1. Bei Tour 2 Gefahr plötzlicher Wetterumschwünge mit Nebel, Regen und orkanartigen Stürme. Mobilfunk (GSM) ist auf der Insel möglich.

Kontakte: Fremdenverkehrsamt für Kanarische Inseln, Sociedad Anónima de Promoción del Turismo, Plaza de España 1, E-38002 Santa Cruz de Tenerife, Tel.: +34 (0)92-2239811

Turespaña (Deutschland), D-Kurfürstendamm 63, D-10707 Berlin, Tel.: +49 (0)30-8826543, www.spain.info

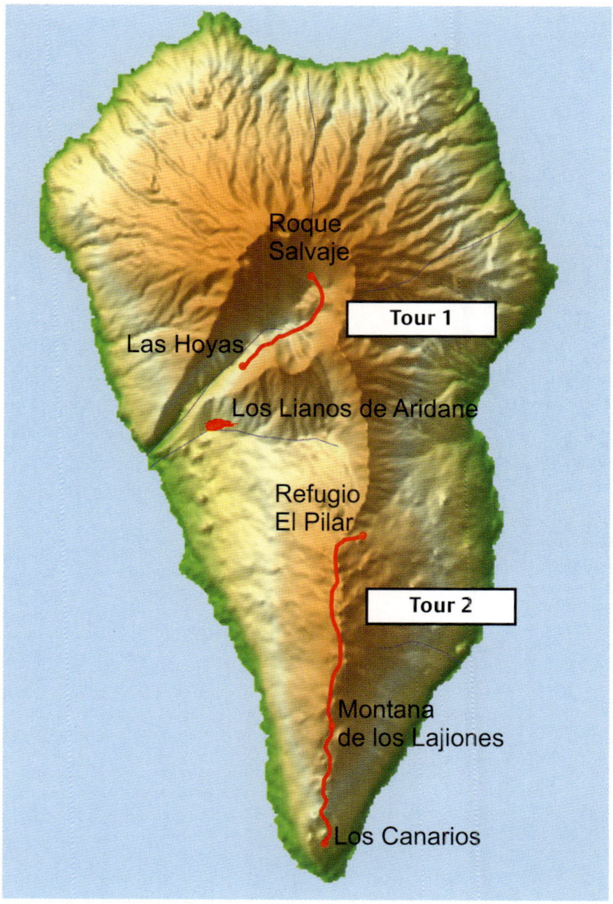

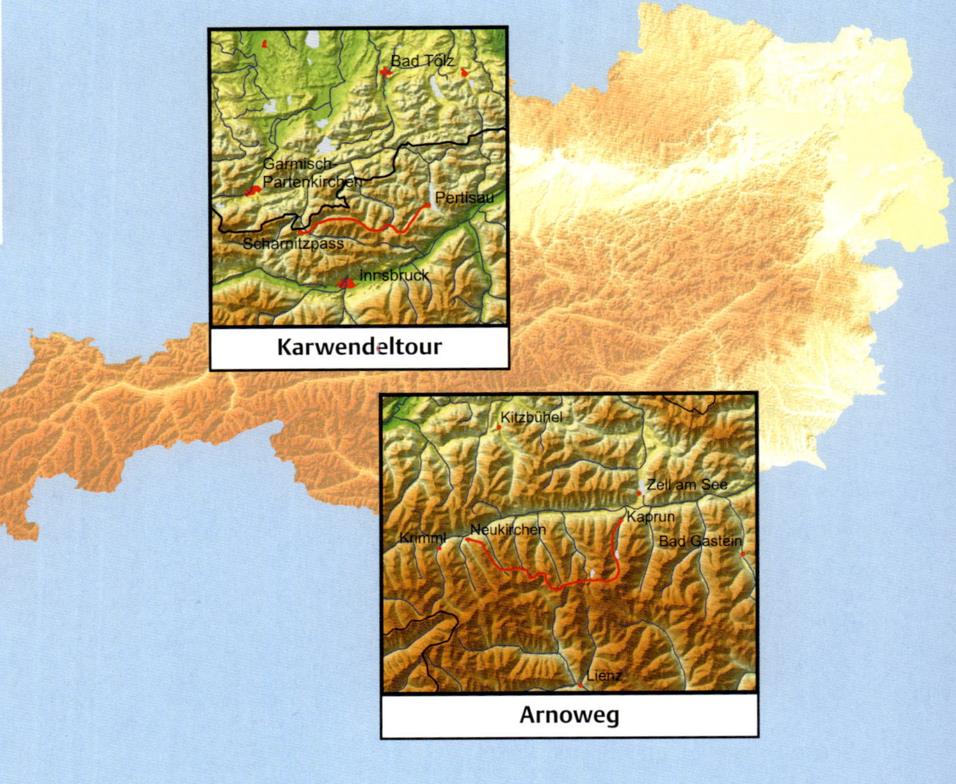

Bad Tölz
Garmisch-
Partenkirchen
Pertisau
Scharnitzpass
Innsbruck
Karwendeltour
Kitzbühel
Zell am See
Kaprun
Bad Gastein
Krimml
Neukirchen
Lienz
Arnoweg
Airolo
Campello
Biasca
Bellinzona
Locarno
Domo-
dossola
Strada Alta

Hermann Hesses Schweiz & Österreich, Heimat der Berge

Die Alpen gehören zu den großartigsten Naturlandschaften Europas. Schon ihre schiere Ausdehnung ist imposant. Auf einer Länge von 1200 Kilometern und einer Breite von bis zu 250 Kilomtern erheben sich zahllose Kuppen, Spitzen und Gipfel, eine unvorstellbare Masse aus Granit, Gneis, Schiefer, Kalkstein und Konglomeraten. Ebenso vielfältig sind die Landschaftsformen: freundlich-grüne Wiesen und Weiden, dichte Wälder mit Buchen, Ahorn, Fichten und Zirben, Felder von Latschenkiefern und Alpenrosen, weite Matten, in deren Grasdecke die bezauberndsten Alpenblumen eingewoben sind, Geröllfelder und Felswände, Schneefelder und Gletscherbrüche.

Die Alpen sind darüber hinaus uralter Kulturraum. Schon in vorgeschichtlicher Zeit haben die Menschen hier oben ihre Schafe und Kühe geweidet oder nach Erz und Kupfer, Gold und Silber gegraben, haben Wege und Pfade angelegt, die von Händlern und Soldaten, Pilgern und Hirten, Schmugglern und Königen begangen wurden.

Wer die Alpen erleben will, muss sie zu Fuß erkunden, muss Schritt für Schritt an Höhe gewinnen, die würzige Luft durch sich hindurchströmen lassen, auf die Stille lauschen. Nichts leichter als das: Das Netz der Wanderwege ist dicht und gut markiert, und viele dieser Wege verbinden sich zu weiten Routen, die langen Bergkämmen folgen, ganze Massive überschreiten oder umrunden.

Das Schöne bei diesen Weitwanderwegen ist: Es geht immer weiter. Bergrücken um Bergrücken lässt man hinter sich, besteigt unterwegs einen Gipfel, durchquert ein Tal, erreicht schließlich eine Hütte, um am nächsten Tag durch taufeuchte Wiesen dem nächsten Ziel zuzustreben.

Keine Angst vor den langen Strecken! Wer vernünftig ausgerüstet ist, feste Bergstiefel trägt, Regenjacke und Sonnenhut eingepackt hat, wer genug trinkt, aufs Wetter achtet und kein unnötiges Risiko eingeht, für den ist auch die anstrengendste Mehrtagestour der reine Genuss.

Von den Gletschern zu den Palmen

Auf den Spuren Hermann Hesses durchs Tessin

„Wenn ich diese gesegnete Gegend am Südfuß der Alpen wieder sehe, dann ist mir immer zumute, als kehre ich aus einer Verbannung heim, als sei ich endlich wieder auf der richtigen Seite der Berge.“ *(aus Hermann Hesse: „Wanderung“)*

Wer jemals im Tessin *(Ticino)* war, wird diese Gedanken von Hermann Hesse nachempfinden können, denn die so genannte ‚Sonnenstube der Schweiz‘ besticht durch südlichen Charme, mildes Klima und vielseitige, atemberaubende Landschaften. Berge, Seen, liebliche Täler, malerische Ortschaften laden ein, die „italienische Schweiz“ zu erkunden. San Bernadino, Valle Maggia, Centovalli und Val Blenio, Lago Maggiore und Lago di Lugano, Locarno und Ascona, das sind Namen, die sicher jeder schon einmal gehört hat.

In dieser Villa im milden Klima des Tessin verbrachte Hermann Hesse seinen Lebensabend.

Beim Wandern im Tessin ergeben sich durch die Vielseitigkeit der Landschaften und die Jahreszeiten je ganz unterschiedliche Bedingungen. Für die Berge ist die ideale Wandersaison von Ende Mai bis Mitte Oktober, in den tiefer gelegenen Regionen kann man praktisch das ganze Jahr über wandern. Besonders im Spätfrühling und Sommer erschließt sich die Vielfalt von Flora und Fauna. Von blühenden Alpenwiesen geht es hinunter zu der mediterranen Blütenpracht der Seepromenaden. Bergtouren, die im Schnee beginnen, enden als reizvolle Spaziergänge im milden Klima wunderschöner Gärten.

Mit Hermann Hesse, der seinen Lebensabend im Tessin verbracht hat, gerät man ins Schwärmen: „... Nach fünfzig Schritten wird nur noch der Süden mir offen stehen. Wie atmet er geheimnisvoll aus bläulichen Tälern herauf! Wie schlägt mein Herz ihm entgegen! Ahnung von Seen und Gärten, Duft von Wein und Mandel weht herauf ...“

Strada alta leventina

Es ist schwer, sich angesichts der Fülle von Angeboten für einen einzigen Weg zu entscheiden. Die Wahl mag letztlich auf den wohl bekanntesten Fernwanderweg des Tessins fallen, die Strada alta leventina. Sie ist Teilstrecke des Kulturwegs der Alpen sowie des Trans Swiss Trails, auch der Europäische Fernwanderweg E 1 verläuft zum Teil auf derselben Route.

Die Strada alta (Höhenweg) ist ein prachtvoller etwa 45 Kilometer langer Panoramaweg, der je nach Kondition in 2 bis 3 Tagen gegangen werden kann. Er beginnt in der Bergwelt der oberen Leventina in 1 141 Metern Höhe

bei Airolo, führt hinauf bis auf 1 419 Meter bei Altanca und dann hinunter durch kleine Schluchten, harzduftende Wälder und über die Sonnenhänge der mittleren Leventina. Fast unmerklich gelangt man in die untere Leventina mit ihren offenen Wiesenhängen, den typischen Dörfern und Laubgehölzen. Der Abstieg hinunter in tiefer liegende Regionen durch schattige Kastanienwälder beschließt diese unvergessliche Wanderung in Biasca.

Die Strada alta ist ideal, um den Übergang der Bergregion in die südlichen Gefilde des Tessins zu erleben.

1. Etappe: Airolo–Osco

Von Airolo führt die Strada alta sowohl auf asphaltierten Straßen wie auch auf schmalen Saumpfaden und bequemen Wiesenwegen bis hinauf nach Madrano (1 156 Meter) und von dort weiter ansteigend bis nach Brugnasco (1 358 Meter). Am Berghang des oberen Valle Leventina entlang kreuzt die Strada alta schließlich die steile Ritomsee-Standseilbahn unterhalb der Haltestelle und führt an der kleinen weißen Kirche des Bergdorfes Altanca vorbei bis zum Weiler Cresta di sopra, mit 1 419 Metern der höchste Punkt der Strada

Die typischen Tessiner Steinhäuser erwecken Sehnsucht nach vergangenen Tagen.

Im Tessin vereint die Landschaft das Majestätische der Berge mit der Milde des Südens.

alta. Ab hier geht es durch die wunderschöne Bergwelt wieder hinab bis nach Ronco und Deggio. Über Straßen und herrliche Bergwiesen führt der Weg an der Kapelle San Martino vorbei bis nach Lurengo, zur Sonnenseite der oberen Leventina.

Man wandert durch kleine Bergwäldchen wie den Bosco d'Öss bis hoch über die Piottinoschlucht und von da auf steilem Zickzackweg zum nächsten Talabschnitt. Anschließend geht es auf einem Pfad durch Wald hinab bis zu einem Aussichtspunkt, von dem aus man einen herrlichen Blick auf einen Teil der mittleren Leventina hat.

Ab hier folgt die Route dann einem der frühesten Saumwege des Tales bis nach Freggio, über die Campagna durch Weiden und lichten Wald bis nach Osco, einem sehr schön gelegenen sonnigen Dorf (Übernachtungsmöglichkeiten sind im Ort vorhanden).

2. Etappe: Osco–Anzonico

Ab Osco beginnt eine der schönsten Teilstrecken der Strada alta. An bewaldeten Berghängen entlang kreuzt der idyllische Pfad wilde Gebirgsbäche, führt am Maiensäss Targnett und der kleinen Schlucht des Baches Formiei vorbei und erreicht nach steilem Aufstieg eine große Waldlichtung mit dem typischen Leventinerdörfchen Calpiogna (1 140 m). Von hier hat man eine fantastische Aussicht auf das Campe-Tencia-Massiv. Anschließend geht es wieder durch Wald und dann auf schönen Wiesenwegen nach Figgione hinüber. Der alte Saumweg überquert den Wildbach Croarescio, führt nach Rossura, einem weiteren typischen Leventinerdorf mit der sehenswerten romanischen Pfarrkirche Santi Lorenzo e Agata aus dem 13. Jahrhundert. Hinter Rossura überquert die Strada alta einen Gebirgsbach und dahinter eröffnet sich ein wunderbarer Pano-

Wasser, Wälder und Berge sind die Zutaten für ständig neue Panoramen im Tessin.

ramablick gen Norden ins Valle Leventina, kurz bevor man Tengia (1 103 m) mit seinen typischen Steindächern erreicht. Dort, beim alten Brunnen am oberen Dorfrand, teilt sich die Strada alta. Der bequemere untere Weg verläuft zunächst leicht ansteigend durch Wiesen, Felder, kleine Wälder und fällt dann ab mit herrlicher Aussicht auf die Bergwelt. Es geht vorbei an einem Wasserfall bis nach Calonico (970 m) mit der kleinen Kirche San Martino. Ein Abstecher zur Kirche lohnt sich schon wegen der Lage hoch über dem Valle Leventina. Auf einer kleinen Nebenstraße wandert man weiter bergab bis zum Grotto Pro Bell (898 m), durch Kastanienwald und weiter durch das Wäldchen Bosco Salvagata bis zum Tagesziel Anzonico mit seinen engen Gassen. Anzonico (979 m), an einen steilen Hang gebaut, weist neben soliden Tessiner Steinhäusern noch viele gut erhaltene Leventiner Holzhäuser auf. Auch die etwas abseits gelegene Kirche San Giovanni Battista ist sehenswert. In Anzonico gibt es etliche Übernachtungsmöglichkeiten.

3. Etappe: Anzonico–Pollegio

Von Anzonico führt die Strada alta weiter über Wiesenhänge und durch kleine Wäldchen im Zickzack bergab bis nach Segno. Hier ist die trutzige mittelalterliche Kirche San Ambrogio sehenswert. Bis zum stattlichen Cavanago senkt sich der Höhenweg, um bald darauf an steilen Wiesenhängen entlang zu führen, durch schattige Kastanienwäldchen, bis er in den Heuwiesen unterhalb von Rocanico mündet. Weiter geht es dann bis zur Kirche von San Lorenzo von Sobrio; Kirche, Pfarrhaus und Friedhof bilden ein malerisches Ensemble. Durch Sobrio wandert man zum wunderschönen Aussichtspunkt Valecce, um anschließend an Ginsterhängen vorbei die wildromantische Vallonenschlucht über dem Wildbach Dragone zu überqueren. Der letzte bequeme Teil des Höhenwegs führt durch den Wald über die Monti di Bodio und die Monti di Bollegio. Nach dem idyllischen Diganengo (964 Meter) bei Casa Forestale beginnt der Abstieg zur Talebene hinunter über das einsam gelegene Monti Corecco im Kastanienwald nach Pollegio (296 Meter) hinab, von wo aus man zur Hauptstraße gelangt, die nach Biasca führt.

Wer neun bis zehn Tage zur Verfügung hat, dem sei der Jubiläumswanderweg 700 Jahre Schweiz empfohlen. Hierzu ist eine kostenlose Broschüre beim Fremdenverkehrsamt Tessin erhältlich. Der *Trekking del 700* ist insgesamt eine Bergwanderung mittleren Schwierigkeitsgrades von Osten nach Westen des Tessin. Für geübte Bergwanderer ist diese Strecke in neun Tagesetappen zu bewältigen. Sie führt auf ca. 130 Kilometern von Mesocco über Biasca und Sonongo bis nach Formazza.

Das Wichtigste auf einen Blick

Die Tour: Bei normaler Kondition leichte bis mittelschwere Bergwanderung ohne besondere Herausforderungen wie Klettersteige oder ausgesetzte Stellen. Die Tour kann auch in kleinere Einzeletappen aufgeteilt werden, da alle Etappenziele gut mit Auto und Postbus zu erreichen sind.

Länge: 45 km, ca. 1 100 Höhenmeter vorwiegend bergab

Dauer: 3-Tages-Tour mit Etappen zwischen 3 und 5 Stunden, also genügend Zeit für ausgedehnte Pausen

Wegmarkierungen: wie überall in der Schweiz drei Kategorien: alpine Routen (weiß-blau-weiß), Bergwanderwege (weiß-rot-weiß), Wanderwege (gelbe Raute)

Ausrüstung: leichter Tagesrucksack, gutes Schuhwerk, zweckmäßige Wanderkleidung, Kopfbedeckung, Regenschutz, Sonnenschutz, Sonnenbrille, Trinkflasche, evtl. Teleskopwanderstöcke

Versorgungsmöglichkeiten: unterwegs in den Dörfern genügend Bars und Cafés

Unterbringungsmöglichkeiten: In den Ortschaften am Wanderweg, besonders an den genannten Etappenzielen, gibt es Übernachtungsmöglichkeiten.

Kontakte: Ticino Turismo, ENTE Ticinese per il Turismo, Via Lugano 12, CH-6501 Bellinzona, Tel.: +41 (0)91-8257056, Fax: +41 (0)91-8253614, info@ticino-tourism.ch, www.ticino-tourism.ch

Anzonico und seine Steinkirche: Im Tessin ist alles solide und auf festen Grund gebaut.

Bergriesen in den Hohen Tauern

Fünf Tage auf dem Arnoweg

Wie eine gewaltige Mauer erheben sich im Süden des Bundeslandes Salzburg die Hohen Tauern, eine monumentale Landschaft mit weiten Almen in den tieferen Lagen und ausgedehnten Steinwüsten weiter oben, mit Karseen, Firnfeldern, Eisbrüchen und Gletschern, aus denen die mächtigen Urgesteinsgipfel wachsen. Hier zu wandern ist eine Herausforderung an alle Sinne: Die Augen können sich kaum satt sehen an den mannigfaltigen Felsformationen, Wasserfälle rauschen zu Tal, Bartgeier schweben mit heiseren Schreien in der Luft, Murmeltiere stoßen scharfe Pfiffe aus, Latschenfelder verströmen ihren betäubend-harzigen Duft und unter den Sohlen federn weiche Almwiesen oder knirschen Schieferplättchen und Granitbrocken.

Aus dem breiten, von der Salzach durchflossenen Pinzgau führen lange Seitentäler hinein in die Bergwelt. Von Neukirchen am Großvenediger (das vom namengebenden Berg allerdings mehrere Tagesmärsche weit entfernt ist) braucht man gut 3 Stunden durch das Habachtal bis zum Gasthof Alpenrose, ein ermüdender Hatscher auf einer Staubstraße. Da überlegen sich auch überzeugte Wanderer, ob sie bis dahin nicht das Nationalpark-Sammeltaxi nehmen sollen. Denn ab der Klamm des Habachs befindet man sich im Nationalpark Hohe Tauern, einem 1 800 Quadratkilometer großen Gebiet, in dessen äußeren Zonen zwar noch traditionelle Land- und Almwirtschaft betrieben wird, dessen innere Zonen aber weitgehend sich

Vertrautes Miteinander: Die ansonsten scheuen Murmeltiere haben sich an die Bergwanderer gewöhnt.

selbst überlassen bleiben. Über grüne Matten und Geröllfelder kommt man immer tiefer in den Talschluss, in dessen obere Regionen sich das Habachkees zurückgezogen hat – „Kees“ nennt man in den Tauern die Gletscher. 300 Meter über dem Talgrund steht auf einer weiten grünen Mattenfläche die Thüringer Hütte.

Wir gehen hier auf dem Arnoweg, einem 1 200 Kilometer langen Fernwanderweg, der die Grenzen des Bundeslandes Salzburg ausmisst. Er erinnert an den Salzburger Erzbischof Arno (740–821), unter dem das Erzbistum einst seine größte Ausdehnung erreichte. Bis 1803 wurde Salzburg von Fürsterzbischöfen regiert. Sie führten das Land nicht zuletzt mit Hilfe der Tauernschätze zur Blüte: Hoch oben in den Bergen wurde nämlich über Jahrhunderte hinweg in schwerer Arbeit das legendäre Tauerngold abgebaut, bis die Gruben erschöpft und die Anlagen von vordringenden Gletschern zerstört wurden.

Der nächste Tag bringt den ersten Gipfel: Zum Larmkogel (3 017 Meter) hinauf geht es über Geröll, Blockwerk und verharschte Altschneeplacken, recht steil, unter dem Gipfel etwas ausgesetzt, aber im Großen und Ganzen nicht wirklich schwierig. Eine enorme Rundsicht tut sich hier auf, und ganz in der Nähe erhebt sich die weiße Pyramide des Großvenedigers, eines der schönsten Berge der Tauern. Dann geht es hinunter zum großen Kratzenbergsee, der still und kalt unterhalb der Neuen Fürther Hütte liegt. Nur an sehr heißen Tagen springen ein paar mutige Bergsteiger kurz zur Abkühlung hinein und kommen bibbernd und mit blauen Lippen wieder heraus.

Blick auf den Großglockner, zu dessen Füßen der größte Gletscher Österreichs, die Pasterze, liegt.

Foto oben: Beeindruckendes Panorama mit gigantischem Stausee – der Speicher Mooserboden

Foto unten: In großer Höhe kann man schon einmal des eher rar gewordene Steinbocks ansichtig werden.

Das Sandebentörl (2753 Meter) markiert die Grenze zu Osttirol. Hier wechselt man auf den Südhang der Tauern und folgt dem St. Pöltner Westweg bzw. dem Venediger Höhenweg, der durch die Abhänge hoch über dem Außergschlöss sacht bergab führt. Erst der Anstieg zur St. Pöltner Hütte auf dem Felber Tauern wird wieder etwas schweißtreibend. Die gemütliche

Hütte, in deren Umkreis nicht weniger als sechs kleine Bergseen liegen, steht auf dem Joch eines jahrtausendealten Übergangs über den Alpenhauptkamm. Über diesen und einige ‚Tauern' verliefen schon in vorchristlicher Zeit wichtige Handelswege von Nord nach Süd. Das beweisen Überlieferungen und wertvolle Funde – etwa ein 5 000 Jahre altes Steinbeil oder eine Statuette des Herkules, dem römische Soldaten um 200 n. Chr. einen Altar errichtet hatten.

Die folgende Etappe gehört zu den imposantesten der Tauern überhaupt, ist aber sehr strapaziös und verlangt Erfahrung und Trittsicherheit. Wer sich das nicht zutraut, steigt hinunter zur Bundesstraße, fährt mit dem Bus hinaus ins Pinzgau und durch das Stubachtal wieder hinauf zum Enzinger Boden. Dort nimmt man die Gondelbahn zur Rudolfshütte oder geht die dreieinhalb Stunden zu Fuß hinauf. Auf die Unerschrockenen allerdings wartet ein Höhenweg mit prachtvollen Bildern: einsame Bergseen, wild gezackte Grate, mächtige Bergflanken, majestätische Gipfel.

Man wandert zuerst hinunter zum Alten Tauern, passiert drei schöne Bergseen und kreuzt dabei den tief unten im Bauch des Berges verlaufenden Felbertauerntunnel. Über

Große Teile der Wanderroute liegen oberhalb der Baumgrenze.

Stille Bergseen laden zur Rast nach schweißtreibenden Anstiegen.

zwei Scharten geht es in die Südostflanke des Glockenkogels und dann direkt auf das weite Rund der Prägrat-Wand zu, in deren oberen Abschnitt die Karl-Fürst-Hütte steht. Nun folgt der anspruchsvollere Teil des Weges über das Prägrat-Kees hinauf zur Granatscharte – und schon befindet man sich mitten im Herz der Alpen: Gletscherspalten, Brüche, Geröll demonstrieren, wie wehrlos man hier oben der Natur ausgeliefert ist. Man quert im weiteren Verlauf das Sonnblickkees und hangelt sich dann über einen gut gesicherten Klettersteig hinunter zum Weißsee, an dessen Ufer die Rudolfshütte steht: ein großer Kasten mit Internet-Terminal, Satellitenfernsehen, Hallenbad und Indoor-Kletterwand – wie aus einer anderen Welt.

Auf dem Austriaweg geht es weiter nach Osten. Die zurückweichenden Gletscher haben hier eine kalte, öde Wüste hinterlassen, die nur langsam wieder von den ersten Pflanzen erobert wird. Auch auf dem Kapruner Törl erwartet den Wanderer nur Eis und Fels – und wiederum das grandiose Panorama der schneeweißen Dreitausender ringsum. Von nun an geht es in leichtem Bergauf und Bergab dem Stausee Speicher Mooserboden entgegen und an seinem Ufer entlang bis zur Staumauer. Hier steht die Hochgebirgsschule Mooserboden, in der seit über 40 Jahren Kurse im Bergsteigen, Klettern und Eisklettern abgehalten werden. Die Fürther Moar Alm liegt noch ein gutes Stück unterhalb, am Ufer des Speichers Wasserfallboden. Die beiden riesigen Staumauern sind die Vorboten des gewaltigen technischen Wunderwerks, welches das ganze Kapruner Tal prägt: das Speicherkraftwerk, das die Wasser des gesamten Glocknergebietes sammelt und daraus elektrischen Strom gewinnt.

Der Weg hinunter ins Pinzgau dauert noch einen vollen Tag und führt uns über die Kammerscharte und das Sommerskigebiet am Kitzsteinhorn aus dem Reich von Eis und Schnee hinaus. Es wird immer grüner, die unwirtliche Eiswüste verwandelt sich in ein malerisches Panorama, voraus bauen sich die Kitzbüheler Alpen als prächtige Kulisse auf. Gasthöfe laden zur gemütlichen Einkehr und verzögern den Abstieg nach Kaprun auf angenehmste Weise.

Verdiente Erfrischung nach langem Abstieg

Das Wichtigste auf einen Blick

Die Tour: 4 Tage durch die Hochgebirgslandschaft der Hohen Tauern, über Scharten und Gletscher, vorbei an Bergseen und steilen Wänden. Bergwege und Steige, Trittspuren und ein Klettersteig sorgen für abwechslungsreiches Wandern. Die technisch und konditionell anspruchsvollste Etappe kann umgangen werden. Von allen Hütten ist der Abstieg ins Tal möglich.

Länge: ca. 80 km, 4 750 Höhenmeter bergauf, 5 750 Höhenmeter bergab

Dauer: 4 bis 5 Tage, pro Tag im Schnitt 6 Stunden, Pausen nicht eingerechnet. Die Etappe zur Rudolfshütte dauert 10 Stunden.

Wegmarkierungen: rot-weiß-rote Wegmarken, Adlersymbol des Arnoweges

Ausrüstung: Bergstiefel, Teleskopstöcke, Trinkflasche, Regen- und Sonnenschutz, Hüttenschlafsack, DAV-Ausweis, für die Etappe zur Rudolfshütte auch Gletscher- und Klettersteigausrüstung (Steigeisen oder Grödeln, Pickel, Seil, Klettergurt)

Versorgungs- und Unterbringungsmöglichkeiten: Neue Thüringer Hütte, Neue Fürther Hütte, St. Pöltner Hütte, Rudolfshütte, Fürther Moar-Alm

Hinweise: Der Empfang für Mobiltelefone ist nicht überall gegeben. Bergrettungsstationen sind die angegeben Hütten. Bei Regen, Nebel oder Schnee sollte die Tour abgebrochen werden. Immer die Wettervorhersage beachten.

Kontakte: Unter www.alpenvereinshuetten.at gibt es alle Informationen zu den angegeben Hütten.
Tourismusverband Kaprun, A-5710 Kaprun,
Tel.: +43 (0)6547-86430, Fax +43 (0)6547-8192,
kaprun@kaprun.net, www.alpinzentrum-rudolfshuette.at,
www.kaprun.at
Tourismusbüro Neukirchen,
Marktstrasse 171, A-5741 Neukirchen am Großvenediger,
Tel.: +43 (0)6565-6256, Fax: +43 (0)6565-655074,
info@neukirchen.at, www.neukirchen.at

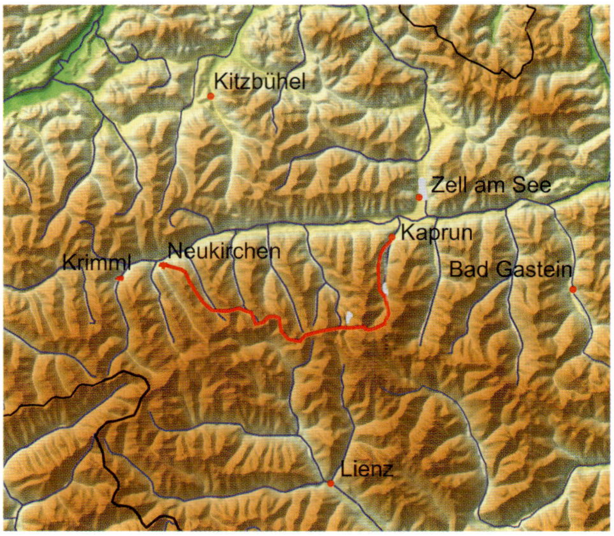

Ruhe, Stille, Einsamkeit

Große Karwendeldurchquerung

Innsbruck, die Hauptstadt Tirols, bezieht einen guten Teil ihres Reizes aus der grandiosen Kulisse, vor der sich die Türme und Kuppeln und nicht zuletzt das berühmte Goldene Dachl in Szene setzen. Dabei gehört das Karwendel, von dem ein Teil sogar zum Stadtgebiet zählt, durchaus nicht zu den höchsten Gebirgsstöcken des Landes. Doch auch mäßig hohe Berge können mit dramatischen Panoramen aufwarten: Jähe Wandfluchten und gewaltige Kare, scharfkantige Grate und Spitzen, hohe Felstürme und tiefe Schluchten bestimmen das Bild dieses Bergzugs zwischen Isar und Inn.

Das steil geschichtete Gebirge, aufgebaut aus Meeresablagerungen der Trias-, Jura- und Kreidezeit, ist mit 40 Kilometern Länge und 25 Kilometern Breite das größte unbesiedelte Gebiet Österreichs und ein intaktes Naturschutzgebiet. Es besteht aus vier deutlich ausgeprägten, in Ost-West-Richtung verlaufenden Ketten, die durch schmale Täler getrennt sind. Im Herbst glühen die Wände von roten und gelben Blättern der Buchen und Ahornbäume vor dem hellen, schroffen, abweisenden Fels. Viel Wild steht hier, besonders Gämsen, und so wurde das Karwendel trotz seiner Unwirtlichkeit schon früh durch ein Wegenetz erschlossen – noch heute gehören die Hochgebirgsjagden zu den begehrtesten Revieren Europas.

Elegante Fassaden im Herzen Innsbrucks, im Hintergrund zeichnet sich die faszinierende Kulisse des Karwendels ab.

Da es keine Straßen gibt, muss man sich das Gebirge wie in alten Zeiten zu Fuß erschließen. Ein besonders schönes Naturerlebnis ist die Große Karwendelüberschreitung, die das Gebirge von West nach Ost durchmisst. Für die Tour sollte man sich etwa 3 Tage Zeit nehmen, doch mehr als ein bisschen Kondition und die nötige Ausrüstung braucht man hierfür nicht. Der Weg folgt dem Weitwanderweg E 4 alpin.

Die Tour beginnt in Scharnitz, wo der Karwendelbach in den Drahnbach mündet. Der gut angelegte Wanderweg folgt dem Karwendelbach, vorbei an der Pürzlkapelle, ein paar Stunden lang gemächlich bergauf – freilich muss man sich mit den Mountainbikern arrangieren, die im Sommer schweißtriefend die 850 Höhenmeter hinaufstrampeln. Langsam dringt man ins Innere des Gebirges vor, passiert die Felswände der Westlichen und später der Östlichen Karwendelspitze. Schließlich schwingt sich der Weg etwas steiler hinauf, die letzten 350 Höhenmeter auf den Hochalmsattel muss man tüchtig steigen. Dafür gibt es dort oben eine prächtige Aussicht, einen guten Kaiserschmarrn und eine saubere Unterkunft.

Eine Bilderbuchlandschaft: der Geroldsee – eingerahmt vom schneebedeckten Karwendelgebirge

Das Karwendelhaus ist Ausgangspunkt vieler interessanter Touren. Über Felsen, Schrofen und Geröll etwa kann man hinauf zur Birkkarspitze steigen, dem mit 2749 Metern höchsten Gipfel des Karwendels, eine eher anspruchsvolle Tour. Man kann es aber auch gemütlicher angehen: Und so geht es bequem bergab bis zum Kleinen Ahornboden, einem weiten Wiesenplan, der locker mit herrlichen alten Ahornbäumen bestanden ist. Hier zu sitzen und den Blick über die grünen Wiesen und die Felswände schweifen zu lassen, ist das reinste Paradies. An diesem schönen Fleck Erde steht das Denkmal für Hermann von Barth, dem Erschließer des Karwendels. Er war begeistert von der wilden Bergwelt und bestieg 1870, als 25-Jähriger, in einem Sommer ganz allein 88 Gipfel, davon 12 erstmalig.

Aus der lieblichen Almregion geht es nun wieder hinauf in die Welt der Steine und Felsen. Zwischen Ladizköpfl und Spielissjoch steht die schöne Falkenhütte. Nett und gemütlich ist es hier, der Apfelstrudel wird weithin gerühmt, und der Blick auf Birkkar, Westliche und Östliche Karwendelspitze und die Zacken der Laliderer ist grandios. Die Lalidererwände sind – vor allem bei richtiger Beleuchtung – geradezu die Essenz der Karwendelfelsen: eine gewaltige Felsmauer, die unüberwindlich erscheint. Als bereits alle anderen Gipfel und Wände bezwungen waren, standen die Laliderer immer noch ‚jungfräulich' da, auch Hermann von Barth hatte sie nur von der harmlosen Südseite her bestiegen. Erst 1911 durchkletterte der 22-jährige Otto Herzog, genannt Rambo, erstmals die Nordwestwand; erst 22 Jahre später gelang es dem Innsbrucker Kaminkehrer und ‚Barfußkletterer' Matthias Auckenthaler, auch die höchste Wand, die 900 Meter hohe Nordwand, zu durchsteigen.

Noch heute wagen sich nur die besten Kletterer an die Laliderer – mit ein wenig Glück hat man als Wanderer die Gelegenheit, ein solches Unternehmen zu beobachten. Denn der weitere Weg führt nun genau am Fuß der Wände entlang durch das Schuttkar der Laliderer Reißen bis zum Hohljoch hinüber.

Nach Felsen und Schrofen geht es nun hinunter in ein weiteres Paradies: zum Großen Ahornboden. Über 500 Jahre alt sind manche der Baumriesen hier, und wenn es zufällig gerade Herbst ist, tut sich hier eine unvergleichliche Farbenpracht auf. Freilich: Ganz allein wird man das alles nicht genießen können, denn die Eng, wie dieser Winkel heißt, ist durch eine Fahrstraße erschlossen.

Foto linke Seite: Durch saftige Wiesen führt der Karwendelhöhenweg – und immer im Blick die atemberaubende Bergkulisse.

Foto rechte Seite: Typisch für die Region ist die ornamentale Ausgestaltung der Häuser.

Die Lamsenjochhütte bietet wieder Hüttenatmosphäre: eine urige Gaststube, deftiges Bergsteigeressen, kühles Bier, einfache Betten und Lager. Und obwohl die Hütte auf fast 2 000 Metern Höhe steht und die Berge ringsum noch gehörig Respekt einflößen, ist hier nun deutlich der östliche Rand des Gebirges erreicht. Alle Täler führen hinaus, ins Inntal oder ins Achental.

Noch ein letztes Mal das weißliche Geröll unter den Wanderstiefeln, noch einmal durch duftendes Latschengehölz, noch einmal durch einen grünen Wiesengrund. Die Lamsenspitze wird immer kleiner, und am Gasthof Gramaialm parken schon die Autos. Ein letztes Wegstück führt hinunter nach Pertisau am Achensee, der den schmerzenden Füßen Kühlung und Entspannung verspricht.

Das Karwendel-Gebiet zeigt sich auch im Winter, wenn das Gebiet in tiefem Schnee versinkt, von seiner schönsten Seite. Auch zu dieser Jahreszeit sind Wanderungen möglich.

Das Karwendel-Gebirge in seiner ganzen Schönheit

Das Wichtigste auf einen Blick

Die Tour: Dreitagestour von Scharnitz nach Pertisau am Achensee durch den Naturpark Karwendel. Alpine Tour auf gut ausgebauten Wegen ohne technische Schwierigkeiten, An- und Abstiege sind gut zu bewältigen.

Länge: ca. 35 km, 2 500 Höhenmeter

Dauer: Pro Tag geht man im Schnitt 6 Stunden, Pausen nicht eingerechnet.

Wegmarkierungen: rot-weiß-rote Wegmarken, Weitwanderweg E 4 alpin

Ausrüstung: Bergstiefel, Teleskopstöcke, Regen- und Sonnenschutz, Hüttenschlafsack, DAV-Ausweis

Versorgungsmöglichkeiten: Karwendelhaus, Falkenhütte, Gasthof Gramai

Unterbringungsmöglichkeiten: Im Karwendelhaus und auf der Falkenhütte. Anmeldung im August ratsam.

Hinweise: Der Empfang für Mobiltelefone ist nicht überall gegeben. Bergrettungsstationen sind die angegeben Hütten.

Kontakte: Unter www.alpenvereinshuetten.at gibt es alle Informationen zu den angegeben Hütten.
Informationsbüro Scharnitz: A-6108 Scharnitz/Tirol,
Tel.: +43 (0)5088040, info.scharnitz@seefeld.com
Tourismusverband Achensee, Informationsbüro Pertisau,
Haus Nr. 53 d, A-6213 Pertisau am Achensee,
Tel.: +43 (0)524-4307, info@achensee.info

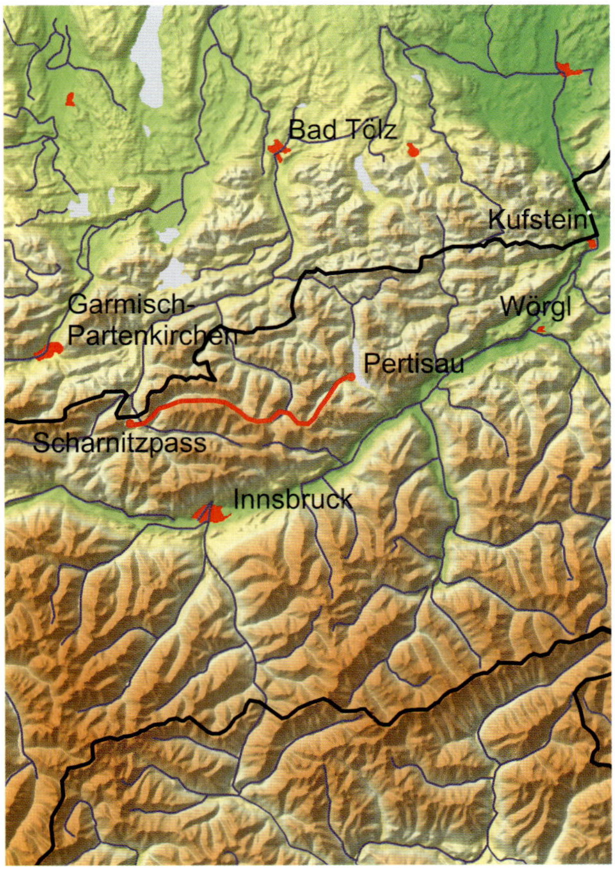

Brixen
Puezhütte
Boehütte
Dolomitenhöhenweg
Sestri
Levanto
Monterosso
Vernazza
Corniglia
La Spezia
Portovenere
Cinque Terre

Liebliches Italien

La dolce vita – das süße Leben – ist wohl das, was die meisten Menschen mit Italien verbinden: ein Campari Orange in Mailand, ein Espresso in Rom, die weißen Strände der Adria und Riviera, Oliven- und Zypressenhaine in der Toskana, Bootstouren auf dem Gardasee und durch die Grotta azzura auf Capri.

Dass Italien, in erster Linie der Norden, auch traumhafte Wanderlandschaften bietet, hat sich erst langsam im Verlauf der vergangenen zwei Jahrzehnte herumgesprochen. Zentrum dieses neu entdeckten Wanderlandes sind fünf kleine idyllische Dörfer, die bis zu Beginn des 20. Jahrhunderts bettelarm und von der Umwelt fast gänzlich abgeschnitten waren – die Cinque Terre. Sie reihen sich in kunterbunter Farbenpracht an die felsige Küste Liguriens, verbunden nur durch alte Maultierpfade, auf denen sich nun im Sommer Touristen und Wanderer tummeln. Entlang der Steilküste, hoch über dem azurblauen Meer, gelangt man von Dorf zu Dorf, vorbei an Weingärten, farbenprächtigen Blumenwiesen, blühenden Kakteen. In den Dörfern dann das, was man von Italien erwartet: frische Oliven und Wein der Region, Fischgerichte, Pesto und hausgemachte Ravioli in kleinen Cafés auf dem Marktplatz. Genussreiche Touren also, die selbst den skeptischsten Wanderer überzeugen.

Mehr Ausdauer, Kondition und Willen erfordert da das zweite große Wandergebiet Oberitaliens: die Dolomiten. Ihre Zinnen und Gipfel beeindrucken zwar nicht weniger als die blumengeschmückte Küste Liguriens, fordern aber mehr wanderliches Geschick. Geht man im Tal von Ampezzo noch auf relativ entspannenden Wegen, so verlangen die „Drei Zinnen", der „höchste Himmel der Dolomiten", nach bergsteigerischen Fähigkeiten. Belohnt wird man hier aber durch eine unberührte Gebirgslandschaft ohne den Rummel des Cinque-Terre-Gebietes. Und nach den anstrengenden Touren dürfte ein würziger Bergkäse, deftiger Bauernspeck und schmackhafte Mehlsuppen ebenso willkommen sein wie ligurische Foccacia – zumal die hervorragenden Südtiroler Weine gleich vor der Türe wachsen.

Im Felsenmeer

Vier Tage auf dem Dolomiten-Höhenweg Nr. 2

Die Dolomiten gehören zum Großartigsten, was die Alpen zu bieten haben. Als riesiges Felsenmeer erstrecken sie sich von Brixen in Südtirol bis Belluno, im Westen vom Eisack begrenzt, im Osten von Rienz und Piave. Der helle Kalkstein, der Dolomit, bildet hier ganz besonders bizarr ausgeformte Spitzen, Grate, Zinnen, Schründe und Kanten, die, je nach Tageszeit und Wetter, weiß strahlen oder grau leuchten und im Schein der untergehenden Sonne diesen ganz besonderen rosa Schimmer erhalten.

Und doch ist jeder einzelne Bergstock einzigartig: Der massive Block der Sella, die kühn und steil aufragenden Geislerspitzen, der breit gelagerte Rosengarten mit den vielen ‚Gendarmen', den Felstürmchen, die Felsenburg der Civetta, die mächtige Marmolada – der Formenreichtum ist unerschöpflich.

Foto links: In den Dolomiten sind auch die possierlichen Murmeltiere beheimatet, deren markantes Pfeifen vierlerorts zu vernehmen ist.

Foto rechts: Berganemone

Freilich: Ein Geheimtipp sind die Dolomiten nicht. Vor allem im August sind die Sonnenterrassen der Hütten schwarz vor Menschen, und auf den Klettersteigen geben sich die Wanderer das Drahtseil praktisch in die Hand. Doch der außergewöhnlichen Schönheit und der Majestät der Berge tut das keinen Abbruch – die Panoramen sind so großartig, dass man sie ruhig mit hundert anderen teilen kann.

Schon in den 1960er-Jahren wurden die Dolomiten-Höhenwege konzipiert und markiert, Weitwanderwege, die die Region auf den schönsten Wegen durchqueren. Für Sonntagsspazierer sind sie nicht gedacht, doch gerade den Dolomiten-Höhenweg Nr. 2 können gute Wanderer problemlos bewältigen. Er führt von Brixen nach Feltre, eine Tour von etwa 3 Wo-

Das ist das Panorama, das Wanderer und Ausflügler in den Dolomiten suchen – und finden: blühende Wiesen, der Kirchturm von Colfosco und die scharfkantigen Berggipfel zeichnen sich vorm stahlblauen Himmel ab.

chen, die aber wegen der relativ günstigen Verkehrsbedingungen in den Dolomiten ohne weiteres auf einzelne Abschnitte aufgeteilt werden kann.

Brixen ist der Startpunkt der Unternehmung. Hier kann man noch einmal Kultur tanken, über den Markt bummeln oder in den alten Gasthäusern um den prächtigen Dom einen kühlen Schoppen trinken. Dann geht es hinauf zur Plose, am einfachsten mit der Kabinenbahn ab St. Andrä. Die Plose ist eine große, baumlose Kuppe, von deren Gipfelpunkt, dem Telegraph, sich das ganze Panorama von den Zillertaler, Stubaier und Ötztaler Alpen im Norden über Ortler und Brenta im Südwesten bis zu Schlern, Rosengarten und Langkofel im Süden entfaltet.

Zum ersten Stützpunkt sind es nur vier Stunden. Im Schatten des markanten Peitlerkofels führt der Weg über die mit Alpenrosen-

Foto oben und unten: Der Formenreichtum des Kalksteins in den Dolomiten ist unerschöpflich.

büschen und Zirben bestandenen Almwiesen hinunter in ein Hochtal, dann wieder bergauf durch die Peitlerscharte zur Schlüterhütte – eine gemütliche Eingehtour, die noch dazu nette Einkehrmöglichkeiten bietet.

Von nun an wird es etwas anspruchsvoller, denn es geht immer tiefer in die Felslandschaft hinein. Die Forcella della Roa etwa ist eine Ehrfurcht gebietende steile Rinne, durch die sich der Weg in kurzen Zickzack-Kehren mühsam bergauf windet, zur Forcella Nivea führt gar ein (unschwieriger) Klettersteig empor. Durch die zerbröselten Wände unterhalb der Puezspitze geht es nun wie auf einer Galerie hoch über dem Langental weiter, bis hinter einer Wegbiegung plötzlich die Puezhütte in einem grünen Hochkar auftaucht.

Der weite Bogen des Langentals muss aber noch ganz ausgegangen werden, bis es wieder bergab geht. In der Rückschau auf den bisher zurückgelegten Weg bekommt man Respekt vor der eigenen Leistung. Die Grasdecke ver-

schwindet, man betritt eine wüste Felslandschaft, in der grobe Blöcke, Schrofen und Geröllhaufen eine unwirkliche, erhabene Szenerie bilden. Dazwischen ein See, der einzige Farbtupfer in einer Landschaft, die so gar nichts Liebliches bietet. Es geht bergab und bergauf, immer neue großartige Bergmassive tauchen auf: die Sella, dieser Riesenblock! Der Antelao! Der Monte Pelmo! Bevor man endgültig überwältigt ist, geht es hinunter zu den grünen Wiesen am Grödnerjoch.

Das Grödnerjoch ist einer der bekanntesten Dolomitenpässe, schon seit Urzeiten ein wichtiger Alpenübergang. Heute ist die Große Dolomitenstraße vor allem eine Herausforderung für Motorradfahrer und Biker. Doch wenn man nach der langen Tagestour im Abendschein auf dem Joch ankommt, ist der größte Rummel bereits vorbei.

Auf der Südseite des Grödnerjochs steigt das Sella-Massiv empor. Wie soll man denn diese steil abfallenden Wände erklimmen? Meist weisen ein paar Frühaufsteher mit ihren roten Rucksäcken den Weg, denen folgt man einfach. Steil, steil, steil geht es hinauf, in unzähligen Kehren durch das Val Setus, schließlich sogar ein Stück über einen seilversicherten Steig – die Tour wird allmählich ein

Was für eine Bergwelt gibt es zu entdecken?! Von der Marmolata – dem höchsten Berg der Dolomiten – lassen sich die unendlichen Möglichkeiten erahnen.

veritables alpines Abenteuer. Nach zwei Stunden ist die Pisciadù-Hütte erreicht, jetzt kann man den Blick wieder aus Adlershöhen über das Land streichen lassen. Noch etwa 300 Höhenmeter sind zu bewältigen, weiterhin steil durch das Val de Tita, dann ist die Sella-Hochfläche erreicht. Man könnte genauso gut auf dem Mond gelandet sein, so wüst und leer ist es hier. Nicht ein Grashalm wächst da, Felsbrocken liegen kreuz und quer, da und dort erheben sich kleinere Hügel, manche bereits zu Schutt zerfallen – es ist, als hätte den Lieben Gott bei der Erschaffung der Welt plötzlich die Lust verlassen.

Vor dem Ziel liegt noch ein Berg: der Zwischenkofel. Er ist nicht sehr hoch, bietet aber über seine jäh abfallende Flanke ins Val de Mesdi eine atemberaubende Aussicht – ein weiterer Höhepunkt dieses an fantastischen Bildern so reichen Tages. Jenseits des Zwischenkofels liegt dann bereits die Boèhütte auf einem weiten, wie leer gefegten Plateau. Hier kann man sich befriedigt auf die Terrasse setzen, etwas trinken, einen Teller Spaghetti essen, in die Sonne blinzeln und den Tag Revue passieren lassen. Andererseits – ist es nicht eigentlich noch früh, und erhebt sich nicht der Piz Boè recht herausfordernd direkt vor der Nase? So billig kommt man so schnell nicht wieder auf einen Dreitausender! Also werden die Stiefel noch einmal geschnürt, und eine dreiviertel Stunde später steht man schon auf dem Gipfel, tief beeindruckt von dem Panorama, das sich hier noch grandioser entfaltet.

Am nächsten Morgen machen wir uns auf den Weg hinüber zur Pordoischarte, neugierig beäugt von dutzenden von Steinböcken, die hier oben leben. Von nun an geht es nur noch bergab! Steil zwar, doch über feines Geröll, und wer sich traut, stemmt nun einfach die Hacken ein und fährt durch die Rinne ab wie ein Skifahrer. Auf einer grasbewachsenen Schulter hält man schließlich inne und genießt den Blick auf die Marmolada voraus. Nach insgesamt 600 Höhenmetern ist endlich das Pordoijoch erreicht, wo Cafés, Pizzerien, Souvenirgeschäfte und eine Bushaltestelle einen deutlichen Kontrast zu der Mondlandschaft setzen, aus der man gerade kommt.

Viele Höhenmeter gilt es auf den Dolomiten-Höhenwegen zu überwinden. Die Eindrücke, die der Wanderer auf diesen Touren sammelt, sind jedoch diese Mühe wert.

Tatsächlich wie eine Mondlandschaft wirkt die Sella-Hochfläche. Ein deutlicher Kontrast zu den Wiesen und Bäumen im Tal.

Das Wichtigste auf einen Blick

Die Tour: 4 Tage durch die grandiose Felsenwelt der Dolomiten auf dem Dolomiten-Höhenweg Nr. 2, eine Tour für Genießer, die schon ein wenig Bergerfahrung haben. Bergwege und Steige, Trittspuren und zwei kurze, einfache Klettersteige. Genügend Hütten und Einkehrmöglichkeiten unterwegs.

Länge: ca. 40 km, 2 400 Höhenmeter bergauf, 2 600 Höhenmeter bergab

Dauer: 4 Tage; der erste und letzte Tag kann zur An- bzw. Abfahrt genutzt werden. Die längste Etappe (7,5 Std.) ist die von der Schlüterhütte zum Grödnerjoch.

Wegmarkierungen: rot-weiß-rote Wegmarken, Ziffer 2 des Dolomiten-Höhenwegs

Ausrüstung: Bergstiefel, Teleskopstöcke, Handschuhe (für den Klettersteig), Trinkflasche, Regen- und Sonnenschutz, Hüttenschlafsack, DAV-Ausweis

Versorgungs- und Unterbringungsmöglichkeiten: Schlüterhütte, Berghaus Frara am Grödnerjoch, Boèhütte

Hinweise: Der Empfang für Mobiltelefone ist nicht überall gegeben. Bergrettungsstationen sind alle Hütten. Im Frühsommer kann in den Rinnen noch viel Schnee liegen, es empfiehlt sich dann die Mitnahme von Pickel und Steigeisen. Bei Nebel oder Schneefall sollte die Tour abgebrochen werden, da man im unwegsamen Gelände (z. B. auf der Sella-Hochfläche) keine Markierungen mehr findet.

Kontakte: Tourismusverein Brixen, Bahnhofstraße, I-39042 Brixen, Tel.: +39 0472-836401, Fax: +39 0472-836067, info@brixen.org, www.brixen.org und ww.plose.de
Schlüterhütte: Tel.: +39 0472-840132, www.schlueterhuette.com
Grödnerjoch: Berghaus Frara, Tel.: +39 0471-795225, www.rifugiofrara.it

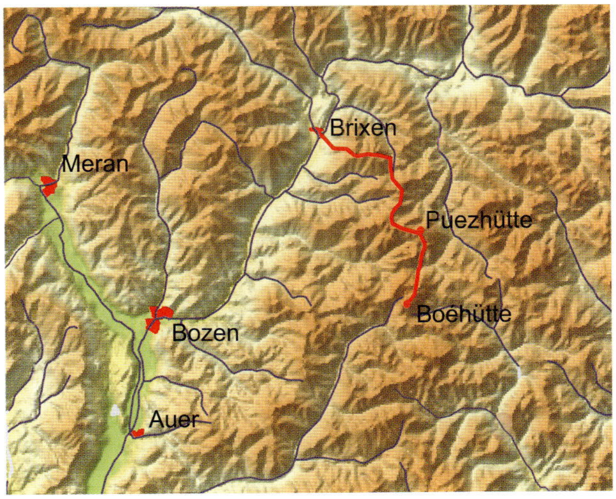

Der Duft des Südens

Einmal durch die Cinque Terre

Die Cinque Terre haben auch im Zeitalter des Massentourismus nichts von ihrem Zauber verloren: Der Kontrast zwischen Bergen und Meer ist so eindrucksvoll wie eh und je, die Dörfer malerisch, die Landschaft üppig. Und da die wenigen Straßen so mühselig zu befahren sind, besinnen sich die meisten Besucher auf die alten Verkehrsmittel zurück: Schiff, Zug und Schusters Rappen.

Vor allem beim Wandern erschließt man sich diese Landschaft, Schritt für Schritt, Atemzug für Atemzug. Und spürt dabei, dass man die Zeit doch zurückdrehen kann. Denn hier hat sich in den vergangenen 200 Jahren weniger geändert als in anderen Weltgegenden. Keine Hotelkästen mit Panoramaterrassen, keine Parkplatzwüsten, keine Apartmentbunker. Die Wege verlaufen heute noch so wie damals, als die Bauern auf ihren Eseln zum Markt ritten, die Dörfer sind nicht ausgewuchert, als hätten sie Geschwüre. Meer und Felsen, Olivenhaine und Weinberge geben das Ihre dazu, um ein Bild von ewiger Gültigkeit zu zeichnen. Sicher, die Idylle hat einen deutlichen Sprung: Viele Gärten und Felder werden nicht mehr bewirtschaftet, die jungen Leute wandern ab, die bäuerliche Gesellschaft wird nicht mehr lang existieren.

Foto linke Seite: Ein pittoreskes Bild geben die bunten Boote im Hafen von Vernazza ab.

Foto rechte Seite: Jeder Quadratzentimeter der steilen Hügel wurde sinnvoll ausgenutzt.

Beginnen wir außerhalb der Cinque Terre, in Portovenere. Der „Hafen der Venus" ist so hübsch, dass man erwägt, länger zu bleiben und z. B. die mächtige Festung zu besuchen, die die Genuesen im 16. und 17. Jahrhundert errichteten, um die Pisaner von Übergriffen abzuschrecken. Außerdem könnte man dann einen Spaziergang zur uralten Kirche San Pietro machen, die so unvergleichlich schön auf einem Felsen am Rand des Ortes steht. Doch dann geht es los: Die steile Stiege an der Stadtmauer mündet in einen Pfad, der sich durch einen lichten Wald bergauf windet. Steineichen, Kastanien, Hainbuchen und Pinien wachsen hier, diese typisch mediterranen Bäume, die den Duft des Südens verströmen, dazu die prachtvolle Aussicht über den Golf von La Spezia – ein wahrer Traum. Fußwege, Pfade und kurze Straßenstücke wechseln sich ab. So gelangt man bald ins Dorf Campiglia, das schon fast 400 Meter über dem Meer liegt. Aber es geht noch weiter hinauf, der Colle del Telegrafo misst bereits stolze 516 Meter!

So angenehm der Aufstieg war, so gemütlich ist nun auch der Abstieg durch Wald, Gebüsch und Weingärten. Einen Höhepunkt bietet noch einmal die kleine Wallfahrtskirche

Manarolo – wie eigens für eine Postkartenidylle geschaffen

Madonna di Montenero mit ihrer schönen Aussichtsterrasse, dann ist schon bald Riomaggiore und damit das Gebiet der Cinque Terre erreicht. Hier kann man sich erstmals wundern, wie die Bewohner es geschafft haben, auf so beengtem Raum zu siedeln. Da blieb ihnen nur die dritte Dimension, und so wachsen die Häuser mit unzähligen Auswüchsen, mit Terrassen, Balkonen, Vor- und Rücksprüngen dicht an dicht gen Himmel. Treppen und Stiegen ersetzen Straßen, der Bach, der aus den Bergen herunterkommt und hier ins Meer mündet, wurde kurzerhand überbaut und tritt erst am winzigen Hafen wieder zu Tage.

Nun endlich, auf der zweiten Etappe, stehen die eigentlichen Cinque Terre, die fünf Dörfer, auf dem Programm, und eines ist

sicher: Am Abend wird man nicht in der Lage sein, das schönste Dorf, den prächtigsten Blick, die lieblichste Landschaft zu nennen. Wie passend, dass es ganz romantisch beginnt: mit der Via dell'amore, dem Weg der Liebe. Das Schild „via pericoloso" warnt wohl weniger vor Steinschlag oder Absturz als vielmehr vor Herzschmerz und Liebeskummer. Dies ist kein alter Maultierpfad, der Weg wurde erst 1930 in den Fels gesprengt und bot der ansässigen Jugend allerlei Gelegenheiten zu romantischen Treffen. Allerdings ist dies auch das berühmteste Teilstück des gesamten Wanderweges, und vor allem am Wochenende pilgern hier wahre Touristenströme. Gut, dass man schon nach einer halben Stunde in Manarolo ist.

Das Dorf hat sich seit den Tagen, da sich hier die italienischen Impressionisten vom Licht- und Schattenspiel inspirieren ließen, wenig verändert. Noch immer stehen die Häuser abenteuerlich verschachtelt rechts und links des – inzwischen überdeckten – Baches, noch immer glühen die Farben der Mauern in allen Tönen von Rot, Orange und Gelb über Aubergine und Rosa bis Terracotta.

Corniglia, der nächste Ort, liegt als einziger nicht direkt am Meer. Eine Menge Stufen muss man hinaufsteigen, eine Mühe, die ihren Lohn in sich trägt. Denn hier oben findet sich etwas, was unten fehlt: Ruhe und ein weiter Blick. Man bleibt fürs erste auf der Höhe, wandert weiter bergauf, lässt sich von Olivenhainen beschatten und steht schließlich vor der ins Unendliche vergrößerten Postkarte der Cinque Terre schlechthin: Auf einer ins Meer hineingekrümmten Halbinsel liegt Vernazza. Alles, was die fünf berühmten Dörfer ausmacht, findet sich hier noch einmal in Essenz: die farbigen Schachtelhäuser, die mittelalterliche Kirche, der Hafen, die Gässchen, Winkel, Bögen und Balkone mit der flatternden Wäsche, und als Dreingabe kommt noch eine Burg hinzu mit trotzig-rundem Turm. Wie schön, seufzt man da, wie malerisch! – und steigt flugs hinab, um auf der kleinen Piazza mit den tiefblauen und sattgrünen Schirmen den *caffè* zu nehmen.

Es hilft nichts: Um in den nächsten Ort zu gelangen, müssen wir wieder bergauf steigen. Die Küste ist hier zunächst sehr steil, der Weg

Verwinkelt, eng und malerisch sind die Orte in den Cinque Terre.

Foto oben:
Steil fallen die Weinberge zum Meer ab.

Foto unten:
Glücklicher und zufriedener scheinen die Menschen hier.

klettert auf und ab, ohne an Höhe zu gewinnen oder zu verlieren. Dann wird es wieder flacher, ist wieder Platz für Olivenbäume und Weingärten.

Eine Treppe führt schließlich hinunter nach Monterosso. Dieser Ort gehört schon beinahe nicht mehr zu den Cinque Terre. Er ist weitaus größer als die vier anderen, hat eine Autostraße, Parkplätze, sogar Hotels und einen breiten Strand. In Monterosso verlässt man die Cinque Terre, aber noch nicht die Wanderroute. Denn von der Punta Mesco, einem kleinen Kap südlich des Ortes, hat man noch einmal einen wunderbaren, alles umfassenden Blick auf die fünf Dörfer. Von der Kirche Sant' Antonio, die hier steht, sind nur mehr ein paar Mauern

übrig, auch der Semaforo, der Leuchtturm, hat seine Leuchtkraft längst verloren. Immerhin hat er dem anschließenden Küstenstreifen seinen Namen verliehen: An dieser Costa del Semaforo wandert man nun wie auf einem Aussichtsbalkon hoch über dem Meer entlang und lässt sich demonstrieren, was unter Mittelmeerflora zu verstehen ist: Baumheide, Myrte, Zistrosen, Ginster, Erdbeerbäume, Steineichen, dazwischen Agaven und Bougainvillea – ein würzig duftendes Gewirr.

Doch schließlich muss auch diese Idylle verlassen werden, es geht zum letzten Mal hinunter, am Kastell vorbei, ins Zentrum von Levanto. Im Schatten der grün-weiß gestreiften Kirche gibt es dann – wohl verdient – alles, was das Herz begehrt: *trenneta al pesto* (das Pesto wurde hier erfunden!) und gebratene Sardinen, ein Glas des hiesigen Weins und zum Abschluss ein *gelato*.

Vernazza: Stolz und selbstbewusst reckt sich die Halbinsel ins Meer.

Das Wichtigste auf einen Blick

Die Tour: 3-tägige Tour entlang der ligurischen Felsküste von Portovenere durch die Cinque Terre nach Levante. Wegen der ständigen An- und Abstiege etwas anstrengend, was aber die überirdische Schönheit der Gegend – Felsküste und blaues Meer, üppige mediterrane Landschaft und malerische Dörfer – mehr als wett macht. Die Tour kann auch in 3 Einzeletappen aufgeteilt werden.

Länge: 35 km, ca. 1 500 Höhenmeter bergauf und bergab

Dauer: 3-tägige Tour mit Etappen zwischen 3 und 5 Stunden, also genügend Zeit für ausgedehnte Pausen

Wegmarkierungen: Alle Wege sind gut beschildert und mit Nummern markiert.

Ausrüstung: feste Schuhe oder Trekkingsandalen, Sonnenschutz, Trinkwasser

Versorgungsmöglichkeiten: Sowohl in den Dörfern wie auch unterwegs finden sich genügend Bars und Cafés.

Unterbringungsmöglichkeiten: Da die Orte der Cinque Terre nur sehr begrenzt Unterbringungsmöglichkeiten bieten, muss man entweder sehr frühzeitig reservieren oder sich eine Unterkunft außerhalb suchen – kein Problem, da alle Orte mit der Eisenbahn untereinander verbunden sind und man in jedem Ort aus- oder zusteigen kann.

Kontakte: APT, Viale Mazzini 45, I-19121 La Spezia, Tel.: +39 0187-220900, Fax: +39 0187-220908, www.aptcinqueterre.sp.it

Nationalpark Plitvicer Seen

Wandern in Kroatien

Wer Karl May liebt, der kennt die Schönheit der kroatischen Landschaft, denn hier wurden so berühmte Filme wie „Winnetou", „Der Schatz im Silbersee" und „Der Ölprinz" gedreht. Wiesen, auf denen Winnetou und Old Shatterhand in den Sonnenuntergang reiten, karge Felsen, auf denen sich die Blutsbrüder die Hand reichen ...

Ansonsten sind die rauschenden Wasserfälle in tiefen Mischwäldern, die steilen Canyons und die romantischen blaugrünen Plitvicer Seen im gleichnamigen Nationalpark nahezu unentdeckt. Gläsern schimmert das Wasser der insgesamt 16 Seen, die – verbunden durch Wasserfälle und Kaskaden sowie kleinere Bassins – verhältnismäßig einfach zu erwandern sind. Holzstege wechseln mit weichen Feldwegen, Höhlen und Grotten säumen den Weg – aus Kalkstein und Travertin über Jahrhunderte vom Wasser geformt. Direkt an die Seenlandschaft angrenzend beeindruckt die Karstlandschaft des Nationalparks, ein unter Naturschutz stehendes Ökosystem, das in eine karge Hochebene übergeht. Auch hier ist die typische Rauwacke, ein löchriges, poröses Kalkgestein, die auch das Seengebiet dominiert, vorherrschend.

Dann wieder lassen sich die Quellen entdecken, aus denen die Seen schließlich gespeist werden, Blumenwiesen laden zu Picknicks und Ruhepausen ein, und wer Glück hat, trifft einmal auf einen der frei lebenden Braunbären. Die Wölfe dagegen – die hier ebenfalls in freier Wildbahn leben – sind zu scheu, als das man sie zu Gesicht bekommen würde.

Das Gebiet des Nationalparks zu erwandern, der Ende der 1970er-Jahre zum UNESCO-Weltnaturerbe ernannt wurde, ist ein fantastisches Erlebnis, das sich auf die umliegenden Gebirgszüge des Velebit- und des kaum besuchten Biokovo-Gebirges ausdehnen lässt, in dem man noch das bäuerliche Leben der Kroaten erleben kann.

Auf den Spuren Winnetous

Traumhafte Wege im Nationalpark Plitvicer Seen

Der Nationalpark Plitvicer Seen, gegründet 1949, besteht aus einem Netz von 16 miteinander verbundenen Gewässern. Er liegt an der Hauptverkehrsverbindung zwischen Zagreb und Zadar. Bekannt geworden ist das Gebiet vor allem durch die „Winnetou"-Filme, deren See- und Wasserfall-Szenen hier gedreht wurden. 1979 wurden die Seen von der UNESCO in ihre Liste des Weltnaturerbes aufgenommen.

Über das Jahr gesehen herrscht hier Gebirgsklima sowie Temperaturen von knapp 10 °C, im Sommer allerdings erreichen schon einige der Seen Wassertemperaturen von fast 25 °C. Zudem ist das Wasser glasklar – hier sehnt sich so mancher nach dem sommerlichen Sprung ins verlockende Nass. Dies jedoch wird konsequent verboten, und zu Recht: Nur auf diese Weise konnte die unberührte Landschaft des Nationalparks erhalten werden. Der Lohn sind fantastische Naturschauspiele, die in dieser Art und Häufung nirgends auf der Welt zu finden sind. Von November bis März schneit es, und

Wasserfälle jeglicher Größe beglücken das Auge.

auch die Winterlandschaft bietet einmalige Anblicke. Das gilt besonders für Dezember und Januar, dann hat sich eine dicke Eisdecke über die Seen gelegt, die wie ein dicker Panzer alles zu beschützen scheint. Der gesamte Park besteht aus einem riesigen Areal, das insgesamt ca. 295 Quadratkilometer groß ist. Allerdings nur ganze 2 Quadratkilometer davon gehören den Gewässern, dennoch sind es gerade diese gläsernen Perlen, die diese Gegend international berühmt gemacht haben. 1979 wurden die Seen von der UNESCO als Weltnaturerbe anerkannt – eine große und berechtigte Auszeichnung für die gesamte Region. Zusätzlich beigetragen zur Prominenz der Plitvicer Seen haben die „Winnetou"-Filme, in denen die Seen und Wasserfälle des Parks die abenteuerliche Kulisse abgeben.

Tour 1, Eingang 2:

Die acht oberen Seen des Nationalparks erschließen sich dem Wanderer und Naturfreund über fest vorgegebene Routen. Diese beginnen am Eingang 2, der über einen Shuttlebus mit Eingang 1 und dem höchsten See Proscansko Jezero verbunden ist. Mit einer Personenfähre überquert man den Kozjak Jezero von der Anlegestelle P1 nach P2, die Überfahrt dauert ganze 5 Minuten, die Kosten dafür sind im Eintrittspreis enthalten.

Ein zuverlässiger Holzsteg führt nach rechts unter den ersten Wasserfällen hindurch zum westlichen Ufer des Gradinsko Jezero. Die plötzliche Stille nach dem fast ohrenbetäubenden Rauschen der Wasserfälle taucht einen in

Hätte man eine beeindruckendere Naturkulisse für die „Winnetou"-Filme finden können?

Allein das Farbenspiel des Wassers ist atemberaubend.

eine neue Dimension – man ist nun endgültig ganz im Park angekommen. Man bewegt sich auf einem farbenprächtigen Uferweg und nach einem Abzweig geht es in Bögen weiter – unterwegs ein weiterer tosender Wasserfall-Gigant. Man überquert den Steg nach rechts und erreicht den Galovac Jezero. Breit liegt der See in der üppig grünen Landschaft, die Holzstege um den See herum sind wirklich romantisch. Am Westufer des Sees gibt es einige Aussichtspunkte auf die Wasserfälle, die weiß und silbrig nach unten jagen. Nach dem Malo Jezero hält man sich geradeaus und geht weiter entlang des Okrugljak Jezero. Seine Tiefe scheint ihm etwas Geheimnisvolles, Unendliches zu geben - kaum zu glauben, wie klar und durchsichtig das Wasser dennoch ist. Man wandert über die Brücke hinter dem See und erreicht eine Raststelle. Was für ein Ort bildhafter Ruhe und Beschaulichkeit. Doch auch für Bewegung ist gesorgt: Unterhalb schießt ein Wasserfall in die Tiefe. Man setzt den Weg fort, heraus aus der schäumenden Wasserwelt, bis das nächste Gewässer erreicht ist: Proscansko Jezero (auf 637 Meter Höhe gelegen, 37 Meter tief), der größte See des Parks. Nun könnte man theoretisch die Panoramabahn zurück zum Eingang 2 nehmen, aber da es noch viel zu sehen gibt, wandert man weiter.

Es geht zurück zur Gabelung vor dem Malo Jezero, dort folgt man rechts dem Schild in Richtung „Labudovac". Zwischen den beiden Gewässern geht es hinüber bis zur anderen Seite der Senke. Über einen herrlichen Waldweg gelangt man schließlich hinunter zum See. Am Galovac Jezero heißt es bis zur Ga-

Wasser, Wasser, wohin man auch schaut. In ihm findet eine artenreiche Tierwelt ihren Lebensraum.

belung am Nordende bleiben; von dort wandert man weiter geradeaus bis zum Jezerce Jezero. Nun wartet ‚nur' noch das filmreife Ende dieses Abenteuers: Ein zauberhafter Weg führt zwischen Bäumen zurück zu den knorrigen Planken. Zurück an der Anlegestelle hält man einige Momente inne und lässt die Bilder des Rundgangs ganz tief in sich sinken.

Tour 2, Eingang 1:

Der Besuch auf dieser Route gilt den unteren Seen. Wer klug war, hat sich schon vor der Tour über die Entstehung dieser Gewässer informiert. Sie liegen in einer tiefen Schluchtenlandschaft, in der sie sich in so genannten Einbruchsbecken gebildet haben; die Gewässer sind flacher als die oberen Seen. Immer wieder bildeten sich durch das abfließende Wasser unterirdische Höhlen, deren poröse Decken einstürzten – zum Glück für die Besucher, denn nur auf diese Art konnte eine solch kühne Szenerie archaischer Schönheit entstehen.

Direkt hinter dem Eingang kann man den gewaltigen Wasserfall Slap Plitvice und seinen kleinen Bruder, den Sastavci, überblicken. Massen aus weißer Gischt, die dröhnend nach unten schießen. Man folgt dem kurvigen Weg zwischen beeindruckender Blütenpracht nach rechts hinunter. Man stößt auf das Nordende des Kaluderovac Jezero. Majestätisch still liegt er da. Auf malerischen Holzplanken wandert man weiter, bewundert Fischschwärme und versteinerte Pflanzen im kristallklaren Wasser. Nach rechts biegt man anschließend ab zum Slap Plitvice: Diese Ausgeburt reiner Kraft ist beeindruckend. Der Weg führt nun zurück an den

Kaluderovac Jezero. Wieder geht es über einen dieser idyllischen Holzstege entlang gleißender Kaskaden, bis man die gegenüberliegende Talseite erreicht hat. Man nimmt einen Abzweig nach schräg rechts über Stufen nach oben. Rechts liegen nun die beiden Seen Gavranovac Jezero und Milanovac Jezero.

Angekommen am massigen Kozjak Jezero wandert man nach rechts, dann wieder links. Der Weg führt über ein kurzes Stück Asphalt – ein seltsames Gefühl in dieser atemberaubenden Natur. Der Weg führt nun nach unten auf eine Wiese, wo ein Verkaufsstand und die Anlegestelle touristischen Service bieten. Es geht weiter geradeaus, bis man einen zurückgezogenen Pfad erreicht, der an der Westseite des Kozjak Jezero vorbei führt. Jede neue Einbuchtung des Sees beglückt mit wilder Schönheit, – hindurch geht es durch Buchenbestände und über kleine plätschernde Bäche hinweg – eine wundervolle Strecke. Am Ende erwarten die massiven Wasserfälle am Kozjak Jezero den staunenden Besucher. Oben auf dem seichten Plateau geht man weiter und erreicht über einen Holzsteg die tieferliegende Ebene. Wasserfälle begleiten den Weg bis zum Abzweig, nach links hinunter führt der Pfad zur Bootsanlegestelle. Mit der Personenfähre sind es nun nur wenige Minuten hinüber. Man wandert weiter und steigt die Stufen zum Saumweg auf der Ostseite des Sees hinab. Der Weg zieht sich weiter Richtung Nord-

Kunstvoll angelegt und integriert in die überwältigende Naturkulisse sind die Wege für Wanderer.

spitze des Kozjak Jezero, man genießt den Reichtum dieser vibrierenden Ufergegend an Blau- und Grünschattierungen. Schließlich führen erneut Stufen hoch zur Teerstraße, die man nur kurz nach rechts kreuzt. Ein ausladender Weg nimmt den Wanderer auf und bringt ihn zügig hinauf zur Panoramabahn. Auf einem Sims wandert man entlang einer kantigen Senke zurück zum Ausgangspunkt der Tour. Auch heute gilt am Ende: Der Abschied fällt schwer – aber schon längst hat man den Beschluss gefasst wiederzukommen.

Das Wichtigste auf einen Blick

Tour 1
Die Tour: Leichte Wanderungen in perfekt gestalteten Schleifen auf Holzstegen und angelegten Uferwegen entlang tosender Wasserfälle und idyllischer Seen. Die Wanderung beginnt und endet am Eingang 2 des Plitvicer Nationalparks.

Länge: 9 km

Dauer: 2,5 Std.

Wegmarkierungen: verschiedene, relativ unübersichtlich, daher ist das Mitführen einer Karte sinnvoll.

Ausrüstung: keine besondere

Versorgungsmöglichkeiten: am Kozjak-See und an Parkplatz 2

Unterbringungsmöglichkeiten: Hotels und Campingplatz des Nationalparks

Hinweise: Die Gewässer führen gerade im Frühjahr große Wassermengen. Entsprechende Vorsicht ist dann geboten.

Tour 2
Die Tour: Leichte Wanderungen in perfekt gestalteten Schleifen auf Holzstegen und angelegten Uferwegen entlang tosender Wasserfälle und idyllischer Seen. Start- und Endpunkt der Wanderung befinden sich am Eingang 1 des Plitvicer Nationalparks

Länge: 11 km

Dauer: 4 Std.

Wegmarkierungen: verschiedene, relativ unübersichtlich, daher ist das Mitführen einer Karte sinnvoll.

Versorgungsmöglichkeiten: Imbissstände an Eingang 1 und am Kozjak-See

Unterbringungsmöglichkeiten: Hotels und Campingplatz des Nationalparks

Kontakte: Kroatische Zentrale für Tourismus, Kaiserstr. 18, D-60311 Frankfurt, Tel.: +49 (0)69-252045, Fax: +49 (0)69-252054

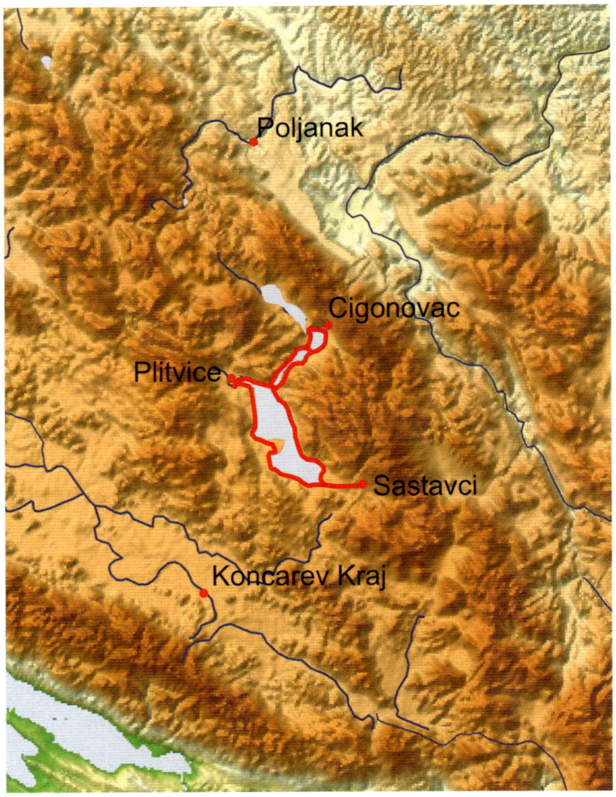

Wohl dem, der dieses Naturschauspiel live miterleben darf.

Rila- und Pirin-Gebirge

Wandern in Bulgarien

Zu Zeiten des Eisernen Vorhangs war Bulgarien das Wanderland des Ostens: Abenteurer aus allen Teilen Osteuropas, aus Ostdeutschland, Polen und Ungarn, dem Baltikum und Russland erklommen den Vihren, den höchsten Berg des Pirin-Gebirges, erkundeten das Kloster von Rila oder bestaunten die ockerfarbenen Sandsteinformationen bei Melnik.

Zu Unrecht ist dieses Interesse an Bulgarien ein wenig verloren gegangen: Die Völker Osteuropas haben neue Ziele für sich entdeckt, im Westen ist das Wissen um die Schönheit Bulgariens fernab der Schwarzmeerküste noch immer nicht angekommen. Dabei findet der Wanderer hier noch ein echtes Stück unberührter Natur – endemischer Pirin-Mohn blüht an den Felswänden der Dreitausender in Pirin- und Rila-Gebirge, samtige Edelweiß, überall sonst auf der Welt selten zu entdecken, gedeihen hier noch zuhauf. Intakte Wälder, dazwischen klare Gebirgsseen und heiße Mineralquellen, Tropfsteinhöhlen und enge Schluchten – in ihnen meint man noch immer die Stimme des Orpheus zu hören, der hier, im Rhodopengebirge, geboren wurde. Der Sage nach betörte er mit seinem Gesang und dem Lyra-Spiel die Natur dermaßen, dass sie zu ihm kam, um ihm zuzuhören. Vielleicht ist die Landschaft Bulgariens deshalb so vielfältig.

Doch ebenso reizvoll ist das ganz eigene bulgarische Brauchtum: Hier treffen westliche und östliche Kultureinflüsse aufeinander, der Orient zeigt sich in der Musik, in Moscheen und Basaren ebenso wie in der bulgarischen Küche. Daneben aber finden wir die reiche Pracht orthodoxer Klöster, wie beispielsweise das eindrucksvolle Rila-Kloster mit seinen monumentalen Fresken und Ikonostasen. Thraker, Römer, Slawen und Türken hinterließen in Bulgarien Spuren ihrer Kultur, auf die man allerorten trifft und die lebendige Traditionen hinterlassen haben.

Wer Bulgarien zu Fuß bereist, wird mitten in Europa eine ganz eigene Welt entdecken, die – hat man die Hauptstadt und die Touristenzentren der Schwarzmeerküste einmal hinter sich gelassen – dem modernen Europa noch völlig gleichmütig gegenübersteht.

Spröder Charme

Auf dem E 4 durch das Rila- und Pirin-Gebirge

Das Rila-Gebirge trägt seinen Namen, der übersetzt so viel wie „wasserreiches Gebirge" bedeutet, völlig zu Recht. Über 20 Flüsse und Bäche entspringen hier, die entweder ins Schwarze Meer münden oder Richtung Ägäis fließen. Dazu 150 Bergseen, kristallklar, leuchtend und erfrischend. Das Massiv selbst ist das höchste Bulgariens. Der Moussala mit seinen 2925 Metern Höhe, dessen ‚Bruder', der Kleine Moussala (2902 Meter), und der Iretschek (2852 Meter) recken ihre Gipfel am weitesten dem Himmel entgegen. Das von den letzten beiden Eiszeiten geformte Gebirge versteckt Wälder, Seen und karge hochalpine Passagen von tiefster Schönheit.

Das Pirin-Gebirge schließt sich im Südwesten ans Rila-Gebirge an; es zieht sich als schmaler Finger von Nordwest nach Südwest zwischen den Flüssen Struma und Mesta hin. Im Pirin ist es der Vihren (sprich: Wichren), der mit 2 914 Metern alle anderen überragt; weitere 60 Gipfel über 2 500 Metern findet man allein im Nordpirin.

In diesen beiden Gebirgszügen verlaufen – von westlichen Wander- und Trekkingfreaks fast noch völlig ignoriert – einige der attraktivsten Wanderwege ganz Europas. Gletscherlandschaften wechseln sich ab mit Seen, Steilhängen und Felsmarmorarealen von entrückter Schönheit. Das nahe Mittelmeer verschafft dieser Gegend auffällig viele Sonnentage. Einen Nationalpark gibt es in der Pirin-Region ebenfalls, er wurde 1983 von der UNESCO in die Liste des Weltnaturerbes aufgenommen.

Foto links: Im Nationalpark Rila befindet sich eine Bärenfarm, in der ehemalige Tanzbären wieder an ein Leben in freier Wildbahn gewöhnt werden.

Foto rechts: Faszinierend ist die Erkundung dieser kargen Landschaft.

Die berühmten Sandsteinfelsen sind nur einer von vielen Höhepunkten auf der Wanderung durch das Pirin-Gebirge.

Von Sapareva Banja beginnt ein 4-stündiger Aufstieg zur Skakaviza-Hütte (1870 Meter). Ein schöner Einstieg mit Passagen, die den Wanderer nur gemächlich fordern. Es geht weiter bis auf 2306 Meter, nach weiteren 2 Stunden ist man an der Sedemte-Hütte, wo sich die Rila-Seen vor den Augen des Naturfreundes ausbreiten – sieben verträumte Gewässer, die das Sonnenlicht spiegeln, ein Bild, das tiefen Eindruck in der Erinnerung hinterlässt. Dazu als Hintergrundgeräusch ein immerwährendes Plätschern von kleinen Gebirgsbächen, die die Seen speisen. Man nimmt die Eindrücke mit; knappe 2,5 Stunden sind es noch bis zur Vasov-Hütte, wo man sein Nachtlager aufschlagen sollte.

Am folgenden Morgen gilt es, den Kamm des Vasov in Angriff zu nehmen – benannt nach dem Schriftsteller Ivan Vasov, der in seinen Werken den bulgarischen Freiheitskampf gegen die 500-jährige türkische Besatzung beschrieb. Dunkle Gipfel und schroffe Granitzacken umrahmen die Szenerie auf dem weiteren Weg über den Damga mit seinen 2670 Metern Höhe. Oberhalb der Urdini-Seen geht es weiter auf den Dodov. Ganz anders als am Vortag ist das Bild jetzt hier: Schluchten, finster und unheimlich zugleich, Granitgrate, die wie Messer scharf in den Himmel schneiden. Nach einem mittelschweren Abstieg geht es dann weiter über einen gefurchten Kamm, bevor eines der Wahrzeichen des bulgarischen Alpinismus in Angriff genommen wird: der Maljovitza (2729 Meter). Der Aufstieg windet und zieht sich in die Länge. Ist der Gipfel endlich erreicht, ist man einfach nur noch überwältigt.

Feste Wanderschuhe sind gefragt – und manchmal auch ein wenig Geschicklichkeit, um die zahllosen Wasserläufe zu überqueren.

Über ein eng gezacktes Geröllfeld – vorbei am Elenio-See – geht es weiter, bis man schließlich das Hotel Maljovitza erreicht, wo man noch einmal die eindrücklichen Bilder der beiden vergangenen Tage Revue passieren lassen kann.

Der dritte Tag beginnt mit einem leichten Marsch über den Lovnica (2 695 Meter) und setzt sich über Goljam Kupen (2 731 Meter) und Popova Kapa (2 704 Meter) fort. Schließlich erreicht man, nun doch etwas erschöpft, die Schutzhütte Kobilino Branischte.

Am nächsten Tag folgt die letzte Rila-Tour oberhalb der Baumgrenze, zunächst Richtung Vodnija Tschal (2 683 Meter) über den Marinkovica-Kamm. Ganz sanft, ja fast leicht geht es schließlich hinunter ins grüne Tal zum Rila-Fluss. Noch eine Steigung und man erreicht die Ribni-Hütte, ein Zwischenziel.

Tag vier erinnert an den ersten Tag der Wanderung: Weite Seenlandschaften breiten sich vor dem Auge des Betrachters aus. Nun noch ein gutes Stück ‚Marschier-Arbeit' über Teodosievi Karauli (2 671 Meter) und Baba (2 609 Meter), und man steigt schließlich hinunter zum legendären Rila-Kloster. Das Kloster liegt in einem Tal 20 Kilometer östlich des Örtchens Rila, 120 Kilometer entfernt von Bulgariens Hauptstadt Sofia. Etwa im 10. Jahrhundert erbaut, erlebte es in den folgenden Jahrhunderten eine erste Blüte, wurde aber ab

dem 15. Jahrhundert mehrfach geplündert. Im 19. Jahrhundert wurde es nach einem verheerenden Brand Stück für Stück erneuert und wiederaufgebaut. Große Meister verschiedenster Stile und Schulen waren daran beteiligt, wodurch sich der einmalig faszinierende Charakter des Klosters erklärt. Nach einem oder zwei erholsamen und entspannenden Tagen in dem festungsartigen Gemäuer nimmt man den Bus über Rila, Kocerinovo, Blagoevgrad, Simitli und Razlog nach Betalovoto. Hier beginnt der Aufstieg ins schroffe Pirin-Gebirge.

Man folgt zunächst dem Weg Richtung Bela Reka und zweigt dann nach rechts ab zum Dautovo-See. Über den Kamenschki Vrah geht es dann weiter über Berg und Tal zum etwas entrückt wirkenden Albutin, bis man am Ende noch vor dem Suhodol, den man sich besser für die nächste Etappe aufhebt, links hinab in ein wasserreiches Tal gelangt – was für eine Belohnung nach dieser kernigen Tour.

Der folgende Tag wartet mit der schwersten Teilstrecke auf – mancher Wanderer startet mit gemischten Gefühlen. Über die Gipfel von Suhodol, Kamenitica, Bajuvi Dupki, Banski Suhodol führt nur ein schmaler Kamm zum 2 908 Metern hohen Kutelo. Hier geht es nach links steil und teils weit nach unten, nach rechts sinkt der Geröllhang schräg ab – gerade bei Wetterumschwüngen ist größte Vorsicht

Noch grüßt er nur aus der Ferne – der Vihren, der höchste Berg des Pirin-Gebirges.

Ziel erreicht: Auf der letzten Tagesetappe erlebt der Wanderer in Gestalt dunkler Kiefernwälder und markanter Sandsteinfelsen noch einmal die ganze Schönheit des Pirin-Gebirges.

geboten. Am Kutelo selbst sind schwierige Passagen mit Seilen gesichert, an denen man sich entlanghangeln kann. Nun endlich wartet der Vihren, mit 2 914 Metern der höchste Berg des Pirin, auf den Wanderer. Ein harter Aufstieg, der noch einmal Kondition und Motivation fordert. Noch weitere 2 Stunden und man erreicht geschafft, aber glücklich die Vihren-Hütte (1 950 Meter).

Der neue Tag beginnt wiederum mit einem Aufstieg; es gilt das Seen-Gebiet Banderischki Cirkus zu erreichen. Dann geht es von dort weiter zur Todorina Porta und schließlich vorbei an malerischen Seen zur Demjanica-Hütte.

Die folgende Etappe führt entlang des Goljamata-Strana-Gebirgszuges. An der Tevno-Hütte, entzückend gelegen direkt am Tevnoto-See, tankt man in luftigen 2 600 Metern Höhe reine Energie.

Am nächsten Tag marschiert man entlang des Treta-Flusses, wobei man bunte Wiesen und dunkle Kiefernwälder durchmisst, lichte Kontraste, die so typisch sind für die Faszination der Pirin-Region. Die Pirin-Hütte, auf 1 602 Metern Höhe gelegen, wird geradezu euphorisch begrüßt – eine einzige Tagestour wartet jetzt noch auf den Wanderer. Zwischen bizarren Sandsteinformationen erreicht man (zu guter Letzt über die Landstraße – es gibt keinen ausgewiesenen Wanderweg) ein imposantes Tal, in das sich der Zielort Melnik hineinduckt.

Hier, in lauschigen Weinkellern und in Gesellschaft weiterer Wander- und Naturfreunde, staunt man rückblickend über die erlebte Vielseitigkeit der Landschaft und schwelgt in Erinnerungsbildern, die einen auch nach der Heimreise begleiten.

Eingebettet in die karge und markante Gebirgswelt trotzt das weltberühmte Rila-Kloster allen Naturgewalten – und den Scharen an Besuchern, die jedes Jahr hierhin strömen.

Das Wichtigste auf einen Blick

Die Tour: Mittelschwere Wanderung durch atemberaubende Seen- und Berglandschaften; erfordert gute Kondition und Trittsicherheit. Zwischentransfer per Bus vom Rila-Kloster nach Betalovoto.

Länge: ca. 135 km

Dauer: ca. 10–12 Tage

Wegmarkierungen: gut sichtbare Farbmarkierungen auf Steinen, streckenweise zusätzliche Hinweistafeln mit Zeitangaben

Ausrüstung: Zelt oder Biwaksack, Schlafsack, Kocher, Regen-/Sonnenschutz

Versorgungsmöglichkeiten: in einzelnen Hütten

Unterbringungsmöglichkeiten: bequeme, meist einfache Bergschutz-/Touristenhütten; vereinzelt Waldsanatorien; Mitnahme eines Zeltes aber sinnvoll

Hinweise: Bis in den August kann man in den Gipfellagen auf Reste von Schneefeldern stoßen.

Kontakte: Fremdenverkehrsamt Bulgarien, Eckenheimer Landstr. 101, D-60138 Frankfurt, Tel.: +49 (0)69-295284, www.bulgariatravel.org

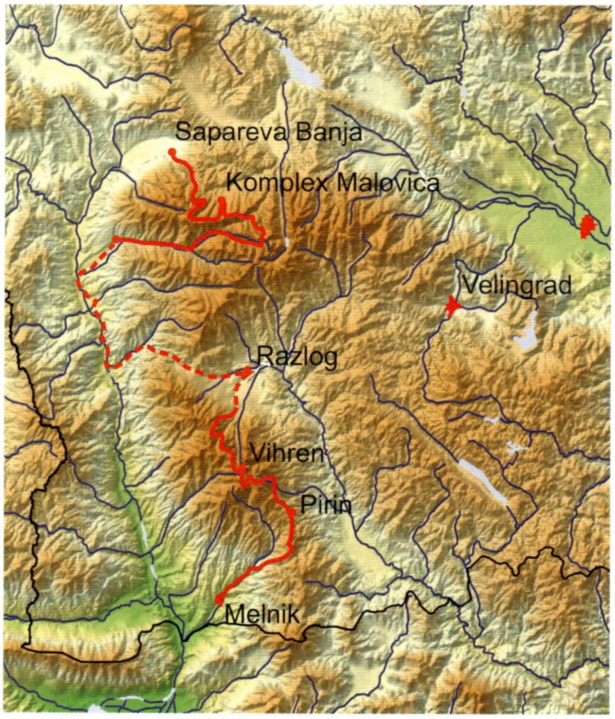

Vámos
Imbrós
Agia Roumeli
Fínix
Komitádes
Trans-Kreta

Wandern auf Kreta

In kaum einem Land wandert es sich kurzweiliger als in Griechenland: Inmitten unwegsamer, einsamer Gebirgszüge trifft man auf malerische Bergdörfer, an schönen Mittelmeerstränden lässt sich von anstrengenden Touren verschnaufen und mit jedem Schritt beschreitet man ein Stück antiker Mythologie und Geschichte.

Das trifft auch auf den europäischen Fernwanderweg E 4 zu, der in Spanien beginnt, über Frankreich, Deutschland und Bulgarien nach Griechenland führt und dort auf Kreta endet.

Hier, auf der Insel der Götter, eröffnet sich dem Wanderer das Paradies. Glasklare Gewässer quellen aus Felsspalten, sammeln sich in tiefen Schluchten, um bald in das reine Türkis des Mittelmeers zu fließen. Viele endemische Tier- und Pflanzenarten versetzen den Wanderer in Erstaunen, die Natur verzaubert mit einer ungeheuren Artenvielfalt. Die verkarsteten Gebirgsmassive des Ida-Gebirges, der Weißen Berge und des Díkti-Gebirges, auch wenn sie nur bis zu 2500 Meter in die Höhe ragen, sind noch rau und wild, Schnee liegt hier noch bis Mai und Juni und unvermittelt wird der Wanderer von Nebel überrascht. Tief in diese Berge eingegraben lassen sich Höhlen entdecken, in denen sich bereits der Göttervater Zeus vor seinem Vater Kronos versteckt hielt. Dann, plötzlich, finden sich Überreste antiker Tempel, zeugen Tonscherben und gestürzte Säulen von einer jahrtausendealten Kultur.

Tagelang kann man die Insel entdecken, trifft dabei kaum je auf andere Wanderer. Stattdessen wird man in den Bergdörfern mit offenen Armen empfangen: „Gast" und „Fremder" heißen auf Griechisch „Xénos" und das leben die Kreter abseits der Touristenzentren noch immer – Gastfreundschaft wird auf Kreta groß geschrieben, dafür ist die Insel im ganzen Land berühmt. Nicht selten winken die freundlichen Kreter einen Wanderer in ihr Haus, bieten ihm eine kurze Rast, etwas zu essen und zu trinken und machen die Touren auf Kreta so zu einem unvergesslichen Erlebnis.

Der Trans-Kreta

Beschützt und versorgt durch Nymphen und Kureten fand vor unbestimmter Zeit ein kleines Kind Zuflucht in einer Höhle des kretischen Ida-Gebirges und wurde somit vor seinem mordenden Vater Kronos gerettet. Dieses Kind war kein Geringerer als Zeus – der zum höchsten olympischen Gott der griechischen Mythologie aufsteigen sollte.

Auf mythologischer Ebene gibt es zahlreiche Anekdoten, die auf Kreta beginnen oder dort ihr Ende nehmen. Die im wahrsten Sinne des Wortes sagenhafte Vergangenheit der Mittelmeerinsel steht jedoch in engem Zusammenhang mit der historisch belegten und allerorten greifbaren minoischen Hochkultur, die auf Kreta ihren Ausgangs- und Zentralisationspunkt fand. Und so erlebt jeder, der die griechische Insel zum Zielort eines Wanderurlaubs macht, eine beispiellose Symbiose aus Natur- und Kulturerlebnis inmitten einer Umgebung, die bis heute durch ihre Ursprünglichkeit und Vielfalt besticht.

Der berühmteste Wanderweg der Insel ist der so genannte Trans-Kreta. Er entspricht einem Teilabschnitt des Europäischen Fernwanderweges E 4, der von Gibraltar bis nach Zypern führt. Auf Kreta verläuft der E 4 von der West- bis zur Ostküste, wobei je nach Kondition und Ansprüchen Routen-Varianten zur Verfügung stehen. Für die gesamte Strecke benötigt man ca. 4 Wochen, doch lässt sich auch in Etappenwanderungen die Einzigartigkeit dieser Mittelmeerinsel aufs Schönste erfassen.

Beginnend an der Westküste in Kastélli, einem kleinen Ort, der zugleich die Fähranbindung zum Festland bietet, verläuft der Trans-Kreta zunächst in etwa 7 Tagestouren an der West- und Südwestküste entlang. Er führt in diesem Abschnitt vorbei an archäolo-

Gern gehaltene Nutztiere auf Kreta: Esel und Ziegen

gisch bedeutsamen Stätten wie dem Asklepios-Tempel oder den Ruinen von Polyrrinia und Lissos, durchläuft die Hafenstädtchen Paleochora, Sougia und Agía Rouméli und mündet schließlich in Chóra Sfakión. Hier verlässt der E 4 die Mittelmeerküste, die erst am Zielpunkt – in Káto Zákros – wieder erreicht wird. Dazwischen liegt der lange und im Vergleich zum Küstenweg viele Höhenmeter überwindende Tourenabschnitt durch das Landesinnere der Insel. Lieblich anmutende und landwirtschaftlich genutzte Hochebenen werden dabei ebenso durchwandert wie karge Karstlandschaften. Gut ausgebaute Wanderwege und Straßen, die den Blick freigeben auf die reizvolle Landschaft, wechseln sich ab mit alten und teils dornigen Saum- und Bergpfaden, auf denen auch die schweißtreibenden und anspruchsvollen Bergetappen durch das Díkti-Gebirge und auf den Psiloritis beschritten werden.

Und am Ende, bevor der lang ersehnte Küstenort Káto Zakros erreicht wird, erwartet den Wanderer das Tal der Toten – nicht nur eine der bekanntesten Schluchten Kretas, sondern mit seinen Höhlengräbern zugleich ein beispielloses Zeugnis jahrtausendealter minoischer Hochkultur, die sich inmitten dieser imposanten Naturkulisse offenbart. Natur und Kultur gehen auf dieser letzten Tagesetappe noch einmal eine atemberaubende Symbiose ein, ein Bild, das dem Wanderer auch nach seiner Rückkehr in die Heimat unvergesslich bleiben wird.

Immer wieder führt der Küstenpfad vom Wasser weg auf die Höhenlagen von Kreta. Anstrengungen, die stets mit grandiosen Ausblicken über das Meer belohnt werden.

Die bekannteste Wanderstrecke Kretas und eine Alternativroute zum Europäischen Fernwanderweg ist die Samaria-Schlucht.

Der Streckenabschnitt zwischen Agía Rouméli an der Südküste Kretas bis Imbrós lässt sich in zwei verhältnismäßig entspannten Tagesetappen bestreiten. Übernachtet wird im Küstenort Loutró: Hier stehen Hotels und Pensionen zur Übernachtung und zahlreiche Tavernen zur Versorgung bereit.

Agía Rouméli ist ein bekannter Etappenpunkt des Europäischen Fernwanderweges E 4. Der kleine Ort bietet einen traumhaft schönen Strand und eine pittoreske Uferpromenade mit schönen Tavernen. Und mit seiner unmittelbaren Nähe zur Samariá-Schlucht ist Agía Rouméli darüber hinaus ein beliebter und belebter Ausgangs- bzw. Endpunkt für Kretas berühmteste Schluchtenwanderung. Tausende Touristen strömen im Hochsommer Tag für Tag in die Samariá-Schlucht, deren Felsen hunderte Meter hinaufragen und an der schmalsten Stelle – der „Eisernen Pforte" – lediglich einen Durchlass von 6 Metern Breite bieten. 5 Stunden Zeit sollte man für die kostenpflichtige Begehung dieser spektakulären Variante des E 4 einplanen. Und um dem großen Andrang der vielen Besucher zu entgehen, lohnt es sich, rechtzeitig aufzubrechen. Die Schlucht ‚öffnet' um 6 Uhr früh.

Die Hauptroute des E 4 durchläuft jedoch nicht die Samariá-Schlucht, sondern folgt der Küstenlinie von Agía Rouméli nach Loutró. Dies ist die erste Tagesetappe. Sie umfasst ca. 15 Kilometer, für die man etwa 5 Stunden Gehzeit einkalkulieren sollte. Ein kurzer Abschnitt an der Marmara-Bucht erfordert zudem ein gewisses Maß an Schwindelfreiheit.

Markierungsschilder des E 4-Wanderweges sowie rote Farbpunkte leiten den Wanderer aus Agía Rouméli auf einen schönen Küstenpfad, der unmittelbar am Meer entlangläuft. Er führt nach einer guten Stunde Wanderzeit zu der malerischen Kapelle Ágios Pávlos, deren aus Kieselsteinen errichtetes Gemäuer sich wunderschön vom dunklen Sandstrand und dem türkis-blauen Meer abhebt. Weiter geht es durch schattigen Kiefernwald: Die wohl riechenden Bäume sind vor allem im Hochsommer ein willkommener Schutz vor der gleißenden Sonne. Leichte Anstiege gewähren zwischendurch immer wieder Ausblicke auf das gebirgige Hinterland, das einen schönen Kontrast zur Meeresküste mit ihren verlocken-

den Badebuchten bildet. Ein längerer schattenloser Abschnitt wird durchwandert, ehe der Abstieg in die Marmara-Bucht beginnt. Hier muss ein ca. 50 Meter über dem Meer liegendes Wegstück an der Abbruchkante des Hanges überwunden werden, das einige Konzentration erfordert. Die Mühen des Abstiegs werden belohnt durch eine malerische Kulisse, denn kleine Fischerhäuschen schmücken die Bucht, und eine Taverne lädt zur Einkehr ein. Eine weitere Bucht – die Fínix-Bucht – wird passiert, ehe der Weg auf einen kleinen Hügel führt, von dem aus man schnell den Zielort Loutro erreicht. Am Abend bieten Tavernen die Möglichkeit zur Einkehr und einem geselligen Ausklang des Küsten-Wandertages.

Die zweite Tagesetappe von Loutró nach Imbrós nimmt ca. 6,5 Stunden Wanderzeit in Anspruch. Auch hier leiten E 4-Markierungsschilder sicher zum Zielort, wobei gelegentliche Schießwettbewerbe Einheimischer den gelb-schwarzen Wegleitern zum Teil schwer

Über lange Abschnitte folgt der Trans-Kreta dem Verlauf der Südwest- und Südküste.

Foto oben: Das Ida-Gebirge – anspruchsvolle Etappe des E 4 auf Kreta

Foto unten: An Kretas Südküste

zugesetzt haben. Von Loutró führt der E 4 entlang der Küste und vorbei an schönen Badebuchten zum Hafenort Chóra Sfakión, dem Zentrum eines Jahrhunderte währenden, erbitterten Widerstands gegen Fremdherrschaft auf der Insel. Viele Tavernen und Kafenions bieten sich für eine kleine Rast an. Chóra Sfakión ist zugleich der letzte Küstenort, den der E 4 berührt, bevor er ins Landesinnere schwenkt. Man verlässt den Ort auf einer Asphaltstraße Richtung Chaniá und erreicht nach einer guten Stunde Komitádes, an dessen Ortsende sich der Eingang zur Imbrós-Schlucht befindet. Es folgt eine etwa 2,5-stündige Durchquerung der Schlucht, bei der etwa 600 Höhenmeter zu bewältigen sind. Hier empfängt einen nach dem stetigen Meeresrauschen am Vormittag eine unglaubliche Stille, die nur durch den Ruf von Vögeln oder das Zirpen von Insekten durchbrochen wird. Im Schatten der Felswände, die an manchen Stellen endlos in den Himmel zu reichen scheinen und zum Teil bis auf wenige Meter zusammenrücken, durchläuft man die Schlucht und hält auf den kleinen Ort Imbrós zu, mit dessen Erreichen zugleich die zweite Tagesetappe ihr Ende findet.

Bienenstöcke findet man auf Wanderungen durch Kreta vielerorts.

Das Wichtigste auf einen Blick

Die Tour: Der Reiz des mehrere hundert Kilometer umfassenden Trans-Kreta liegt in der landschaftlichen Vielfalt, deren Entdeckung ganz unterschiedliche Anforderungen an Kondition und Wandererfahrung stellt. Folgen die ersten Tagesetappen ohne große Höhendifferenzen dem Verlauf der West- bzw. Südwestküste, erfordern die Touren im Díkti- und Ida-Gebirge entsprechende Ausdauer und Trittsicherheit.

Länge: Je nach gewählter Streckenführung variiert der Trans-Kreta zwischen 350 km und 460 Kilometern.

Dauer: Für die gesamte Ost-West-Querung sollte man 4 Wochen einplanen. Die detaillierte Tourenbeschreibung bezieht sich auf einen 2-tägigen Teilabschnitt des Trans-Kreta, der an der Südküste und durch die berühmte Imbrós-Schlucht verläuft.

Wegmarkierungen: Der Europäische Fernwanderweg E 4 ist einheitlich gelb-schwarz markiert (gelbes Viereck mit schwarzer Schrift E 4, oftmals angebracht an gelbschwarzen Stangen). Ramponierte, verdrehte oder ausgebleichte Wegmarkierungen können jedoch die Orientierung erschweren oder unmöglich machen. Eine detaillierte Wanderkarte ist deshalb unerlässlich.

Ausrüstung: feste Wanderstiefel, bei Gebirgsetappen können Teleskopstöcke die Gelenke entlasten, Sonnenschutz, in den Wintermonaten Regenbekleidung, Immer für ausreichende Flüssigkeitszufuhr sorgen.

Versorgungsmöglichkeiten: Strandbars und Tavernen unterwegs und in Loutro. Dennoch genügend Wasser mit sich führen!

Unterbringungsmöglichkeiten: In Loutró, dem Zielort der ersten Tagesetappe, gibt es private Pensionen.

Hinweise: Rund 300 Tage im Jahr scheint auf Kreta die Sonne. Was im Frühjahr und Herbst freudig begrüßt wird, kann im Hochsommer – vor allem an der Südküste – mit Temperaturen um die 40 °C schnell zur Qual werden. Dann helfen oft nur noch ein Rückzug in den Schatten oder ein Ausweichmanöver in das Hochgebirge. Gute Wandermonate sind September und Oktober sowie April bis Juni. Im Winter müssen Varianten zu den Hochgebirgstouren gewählt werden, da Díkti-Gebirge und Zentralmassiv zum Teil unter großen Schneedecken verschwinden.

Kontakte: Griechische Zentrale für Fremdenverkehr, Neue Mainzer Straße 22, D-60311 Frankfurt, Tel.: +49 (0)69-2578270, www.griechenland-hellas.de
Fremdenverkehrsamt für Kreta, Tourismusdirektion Kreta, Papalexandrou Estr. 16, GR-71202 Heraklion, Tel.: +30 (0)2810-246106, Fax: +30 (0)2810-246105

Service-Adressen

Kontaktinformationen (und Webadressen) zu allen Touren

Europäische Wandervereinigung
www.era-ewv-ferp.org

Die Web-Adressen unmittelbar unter jedem Land geben die nationalen Mitgliedsorganisationen in der Europäischen Wandervereinigung an.

Deutschland
www.wanderbares-deutschland.de
www.wanderverband.de

Rheinsteig
Bonn Information,
Tel.: +49 (0)228-775000,
www.bonn.de
Tourist-Information Wiesbaden,
Tel.: +49 (0)611-1729930,
www.hessen-tourismus.de

Lieserpfad
Tourist-Information Manderscheid,
Kurfürstenstr. 15,
D-54531 Manderscheid,
Tel.: +49 (0)6572-932663,
Fax: +49 (0)6572-933521,
manderscheid@eifel.info
www.manderscheid.de
www.wittlich.de
www.lieserpfad.de

Rennsteig
www.rennsteigverein.de

Vogtland Panoramaweg
Tourismusverband Vogtland e. V.,
Friedrich-Ebert-Str. 21a,
D-08209 Auerbach,
Tel.: +49 (0)3744-188860,
Fax: +49 (0)3744-1888659,
info@vogtlandtourist.de
www.vogtlandtourist.de

Maximilianweg/Allgäu
Tourismusverband Allgäu/Bayerisch-Schwaben e. V.,
Fuggerstraße 9,
D-86150 Augsburg,
Tel.: +49 (0)821-4504010,
Fax: +49 (0)821-45040120,
www.allgaeu-bayerisch-schwaben.de
info@tvabs.de

Allgäu Marketing GmbH
www.allgäu.info

Hermannsweg
OWL Marketing GmbH,
Teutoburger Wald Tourismusmarketing,
Jahnplatz 5,
D-33602 Bielefeld,
Tel.: +49 (0)521-9673315,
Fax: +49 (0)521-9673319,
www.teutoburgerwald.de
www.hermannshoehen.de

Rothaarsteig
Rothaarsteigverein e. V.,
Postfach 2205,
57382 Schmallenberg.
Tel.: +49 (0)1805-154555,
Fax: +49 (0)1805-154565,
www.rothaarsteig.de
info@rothaarsteig.de

Großbritannien/Irland
www.ldwa.org.uk
www.ramblers.org.uk

Western Way, Connemara
Tourist Information Westport,
Tel.: +353 (0)98-25711,
www.irelandwest.ie
westport@irelandwest.ie

Wicklow Way
Dublin Tourism Centre,
Suffolk Street,
Tel.: +353 (0)1-6057700,
www.wicklowway.com

West Highland Way
Glasgow Tourist Information Centre,
11 George Square,
GB-Glasgow G2 1DY,
Tel.: +44 (0)141-2044400,
enquiries@seeglasgow.com

Fort William Tourist Information Centre,
Cameron Square,
GB-Fort William PH33 6AJ,
Tel.: +44 (0)1397-703781,
www.west-highland-way.co.uk

Cumberland Way
Appleby-in-Westmoreland,
Moot Hall, Boroughgate,
GB-Cumbria CA16 6XE,
Tel.: +44(0)17683-51177

Seatoller Barn Turist Information,
Seatoller,
GB-Keswick CA12 5XN
Tel. +44 (0)17687-77294

Robinson's School,
Middlegate,
GB-Penrith CA11 7PT
Tel.: +44 (0)1768-867466

Norwegen
www.turistforeningen.no

Peer-Gynt-Weg
Norwegischer Tourismusverband,
DNT - Den Norske Turistforeningen,
Postboks 7,
Sentrum,
N-0101 Oslo,
Tel.: +47 (0)228-22800,
info@turistforeningen.no

Norwegisches Fremdenverkehrsamt,
Neuer Wall 41,
D-20354 Hamburg,
Tel.: +49 (0)40-2294150

Jotunheimen Nationalpark
Norwegischer Tourismusverband,
DNT - Den Norske Turistforeningen,
Postboks 7,
Sentrum,
N-0101 Oslo,
Tel.: +47 (0)228-22800,
info@turistforeningen.no

Norwegisches Fremdenverkehrsamt,
Neuer Wall 41,
D-20354 Hamburg,
Tel.: +49 (0)40-2294150

Schweden
www.stfturist.se

Kungsleden
SvenskaTuristföreningen (STF),
Box 25, S-10120 Stockholm,
Tel.: +46 (0)8-4632200,
www.stfturist.se

Schwedisches Touristik-Amt,
Burchardstr. 22,
D-20095 Hamburg,
Tel.: +49 (0)40-330185

Padjelantaleden
SvenskaTuristföreningen (STF),
Box 25, 10120 Stockholm,
Tel.: +46 (0)8-4632200,
www.stfturist.se

Schwedisches Touristik-Amt,
Burchardstr. 22,
D-20095 Hamburg,
Tel.: +49 (0)40-330185

Finnland
www.suomenlatu.fi

Pallas-Ounastunturi
Finnische Zentrale für Tourismus,
Lessingstr. 5,
D-60325 Frankfurt/Main,
Tel.: +49 (0)69-50070157,
www.visitfinland.de

Niederlande
Für **alle Fernwanderwege** in den Niederlanden
Stichting LAW,
PO Box 846,
NL-3800 Amersfoort,
Tel.: +31 (0)33-4653660,
www.wandelen.nl
slaw@wandelnet.nl

Nederlandse Wandelsport-Bond,
Pieterskerkhof 22,
NL-3512 JS Utrecht,
Tel.: +31 (0)30-2319458,
info@nwb-wandelen.nl

Belgien
www.groteroutepaden.be
www.grsentiers.org

Hohes Venn
Verkehrsamt der Ostkantone,
Mühlenbachstraße 2,
B-4780 St. Vith,
Tel.: +32 (0)80-22 76 64,
Fax: +32 (0)80-22 65 39
info@eastbelgium.com

Frankreich
www.ffrp.asso.fr

GR 52A, Seealpen
Comité Départemental de Randonnée,
Pédestre des Alpes Maritimes,
4 Avenue de Verdun,
F-06800 Cagnes-sur-Mer,
Tel.: +33(0)4-93207473,
Fax: +33(0)4-93 20 74 73,
info@cdrp06.org
www.fernwege.de/f/gr-52/index.html

Korsika
GR 20
Französisches Fremdenverkehrsamt,
c/o Maison de France,
Westendstraße 47,
D-60325 Frankfurt am Main,
Tel.: +49 (0)190-570025,
Fax: +49 (0)190-599061,
franceinfo@mdlf.de
www.franceguide.com

Gorges du Verdon
La Maison des Gorges du Verdon,
Le Château,
F-04120 La Palud-sur-Verdon,
Tel./Fax: +33 (0)492773202,
maisondesgorges@wanadoo.fr,
www.lapaludsurverdon.com

Spanien
www.fedme.es
www.fedamon.com

Jakobsweg
www.jakobsweg.info
www.caminosantiago.org
www.santiagoturismo.com

Mallorca
O. I. T Municipal de Palma,
Plaça Espanya,
E-07002 Palma de Mallorca,
Tel.: +34 (0)971-711527

O. I. T. de Mallorca,
Plaça de la Reina 2,
E-07012 Palma de Mallorca,
Tel.: +34 (0)971-712216

La Palma
Fremdenverkehrsamt der Kanarischen Inseln,
Sociedad Anónima de Promoción del Turismo,
Plaza de España 1,
E-38002 Santa Cruz de Tenerife
Tel.: +34 (0)92-2239811

Turespaña (Deutschland)
Kurfürstendamm 63,
D-10707 Berlin,
Tel.: +49 (0)30-8826543,
www.spain.info

Schweiz
www.swisshiking.ch

Tessin, Strada Alta
Ticino Turismo, ENTE Ticinese per il Turismo,
Via Lugano 12,
CH-6501 Bellinzona,
Tel.: +41 (0)91-8257056,
Fax: +41 (0)91-8253614,
info@ticino-tourism.ch,
www.ticino-tourism.ch

Österreich
www.oeav-events.at

Hohe Tauern
Tourismusverband Kaprun,
A-5710 Kaprun,
Tel.: +43 (0)6547-86430,
Fax: +43 (0)6547-8192,
kaprun@kaprun.net
www.alpinzentrum-rudolfshuette.at
www.kaprun.at

Tourismusbüro Neukirchen,
Marktstrasse 171,
A-5741 Neukirchen am Großvenediger,
Tel.: +43 (0)6565-6256,
Fax: +43 (0)6565-655074,
info@neukirchen.at
www.neukirchen.at
www.alpenvereinshuetten.at

Karwendel
Informationsbüro Scharnitz,
A-6108 Scharnitz/Tirol,
Tel.: +43 (0)5088040,
info.scharnitz@seefeld.com

Tourismusverband Achensee,
Informationsbüro Pertisau,
Haus Nr. 53 d,
A-6213 Pertisau am Achensee,
Tel.: +43 (0)524-4307,
info@achensee.info
www.alpenvereinshuetten.at

Italien
www.fieitalia.it

Dolomitenhöhenweg
Tourismusverein Brixen,
Bahnhofstraße,
I-39042 Brixen,
Tel.: +39 0472-836401,
Fax: +39 0472-836067,
info@brixen.org
www.brixen.org
ww.plose.de

Schlüterhütte
Tel. +39 0472-840132,
www.schlueterhuette.com

Grödnerjoch
Berghaus Frara,
Tel.: +39 0471-795225,
www.rifugiofrara.it

Cinque Terre
APT,
Viale Mazzini 45,
I-19121 La Spezia,
Tel.: +39 0187-220900,
Fax: +39 0187-220908,

Azienda di Promozione Turistica Cinque Terre Golfo dei Poeti La Spezia,
v.le Mazzini 47 -C.P. 345-,
I-19100 La Spezia,
info@aptcinqueterre.sp.it
www.aptcinqueterre.sp.it

Kroatien

Plitvicer Seen
Kroatische Zentrale für Tourismus,
Kaiserstr. 18,
D-60311 Frankfurt,
Tel.: +49 (0)69-252045,
Fax: +49 (0)69-252054

Bulgarien
www.btsbg.org

Rila- und Pirin-Gebirge
Fremdenverkehrsamt Bulgarien,
Eckenheimer Landstr. 101,
D-60138 Frankfurt,
Tel. +49 (0)69-295284,
www.bulgariatravel.org

Bulgarian Tourist Union,
75 Vassil Levski Blvd. 5. Et.,
BG-1000 Sofia,
Tel.: + 359 (0)2873409,
Fax: + 359 (0)2802414

Kreta
www.eooa.gr

Transkreta
Griechische Zentrale für Fremdenverkehr,
Neue Mainzer Straße 22,
D-60311 Frankfurt,
Tel.: +49 (0)69-2578270,
www.griechenland-hellas.de

Fremdenverkehrsamt für Kreta,
Tourismusdirektion Kreta,
Papalexandrou Estr. 16,
GR-71202 Heraklion,
Tel.: +30 (0)2810-246106,
Fax: +30 (0)2810-246105

Hellenic Federation of Mountaineering and Climbing,
5 Milioni Street,
GR-10673 Athina,
Tel.: +30 (0)1-3645904,
Fax: +30 (0)1-3644687

Hellenic Alpine Club Acharnon,
Philadelphias Street 12,
GR-13671 Acharnas,
Tel.: +30 (0)124-61528,
Fax: +30 (0)124-69777

Einige nützliche Websites mit einer Vielzahl von weiteren Links

www.fernwege.de
www.outdoormagazin.com
www.wanderbares-deutschland.de
www.lustwandeln.net
www.weitwandern.ch
www.weitwandern.at
www.netzwerk-weitwandern.de
www.naturerlebnis-fs.de
www.wanderweb.de
www.fernwege.de
www.wanderindex.de
www.traildatabase.org
www.myswitzerland.com
www.ausflugstipps.ch
www.swisshiking.ch
www.adventureguide.ch
www.sommerspass.ch
www.reiseziel-tessin.de
www.swissmountains.ch
www.bergtour.ch
www.bergwelt.de
www.alpin.de
www.outdoornet.de
www.italienwandern.de
www.alpintipp.de
www.wanderportal-pfalz.de
www.readyfornature.com
www.oeav-events.at
wandern.tirol.at
wandern.suedtirol.com
www.therucksack.net/de
www.readyfornature.com
www.italienwandern.de
trekkingforum.com/forum/index.php

Register

Abbildungsverzeichnis

Allgäu Marketing: S. 10 unten rechts, 34, 35, 36, 37 oben und unten, 38 links und rechts
Bade, Sabine (Frankfurt): S. 136 Mitte links, 136 unten rechts, 138 links und rechts, 140 oben und unten, 141 oben und unten, 142 oben und unten, 143 links und rechts
Corbis: S. 4, 6, 10 unten links, 12, 13, 15, 16, 17, 39, 52 unten rechts, 54, 55, 56 oben, 56 unten, 57, 59, 60, 61, 62, 63, 65, 67, 68 oben und unten, 69, 70 links und rechts, 71, 72, 73, 74, 75, 78, 79, 82 oben und unten, 88, 92, 94, 96 rechts, 97, 98 oben und unten, 99, 100, 106 oben rechts, 117, 120, 121, 123, 124, 125, 128, 129, 136 oben, 136 Mitte rechts, 139, 145, 147, 148, 150, 151, 152, 153, 154, 155, 156 oben, 158, 159, 160, 161, 162 oben und unten, 163, 164, 166 unten, 167 oben, 168, 176 oben rechts, 182, 184, 186 unten, 187 unten, 188, 189, 190, 191, 192, 193, 194, 195, 196 Mitte, 196 unten links und rechts, 199, 200 unten, 201, 202, 203, 204, 205, 206,207, 208 oben und unten, 209, 210 oben rechts, 210 unten rechts, 212, 213, 214, 215, 218 oben rechts, 225, 232 oben
Fotoarchiv Tourismus-Verband Vogtland: S. 28, 29, 31 alle, 32, 33
Fotolia: Carolin Kost: S. 24; Martina Berg: S. 40, Asbjorn Aakjaer: S. 52 oben rechts, 66; Michael Thompson: S. 58 links und rechts; Keith Naylor: S. 64 links; Joe Gough: S. 64 rechts; Oleg Kozlov: S. 76 oben links, 81, 83; Martin Zorn: S. 80; foto.fritz: S. 95; Jean Schweitzer: S. 144; Hassan Bensliman: S. 136 unten links, 146; corsicarobase: S. 149; Sven Weber: S. 166 oben, 170, 171 unten, 174 oben; Rolf-Udo Thiele: S. 167 unten; Nettuno: S. 196 oben links; Frédéric Chausse: S. 198 links; Marion Neuhauß: S. 198 rechts; Jean-Jacques Cordier: S. 196 oben rechts, 200 oben; Romeo Georgievski: S. 210 unten links, 216; jakezc: S. 217; Ljupco Smokovski: S. 218 Mitte rechts; Mirek Hejnicki: S. 226 oben rechts, 226 Mitte, 226 unten links, 230; Martina Misar: S. 226 unten rechts, 228 links und rechts, 233
Frings, Uli (Bonn): S. 18
www.holland.com: S. 106 oben links, 106 Mitte, 106 unten links, 108, 109, 110, 111, 112, 113, 114, 115, 116, 118, 119, 122 oben und unten, 126, 127
Image Bank Sweden: Ove Källström/Norrlandia: S. 76 unten rechts, 90; Peter Rosén/Norrlandia: S. 76 Mitte, 91, 93; Tim Senften/Norrlandia: S. 101
Kappest, K. P.: S. 8, 9, S. 10 oben links
Kurtenbach, M.: S. 46 links und rechts
PhotoCase.de: Tom82: S. 14; design@schriftart: S. 52 oben links; kuifje: S. 52 unten links; Marbant: S. 185; Ute Leonor: S. 176 unten rechts, 186/187; Cruisi: S. 210 oben links
Projektbüro Hermannshöhen: S. 43, 44, 45
Rothaarsteigverein e. V./K. P. Kappest: 47, 48, 49, 50, 51
Rüther, Peter: S. 10 oben rechts, 41, 42
Schneider, H.-J.: S. 20, 106 unten rechts, 130, 131, 132, 134, 135, 156 oben rechts, 156 Mitte, 156 unten links und rechts, 165, 169 links und rechts, 171 oben, 172, 173, 174 unten, 175
Schneider, Lars: S. 76 unten links, 84 links und rechts, 85, 86, 87, 89, 96 links, 102, 103 oben und unten, 104, 105, 226 oben links, 229, 231, 232 unten
Ticino Turismo: S. 176 oben links, 176 Mitte, 176 unten links, 178, 179, 180/181, 183
Tourist-Information Manderscheid: S. 19
Transit: Thomas Haertrich/transit: S. 10 Mitte, 22, 23, 26, 27, 30; Christoph Busse/transit: S. 25; Tom Schulze: S. 218 oben links, 218 Mitte links, 218 unten, 220 links und rechts, 221, 222, 223, 224
Kartographie: scilands GmbH